백비

백비

白碑

비 석 에
새기지 못한
우리 근현대사
이 야 기

윤은성 지음

미디어샘

프롤로그

모든 것은 제주에서 시작되었다. 서늘한 공간에 기다랗게 누워 있는 하얀 비석 하나. 글자 한 자도 없이 누워 있던 비석 앞에 섰다. 제목을 적어놓은 작은 안내표시를 보니 '백비白碑'라고 적혀 있었다. 한참을 떠나지 못하고 쳐다보는 내게 비석은 이야기를 시작했다. 많은 이야기들이 마음을 울렸다. 한참을 무엇인가에 홀린 듯 서 있던 곳에서 글을 써야겠다는 결심이 섰다.

제주 4·3평화공원 전시관에 누워 있는 백비가 역사를 머금고 현실 속에 세워질 수 없더라도 내 마음에 세워야겠다는 마음으로 이 글을 시작한다. "슬퍼하는 자는 복이 있나니 저희가 영원히 슬플 것이오"라고 했던 동주의 마음으로 쉽지 않은 역사 이야기를 시작하려 한다.

나는 역사학도도 아니며 학자도 아니다. 단지 역사를 사랑하는 사람이기에 글에 부족함도 많을 것이다. 그러나 좌우를 넘어 함께 걸어갈 수 있는 역사의 길을 만드는 일에 최선을 다하고 싶다. 부족함은 전적으로 나의 책임이다.

윤은성

차례

1장

/

작은 비석이
담을 수 없는
큰 사람들

선을 넘는 경계인
우당 이회영

노블레스 오블리주

슬프다! 세상 사람들은 우리 가족에 대하여 말하기를 대한 공신의 후예라 하며, 국은國恩과 세덕勢德이 이 시대의 으뜸이라 한다. 그러므로 우리 형제는 나라와 더불어 안락과 근심을 같이 할 위치에 있다. 지금 한일합병의 괴변으로 인하여 한반도의 산하가 왜적의 것이 되고 말았다. 우리 형제가 당당한 호족의 명문으로서 차라리 대의가 있는 곳에 죽을지언정, 왜적 치하에서 노예가 되어 생명을 구차히 도모

한다면 이는 어찌 짐승과 다르겠는가? 이제 우리 형제는 당연히 생사를 따르지 않고 처자노유妻子老幼를 인솔하고 중국으로 망명하여 차라리 중국인이 되는 것이 좋겠다 한다. 또 나는 동지들과 상의하여 근역槿域에서 하던 모든 활동을 만주로 옮겨 실천하려 한다. 만일 뒷날에 행운이 있어 왜적을 부숴 멸망시키고 조국을 다시 찾으면, 이것이 대한 민족된 신분이요 또 왜적과 혈투하시던 백사공白沙公, 이항복의 후손된 도리라고 생각한다. 여러 형님 아우님들은 나의 뜻을 따라주기를 바라노라.

우당友堂 이회영李會榮, 1867~1932이 한일합방 이후 빼앗긴 조국 땅을 떠날 결심을 하며 형제들과 나눈 가슴 뜨거운 대화다. 우당에게는 이건영, 이석영, 이철영 세 형들이 있었고 이시영, 이호영 두 동생이 있었다. 문벌 높은 집안에 태어나 공신의 후예로 명예를 누렸으면 나라가 어려움을 당했을 때는 마땅히 함께 고난도 당해야 한다는 의식이었다.

노블레스 오블리주Noblesse Oblige란 부와 권력과 명성에 걸맞은 사회적 책임을 강조하는 말이다. 삼한갑족三韓甲族이라는 말이 있다. 대대로 문벌이 높은 집안이라는 뜻이다. 현인賢人이나 대제학大提學, 정승이나 청백리와 과거 급제한 사람들이 많은 씨족을 일컫는 말이다. 우당 이회영의 가문이 그랬다. 백사 이항복李恒福이 10대조 선조다. 뿐만 아니라 영조 때 영의정을 지낸 이광좌李光佐와 이종성李宗城, 고종 때 영의정이었던 이유원李裕元 등 여섯 명의 정승을 배출한 집안이다. 대제학도 두 명을 배출한 명문가 중의 명문가였다. 얼마든지 기득권을 유지하며 부와 명예를 누릴 수 있는 자리에 있었다. 인생의 목적이 남달랐던가? 그들은 생각이 달랐다.

서울시 중구 명동1가 1번지 YWCA 주차장 앞 나무 그늘 아래 작은 흉상과 비석 하나가 있다. 우당 이회영의 흉상과 이회영, 이시영 6형제의 집터였음을 알리는 표지석이다. 삼한갑족 집안 대대로 내려오는 재산이 적지 않았을 것이다. 재산을 급히 처분했음에도 현재 가치로 600억 원에 가까운 가치였다. 지켜야 할 것이 많은 가문이었다. 일신에 가진 것이 많아 지켜야 하는 태도를 취하기 십상이었으나 우당 형제들은 그렇지 않았다. 시대의 흐름을 읽고 있었던 것일까? 500여 년을 버텨온 성리학에 바탕을 둔 체제와 학문의 한계에 신물이 났던 것일까? 이관직의 《우당이회영실기友堂李會榮實記》에 이회영의 생각을 엿볼 수 있는 대목이 있다.

나는 본래 벼슬을 싫어한다. 그 때문에 나는 독립한국을 반드시 사민평등한 만인이 자유평등을 누릴 수 있고, 따라서 공평하게 다 같이 행복을 누리며 자유 발전할 수 있는, 기회가 균등하게 부여될 수 있는 사회가 되어야 하겠다는 것이 나의 독립관이며 정치이상이니만큼….

아무리 시대가 구한말이라 해도 그의 생각은 혁명적이었다. 사람이 태어나 살아가며 누구를 만나고 무슨 책을 읽으며 무엇을 보는지가 중요하다고 했다. 이회영의 집안은 성리학의 세례로부터 벗어나 주류 유학계로부터 이단으로 취급받았던 양명학陽明學에까지 그 생각이 확장되어 있었다. 양명학은 성리학을 대체할 새로운 사상의 탄생이 불가능해 보이던 명나라 중엽에 등장한 왕수인王守仁의 사상이다. 왕수인의 호가 양명이다. 그는 탁상공론과 공리공론으로 형식주의에 치우친 성리학의 한계를 지행합일로 극복하려고 했다. 특히 사대부 중심의 신분질서를 하늘의 이치로 받아들이고 신분 자체도 하늘에서 정해준 것이라는 당대의 생각을 거부했다. 조선에서는 하곡霞谷 정재두鄭齋斗, 1649~1736의 강화학파 양명학의 영향이 북학파의 실학사상에도 연결되어 새로운 변화를 예비하고 있었다. 앎과 행함을 분리시키지 않는 지행합일설知行合一說과 사민사농공상의 평등을 주장하는 사상적 흐름이 실학파와 개화파를 거쳐 이회영에게까지 흘러들어와 있었다. 어떤 운동이 일어나기 전에 어떤 사상의 발현이 항상 먼저였다. 변화를 추구하는 운동가들의 운동이 지속성을 가지려면 사상의 정립이 우선인 이유다. 변화의 동력이 사상이라는 점을 기억해야 한다. 깊은 사상이 넓은 운동을 만들어낸다.

10대와 20대에 임오군란, 갑신정변, 동학농민혁명운동, 청일전쟁, 을미사변 등을 겪으며 그의 생각이 어떤 방향으로 흘러갔을지는 짐작이 된다. 그러나 변화에 대한 갈망이 컸던 청년 이회영에게 찾아온 시대의 아침은 쌀쌀맞기 그지없었다. 1905년 일제가 을사늑약으로 조선의 국권을 침탈했다. 백방으로 을사늑약 파기운동을 전개했으나 실패했다. 1906년에는 함께 국권회복을 꿈꾸던 동지 이상설이 만주 용정촌에 '서전서숙瑞甸書塾'을 설립하는 일을 도왔다. 1907년 서울 상동감리교회에 설립된 청년양성 기관인 상동학원에 학감으로 취임해 독립정신을 갖춘 젊은 지도자 양성에도 힘썼다. 상동감리교회를 중심으로 선교사 헐버트, 월남 이상재 등과 협력하여 고종의 밀서를 받아 이상설, 이위종, 이준 등 세 사람을 헤이그에서 열리는 만국평화회의에 밀사로 파견하는 일에도 앞장섰다. 그러나 일본의 집요한 방해로 결국 실패하고 그들은 고국에 돌아오지도 못할 상황에 처하게 된다. 이준 열사는 머나 먼 이국 땅에서 사명을 다하지 못한 한을 품은 채 순국하게 된다. 날로 국권 침탈의 야욕을 드러내는 일본에 저항하기 위해 최초의 독립운동 비밀결사단체였던 '신민회新民會'를 조직하는 일에도 앞장섰다. 이동녕, 전덕기, 양기탁, 이관직, 안창호 등이 함께 했다. 헤이그 밀사 활동으로 인해 국내로 돌아오지 못하는 이상설이 있는 블라디보스토크를 방문하여 독립운동의 향방에 대해 의논한다. 국내에서의 독립운동이 점점 어려워질 것을 예상하고 국외 독립운동기지 건설에 대한 전략을 세우게 된다. 1910년 일본이 대한제국을 강제합병하자 마음에 두었던 계획을 실행에 옮기기로 하고 형제들과 함께 온 집안이 망명을 결정한다.

경계를 넘어선 경계인

우당 이회영의 집안은 대대로 벼슬을 했으나 기득권에 안주하려는 성향은 아니었다. 일제에 부역하면 기득권을 그대로 보장받을 수도 있었다. 그러나 개혁 성향이 강하여 새로운 시대를 받아들이고 준비하려는 꿈을 가지고 있었다. 전통적인 유교 명문가 출신의 이회영이 한국 최초로 신식 결혼식을 상동감리교회에서 올렸다. 변화가 필요한 세상을 향한 메시지를 삶으로 던진 셈이었다. 전 집안이 가산을 정리하여 압록강을 넘었다. 노비문서를 다 불태우고 모든 집안 노비들에게 자유를 주었다. 자유를 얻은 노비 중 망명하여 독립운동에 동참하겠다는 사람들은 함께 데리고 갔다. 영하의 추위가 몰아치는 한겨울 얼어붙은 압록강을 직접 말을 몰아 건너갔다. 옛 고구려의 땅이었다. 추위를 뚫고 달리고 또 달려 지금의 중국 길림성 유하현 삼원포에 도착했다.

백두산을 기준으로 동북쪽 지역인 북간도에는 명동촌에 규암 김약연이 있어 이주해오는 동포들의 토지 구입과 정착, 교육과 독립운동을 지도했다. 그 역시 구한말의 불확실한 조국의 미래에 강을 건너 새로운 공동체를 통해 미래를 밝히고자 동쪽을 밝힌다는 뜻으로 명동마을을 설립한다. 백두산 서쪽 지역인 서간도에는 이회영과 이동녕, 이상룡 등이 집단 망명하여 이주해오는 독립지사들과 동포들의 정착과 생업을 돕기 위해 경학사耕學社를 설립했다. 민족정신을 고취하고 교육을 통한 계몽을 일으켰다. '신흥강습소'라는 무관학교를 설립했고 후일 '신흥무관학교新興武官學校'로 개칭된다. 고구려의 옛터에서 나라를 '새롭게 일으킬' 인재를 키우기 위하여 시작된 독립군 양성소였다. 지금은 그 흔적조차 남아 있지 않다. 몇몇 가문이 가진 재산을 다 처분하여 마련한 독립운동의 기지였다. 독립운동에 뜻을 품은 많은 사람들이 모여들었지만 중국인의 방해도 많아 어려움을 많이 겪었다. 엄청난 가산을 처분해서 바늘 하나 남기지 않고 독립운동에 투자한 것이다. 그러나 수천 명이 몇 해를 먹고 생활하며 재정은 거의 바닥이 났다. 가진 옷을 내다팔고 이불까지도 팔아서 먹을 것을 구해야 하는 형편이 되었던 것이다. 끼니를 거를 때가 많았고, 쉰내 나는 밥에 짠 맛 나는 반찬 한 가지로 버텨야 하는 날도 많았다. 설상가상 전염병까지 돌아 많은 이들이 죽어갔다. 그럼에도 장교와 사병 교육을 나누어 독립군을 양성하는 일을 중단하지 않았고, 1920년 8월 폐교할 때까지 약 3,500여 명의 졸업생을 배출했다. 청산리대첩을 승리로 이끈 김좌진 장군의 '북로군정서'와 서간도 지역의 '서로군정서', 임시정부 산하의 '광복군' 등 대부분의 무장투쟁의 현장에 신흥무관학교 졸업생들의 역할이 컸다. 묵은 땅을 갈아엎고 씨를 뿌리는 역할을 했던 것이다. "뿌리고 심지 않는데 거둘 것은 없다. 오늘에 내가 거두는 열매는 다 누군가가 씨 뿌리고 묘목을 심은 수고와 희생의 결과물이다." 역사를 알아야 인생에 교만이 고개를 쳐들지 않는다. 오히려 선진들의 수고와 희생의 무게에 고개가 절로 숙여진다.

이회영은 신흥무관학교가 폐교하기 전에 서간도 지역을 떠나야만 했다. 일제가 서간도 독립운동 지도자들을 체포하기 위한 작전을 시작했기 때문이다. 대다수 동지들이 블라디보스토크로 갈 것을 권했으나 이회영은 오히려 고국으로 돌아갔다. 신흥무관학교 운영을 위한 자금을 구해보겠다는 뜻이었다. 자기를 잡기 위해 혈안이 된 적진과 같은 곳으로 뛰어드는 일이었으나 그는 장부로 태어나 나라를 위해 충성하다 죽는다면 후회가 없을 것이라 했다. 결국 일제에 의해 피체되었으나 귀족 집안 출신인데다 확실한 증거가 없어 몇 주간 구류 후 풀려나게 된다. 이즈음 이회영은 아주 과감한 계획을 실천에 옮기게 되는데, 바로 고종의 망명계획이었다. 고종이 망명하여 항일투쟁을 선언하며 개전조칙開戰詔勅을 내린다면 전 국민이 들고 일어나 항거할 것이라 보았기 때문이었다. 한일합방 후 일제가 내린 작위와 하사금을 거부한 민영달이 계획을 위해 거금을 내놓았다. 북경에 고종의 거처를 마련하는 일도 추진되었다. 이 계획이 성공하지 못한 이유는 고종의 급서 때문이었다. 고종의 망명계획을 눈치 챈 친일파의 고종독살설이 유력하다. 갑작스런 와병도 이상할뿐더러 고종이 서거한 날 저녁 고종의 병세를 돌보던 이들이 나라 병탄에 앞장섰던 친일파 이완용과 이기용이었다는 것도 의심을 더하게 한다. "천황에게 사죄하고 퇴진하라"던 이들이 무슨 짓을 못했겠는가. 사망 시점도 불분명하다. 여러 자료에서 구체적인 인물들의 이름들까지 거론되어 독살설을 뒷받침한다. 고종의 갑작스런 서거로 뜻을 이루지 못하게 되자 이회영은 국내의 동지들과 3·1운동에 대한 논의를 진행하고 국외에서의 동조를 위해 북경으로 떠나게 된다. 북경에서 이시영, 이동녕 등과 만나 3·1운동 이후 임시정부 수립 논의를 위해 상해로 옮겨가게 된다.

이회영은 정부라는 정치적 조직보다 각 독립운동 단체들이 자율적으로 연합하는 독립운동본부의 형태가 이상적이라고 주장했다. 임시정부 수립 과정에도 여러 가지 진통이 많았다. 특히 이승만을 지지하는 세력과 반대 세력 사이의 갈등이 컸다. 이승만이 임시정부 국무총리로 선출되고도 상해로 오지 않았고 외교독립론을 주장하며 미국에만 의존하는 것을 탐탁지 않게 생각하던 사람들도 많았다. 결국 이승만은 상해로 왔으나 얼마 있지 못하고 미국으로 돌아가고 만다. 모여들었던 많은 독립운동가들도 임시정부에 대한 실망감을 안고 하나둘 떠나갔다. 이회영도 임시정부 수립으로 모여든 독립운동가들 사이의 권력암투에 실망하여 북경으로 돌아갔다. 임시의정원 의장을 맡았던 이동녕, 재무총장 이시영, 외무총장 박용만, 신채호, 김규식, 조완구 등 많은 요인들이 상해를 떠나 북경으로 왔다. 이회영의 거처는 북경에 머무는 독립운동가들의 사랑방 역할을 했다. 오고 가는 요인들도 그의 거처에 주로 머물렀다. 독립운동을 꿈꾸는 청년들도 이회영의 거처를 거쳐갔다. 아들 이규창의 이야기에 의하면 보통 열 명에서 스무 명 때론 서른 명이 점심과 저녁을 함께하는 경우가 허다했다고 한다. 자신도 어려운 상황이었으나 이회영은 독립운동가들의 생활을 돌아보고 젊은이들의 끼니를 챙기는 일에도 세심하게 마음을 썼다고 한다. 혼자 생활하며 어려운 가운데 있는 젊은이들에게 반찬거리 하나라도 나누는 세심한 마음이었다. 자신의 어려운 처지를 앞

세워 동지들을 환대하는 일을 소홀히 하지 않았다고 한다.

독립운동 노선을 놓고 고민하며 민족주의와 사회주의로 나뉘어 진영 다툼을 하는 독립운동가들 사이에서 이회영의 생각은 아나키즘으로 점점 기울어갔다. 상해임시정부 활동에 참여할 때까지도 확실한 아나키스트는 아니었다. 북경으로 돌아와 여러 동지들을 통해 사회주의 혁명 후 구소련의 현실과 민족주의 진영의 지도자들의 불화와 다툼을 보며 마음이 기울기 시작한 것으로 보인다. 조직이 성립되면 자리다툼이 생기고 이권이 생기면 갈등이 생기는 것은 인간 본성이다. 이회영은 적어도 독립운동을 한다면 그 방법 자체도 독립적인 운동가들과 단체들의 자율적 합의에 의한 운동의 실천이 가장 이상적이라 보았다. 독립, 자유, 평등, 해방을 말하는 자들이 결국 계급과 직책으로부터 자유롭지 못하며 평등한 관계성 안에 일할 수 없다면 그 자체가 모순이라고 보았다. 당시 독립운동 노선 안에 특정 인물을 따르는 계파와 출신 지역에 따른 기호파와 서북파 등 파벌에 대해서 깊은 회의감을 갖고 있었기 때문이다. 사회주의적 획일성도 거부하지만 자본주의적 불평등도 거부하는 태도였다. 그는 아나키즘이 자유와 평등을 추구하기에 이상적인 이념이라 생각했다. 전 세계적으로도 국제연합을 통해 독립적 주권을 가진 국가들이 공동의 과제를 합의를 통해 해결해나가는 체제를 주장했다. 이 모든 생각들은 이회영이 아나키스트들에게 영향을 받아 형성된 것이 아니었다. 그가 일찍부터 양명학에 눈을 떴고 평등사상과 인간존중에 대한 기본 정신을 갖추고 있었기에 가능했던 생각들이었다. 이덕일은 그런 면에서 이회영이 양명학자에서 아나키스트로 진화한 것이라 말했다.

이회영은 압록강을 건너 독립을 위한 투쟁의 걸음을 옮길 때 그의 사상도 함께 강을 건넜다. 어쩌면 누구에게도 환영받지 못할, 오히려 모두에게 오해받을 수 있는 노선을 향해 걸어갔던 것이다. '경계인境界人, Marginal man'은 사회적으로 과거에 속했던 집단과 새로 적응해야 하는 집단 사이에서 방황하는 존재를 일컫는 말이다. 송두율 교수의 표현을 빌리자면 "경계의 이쪽에도 저쪽에도 속하지 못하고 경계선 위에 서서 상생의 길을 찾아 여전히 헤매고 있는 존재"라고 할 수 있다. 어정쩡함이 특징이나 오히려 장점으로 살려내면 익숙함과 낯섦을 동시에 품어낼 수 있는 창조적 존재로 살아갈 수 있다. 어쩌면 이회영에게는 아나키즘이 그렇게 다가왔을 수 있다. 사이Between에서 너머Beyond를 바라보았던 강원용의 시각과 닮았다고 할까. 보수와 진보, 좌파와 우파 등으로 나뉘어 "너는 어느 쪽이냐"고 묻는 이들에게 강원용은 "나는 저 너머를 본다"고 대답했다.

노병은 죽지 않는다

이회영은 대련 여순에서 최후를 맞는다. 당시의 상황은 거듭된 무장투쟁의 결과로 상해에서의 독립운동조차 위험한 지경에 처하게 되었다. 일본은 만주를 차지하고 상해까지 점령해 들어왔다. 당시 만주군벌인 장학량은 일본과 싸우기를 원했으나 장제스蔣介石

는 공산당과의 내전에 몰두하고 있었다. 이회영은 동북민중항일구국회 상위 총무조장이었던 노광적을 만나게 되어 일본에 대한 공동투쟁을 제안했다. 이미 동북 지역에 이주해 있는 백만 한인들의 지지를 이끌어낼 수 있는 항일투쟁 제안에 장학량이 지원을 약속했다. 만주군벌인 장학량의 군대에 속한 요녕민중자위군 총사령 당취오와 항일무장투쟁을 위한 협상을 진행하기 위해 만주로 떠나려 했다. 대다수 동지들이 반대했으나 이회영은 강경했다. 수많은 청년들이 죽음을 제 집으로 돌아가는 것으로 여겨 사지에 뛰어드는데 나이 칠십이 멀지 않은 자신이 앉아서 죽기를 기다리면 부끄러운 일이라 생각했다. 누구나 바라는 목적이 있고 그 목적을 이룸으로 행복을 누린다. 그러나 이회영은 목적을 달성하기 위한 자리에서 죽는 일 또한 행복이라 생각했다. 누구도 말릴 수 없는 결심이었다. 모두가 일본과의 전선에서 멀리 물러나고 있는 동안 이회영은 적진의 한복판으로 뛰어들겠다는 결단이었다.

길을 떠나기 전 둘째 형 이석영에게 인사차 찾아간 것이 화근이 되었다. 그곳에 연충렬과 이태공이라는 청년들이 함께 있었는데 누구도 알지 못했던 이회영의 만주행을 밀고한 것이었다. 이들은 후일 적발되어 백정기, 엄형순 등에 의해 처단되었으나 우당의 죽음을 돌이킬 수는 없는 애석한 일이었다. 1932년 11월 17일, 자신과 집안, 재산과 모든 것을 민족을 위해 바친 삼한갑족의 후예 이회영의 삶이 산화한 날이다. 일제는 유치장에서 목을 매어 자살한 것으로 발표했으나 그럴 리 없다. 대체로 중국 다롄 수상경찰서에서 고문 중 사망한 것으로 알려졌으나, 혹자는 여순감옥에서 순국했다고 주장하기도 한다.

삼한갑족으로 불리던 그의 형제들의 삶의 마지막도 상상하기 어려운 결말로 전해진다. 둘째 형 이석영은 망명 당시 가장 많은 자금을 헌납했다. 건강상의 이유로 잠시 귀국 후 상해로 다시 망명하여 독립운동을 지속하며 생활고에 시달렸다고 한다. 이석영에게는 두 아들이 있었다. 장남인 이규준은 무관학교를 졸업했다. 숙부인 우당 이회영과 의열단원 유자명의 지도하에 사촌 형제들과 '다물단'을 조직해 일제 밀정을 처단하는 등 독립운동에 적극 가담했다. 그러나 아버지보다 먼저 29세에 지병을 얻어 사망했다. 차남 이규서도 독립운동에 가담했으나 1933년 상해에서 행방불명됐다. 이석영 역시 굶주림에 시달리다 1934년 80세에 사실상 아사했다고 본다. 그의 부인은 1936년 이시영의 차남이자 조카인 이규홍의 집에서 82세에 사망했다. 1935년 항주에서 발행된 한국국민당의 기관지인 《한민韓民》 1936년 5월 25일자에는 "이석영이 수많은 재산을 신흥무관학교에 쏟아붓고 나중에는 지극히 곤란하게 생활하면서도 일호의 원성이나 후회의 개식이 없고 태연하여 장자의 풍이 있었다"라고 기록되어 있다. 명동 일대의 땅이 그의 소유였으며 경기도 여러 지역에 현 시가 수조 원에 달하는 부동산을 가졌던 그가 전 재산을 독립운동에 온전히 바치고 자신은 상해 빈민가에서 아사했다는 사실은 충격적이다.

셋째 형 이철영은 경학사와 신흥강습소에서 활발하게 활동했으나 신흥무관학교 폐교 이후 북경과 천진 등지를 다니며 독립운동에 투신하던 중 풍토병으로 숨졌다. 막내 이호영은 서간도를 떠난 후 북경에 주로 거주하며 독립운동가로 활동하던 중 가족과 함께 갑자기 행방불명되었다. 6형제 중 이시영만 임시정부에서 활동하다 해방 후 귀국하여 초대 부통령에 당선되었으나, 이승만 정권의 부정부패를 성토하는 성명서를 발표하고 부통령직을 사임했다. 6형제 모두 굶을지언정 구차하게 살지 않았으며 한 번 정한 뜻을 상황이 변함에 따라 바꾸지 않는 지조가 있었다.

1951년 퇴역하는 장군이 미상하원 합동회의장에서 미군가의 한 구절을 인용했다. "노병은 죽지 않는다. 다만 사라질 뿐이다Old soldiers never die; They just fade away." 비록 군복은 벗지만 자신이 군인으로 살아왔던 삶이 중단되는 것은 아니라는 뜻일 것이다. 삼한갑족이나 노블리스 오블리주도 아무에게나 주어지는 삶은 아니다. 부자는 돈이 많은 사람이 아니라고 했다. 돈이 많은 사람은 돈이 많은 것이고 부자는 나눌 수 있는 넉넉한 마음이 있는 사람이라 했다. 돈 많은 사람은 많으나 넉넉한 사람은 없으니 세상이 혼탁하다. 이회영의 집안은 타고난 가산이 많아서가 아니라 지조 있는 가풍이 있어서 높이 칭송되고 역사가 기억하는 것이리라. 역사는 기록하는 자의 편이라 했던가? 기록으로만 남는 것보다 누군가에게 기억되는 인생이 더 진짜 아닐까. 잊히는 것이 아니라 누군가의 기억 속으로 사라져 영원히 기억되는 그런 삶 말이다.

이회영과 형제들은 명동 YWCA 입구 쪽에 이회영의 작은 흉상 하나와 표지석 하나를 남겼다. 이시영을 제외한 모든 형제들이 이역만리 타국에서 순국하거나 아사하거나 행방불명됐다. 대다수 형제들은 그들의 희생을 기록한 표지석 하나 없다. 작은 돌 하나가 뭐 그리 대단한 것이겠냐마는 기억하도록 돕는 일이라면 의미가 있다. 사람들의 뇌리에서 잊혀가던 이들의 삶도 작은 비석 하나가 다시금 떠올리게 한다면 비석도 역사의 증인이다.

고구려의 혼으로 살았던
석주 이상룡

너희도 이제 독립군이다

우당 이회영과 함께 주목해야 할 인물은 석주石洲 이상룡李相龍, 1858~1932이다. 이회영과 닮은 모습이 많은 사람이다. 이상룡에 대한 연구는 아직 많이 미진한 편이다. 이회영과 함께 서간도의 독립운동기지의 중심기관인 경학사와 항일 무장독립투쟁을 위한 인재양성소 역할을 했던 신흥무관학교 설립과 운영에 책임을 맡았었다. 실질적 운영의 주체는 석주 이상룡이었다. 또한 상해임시정부 초대 국무령을 지냈지만 기간이 짧아서인지 사람들에게 잘 알려져 있지 않다. 고성 이씨 종손으로 경상북도 안동시 법흥동에 고택인 임청각臨淸閣이 이상룡의 생가다. 1519년에 건축되어 500여 년의 역사를 가진 임청각은 우리나라 보물 182호로, 고성 이씨 종가다. 1년 내내 조상을 모시는 제사가 끊이지 않았던 곳이다. 안동은 유림들의 고장이지만 나라가 어려움에 처했을 때 책만 읽고 있지는 않았다. 의병운동이 활발했던 곳이기도 하다. 역사의 긴 안목에서 보면 개혁에 저항하는 의병활동도 있었지만 믿는 바 가치를 지키기 위한 몸부림이라 볼 수 있겠다. 석주 이상룡도 항일의병을 지원하고, 대한협회 안동지부를 조직하여 활동했다.

석주 역시 퇴계 학통을 따른 유학자였다. 1905년 을사늑약이 체결되자 의병투쟁에 나섰으나 신식무기로 무장한 일본군을 이길 수 없었다. 의병활동을 하며 우리나라가 시세에 어둡다는 각성을 하게 된다. 동서양의 신서적들을 찾아 탐독하며 새로운 사상과 문화의 모험에 나선다. 당시 유학자들에게 이단자로 취급받던 《왕양명실기王陽明實記》를 읽고 다음과 같이 적었다.

대개 양명학은 비록 퇴계 문도의 배척을 당했으나 그 법문이 직절하고 간요하여 속된 학자들이 감히 의론할 수 있는 바가 아니다. 또 그 평생의 지절은 빼어나고 정신은 강렬했다. 본원을 꿰뚫어보되 아무 거칠 것이 없었으며, 세상의 구제를 자임했으되 아무 두려움이 없었으니 한대漢代와 송대宋代를 통틀어 찾는다 해도 대적할 만한 사람을 보기 드물다.

_이상룡, 〈서사록〉, 《석주유고》 중에서

안동은 주희의 성리학을 도입한 안향安珦을 배향한 소수서원이 자리하고 있는 영주와 가까우며, 그 학풍을 이어가는 퇴계를 배향한 도산서원이 있는 곳이다. 더구나 엄격한 퇴계의 학풍을 이은 이상룡의 입에서 나오기 힘든 말이다. 그는 학문적 탁상공론만 일삼는 지식인이 아니었다. 행동하는 지식인이었다. 공자와 맹자는 나라를 찾은 뒤에 읽어도 늦지 않다고 했다. 만주로 떠나는 시기에는 조상들의 위패를 땅에 묻고 노비 문서를 불태우고 원하는 이들은 기꺼이 독립군으로, 동지로 삼았던 사람이다. 당시 임청각 종가의 노비는 400여 명에 가까웠다고 한다. 노비문서를 불태우며 "너희도 이제 독립군이다"라고 한 것이다. 지금도 임청각에서 가장 높은 곳에 위치한 사당에는 죽은 사람의 위패인 신주神主를 모시는 감실 등이 없이 비어 있다. 제사도 간소하게 지냈다. 제사상 준비도 며느리들뿐만 아니라 딸들까지 함께해 돕도록 했고 종손만이 아니라 집안 형제들이 돌아가며 제사를 모시게 했다. 신식교육의 필요를 느끼고 협동학교를 세워 후진을 양성하는 일도 했다.

그러나 1910년 한일합방으로 나라를 빼앗기자 신민회의 서간도 독립운동 기지 건설에 동참하기로 한다. 우리 조상들의 옛터에 조국 광복을 위한 독립운동 기지를 건설한다는 말에 마음이 움직였다.

임청각에는 이상룡이 1911년 만주로 떠나며 남긴 〈거국음去國吟〉이라는 시가 걸려 있다.

더없이 소중한 삼천리 우리 산하여 山河寶藏三千
오백여 년 동안 예의를 지켜왔네 冠帶儒風伍百秋
문명이 무엇이길 늙은 적과 매개했나 何物文明媒老敵
까닭 없이 꿈결에 온전한 사발이 던져졌네 無端魂夢擲全甌

이 땅에 그물이 쳐진 것을 보았으니 已看大地張羅網
남아가 제 일신 아끼는 게 어디 있으랴 焉有英男愛髑髏
잘 있거라 고향 동산이여, 슬퍼하지 말지어다 好佳鄕園休悵惘
다른 날 좋은 세상 되거든 다시 돌아오리라 昇平他日復歸留

50여 가구가 그의 망명길에 동참했다. 해방시켜준 노비들 가운데에도 독립운동에 참여하겠다며 따라나선 이들도 있었다. 망명길에 오르며 다시 돌아오리라 다짐했지만, 언제 또 볼지 모를 조국 산하를 지나며 석주는 계속해서 시를 남긴다. 〈추풍령 위의 기차에서〉〈기차로 개성을 지나면서〉〈평양에 이르러 입으로 읊다〉〈압록강변에서 만주를 바라보며〉 등의 시들이 이상룡의 시문집인 《석주유고》에 남아 있다. 압록강을 건너면서는 〈27일 강을 건넘二十七日渡江〉이라는 시를 남겼다.

칼끝보다도 날카로운 저 삭풍이 내 살을 인정 없이 도려내네
살 도려지는 건 참을 수 있지만 애 끊어지니 어찌 슬프지 않으랴
기름진 옥토로 이루어진 삼천리 거기에서 살아가는 인구 이천만
즐거운 낙토 우리 부모의 나라를 지금은 그 누가 차지해버렸는가

나의 밭고 집을 벌써 빼앗아갔고 거기에다 다시 내 처자마저 넘보나니

차라리 이 머리는 베어지게 할지언정 이 무릎 꿇어 종이 되지 않으리라

집을 나선지 채 한 달이 못 되어서 벌써 압록강 도강하여 건너버렸네

누구를 위해서 발길 머뭇머뭇하랴 돌아보지 않고 호연히 나는 가리라

차마 떨어지지 않는 발걸음이었으리라. 조국의 모습을 하나하나 눈에 담아두고 싶었을 것이다. 그러나 〈거국음〉 마지막 구절의 바람이었던 "좋은 세상", 즉 독립을 얻은 후에 다시 돌아올 것이란 바람은 이루지 못하게 될 운명이었다. 목적지로 삼은 유하현 삼원포까지는 멀고 먼 길이었다. 말과 수레를 구하여 가족들을 태웠지만 겨울 찬바람이 극심하여 고통에 시달렸다. 그러나 일제의 압박에서 벗어났음을 기뻐했다. 삼원포에 토지와 집을 구하기까지 중간중간 집을 구했으나 쉽지 않았다. 먼저 와서 정착해 있는 이들의 집을 한두 칸 빌리거나 헛간을 개조하여 지내기도 했다. 어려웠지만 가족들을 다독이며 밤이면 동지들과 만나 눈물로 독립의 의지를 다졌다. 삼원포에 도착할 무렵에는 100여 가구의 수레가 늘어선 장관이 연출되었다. 청나라 관리들이 군사를 파견해 동정을 살피고, 한인들에게 집을 세내어주는 것을 금하여 정착에 큰 어려움을 겪기도 했다. 추운 동북의 겨울에 노숙하여 병에 걸린 사람들도 많이 생기는 지경이었다. 마침내 봄이 오고 이주한

300여 명이 모여 군중대회를 열어 '경학사耕學社'를 조직하게 된다. 경학사는 이주한 한인들을 돕는 자치기구였다. 초대 사장으로 이상룡이 선출되고 내무부장에는 이회영이, 재무부장에는 이동녕, 교부무장에는 유인식, 조직사무는 김동삼이 맡게 되었다.

만주벌 호랑이 일송 김동삼

석주 이상룡과 함께 안동에서 망명한 일송一松 김동삼金東三은 '만주벌 호랑이'라고 불렸으며 김좌진, 오동진과 함께 독립운동가 3대 맹장으로 꼽히는 사람이었다. 그 역시 경상북도 안동 출신 유림에서 양명학의 영향을 받고 새로운 사상을 받아들인다. 석주 이상룡의 영향이 컸다. 망명 전부터 이상룡과 함께 '대한협회' 안동지회에서 활동했고 영남 지역 인사들을 중심으로 비밀결사 '대동청년단' 활동도 했다. 석주와 함께 신민회 해외독립운동기지 건설계획에 참여하여 1911년 전 재산을 처분하여 망명한다. 이회영, 이동녕, 이상룡 등과 함께 경학사, 부민단, 백서농장, 서로군정서 등을 통해 활발한 독립운동을 펼친다.

1920년 김좌진과 홍범도가 이끄는 독립군이 청산리전투에서 대승을 거둔 후 일본군의 무자비한 보복이 한인들에게 시작됐다. 김동삼은 청산리전투에서는 조카 김성로를 잃었고 일본군의 보복인 간도참변경신참변으로 동생 김동만까지 잃게 된다. 간도참변으로 무너진 교민사회를 다시 일으키고 독립군 조직을 재정비하는 일에 김동삼의 역할이 컸다. 이 일 후에 집안 사람들과 함께 북만주 영안현으로 이주하게 된다. 김동삼은 1923년 상해임시정부의 난국을 타개하기 위해 모인 국내외 400여 명 인사들로 구성된 국민대표회의에서 의장으로 선출되었을 만큼 독립운동가들 사이에서 신망이 두터웠다. 1932년 항일활동을 위해 하얼빈에 잠입했다가 이원일과 함께 체포되어 평양지방법원에서 이원일은 2년 6월, 김동삼은 10년형을 선고 받고 평양감옥과 서대문형무소에 각각 수감된다. 그러나 수감생활 7년만인 1937년 4월 13일 옥중에서 순국한다. 일송의 유언이다.

"나라 없는 몸 무덤은 있어 무엇 하느냐. 내 죽거든 시신을 불살라 강물에 띄워라. 혼이라도 바다를 떠돌면서 왜적이 망하고 조국이 광복되는 날을 지켜보리라."

가족들은 모두 만주에 있어 평소 그를 존경하던 만해 한용운이 시신을 수습하여 자신의 집인 성북동 심우장尋牛莊에서 장례를 치른다. 김동삼의 유언대로 화장하여 유해는 한강에 뿌렸다. 만해가 눈물 흘리는 것을 처음 보았다는 이야기가 전해질 만큼 김동삼의 죽음을 애석해 했다.

이원일은 김동삼의 협동학교 제자로 함께 망명했다. 이원일의 딸이 김동삼의 아들 김정묵과 혼인한 여성 독립운동가 이해동이다. 많은 독립운동가들 가운데 남성들의 이름이 주로 알려져 있지만 그 배후에는 많은 여성들의 희생이 함께했다. 그들도 독립운동가였다. 남성들의 대외적 활동만을 독립운동으로 보면 안 된다. 아내와 가족들의 희생도 함께 생각해봐야 한다. 그들의 희생이 없이는 아버지요 남편인 그들이 온전히 독립운동에 전념하지 못했을 것이다.

이해동은 부모를 따라 여섯 살 때 서간도로 망명했다. 성장하여 김동삼의 맏며느리가 된다. 간도참변 이후 김동삼을 따라 북만주 하얼빈 지역으로 이주하여 맨땅을 일구고 단칸방에 살며 독립군 활동을 지원했다. 시아버지 김동삼이 하얼빈에서 체포되어 경성 감옥으로 이감된 후에도 남편 김정묵과 함께 열심히 땅을 일구며 가족들을 돌본다. 그러나 중국에 공산당 정부가 들어서자 오히려 열심히 살았던 것이 화근이 되어 남편이 지주로 몰려 매를 맞고 병을 얻어 세상을 떠나고 만다. 독립운동하며 살아온 삶의 대가로 시아버지와 남편, 시어머니와 아들까지 잃은 것이다. 끼니 때우기조차 힘들었던 독립운동 시기를 지나, 중국 공산당 치하에서 땅 조금 일구고 고용인 한 명을 두었다는 이유로 지주로 분류되어 고난을 당한 것이다. 문화대혁명을 지나며 중학교 교사였던 아들조차 고초를 겪고 결국 세상을 떠난다. 나라 잃은 수난의 역사와 중국의 근대 변혁기 역사의 시련을 여성의 몸으로 고스란히 겪어야 했다. 그러다 고국을 떠난 지 77년 만인 1989년 1월 18일 85세의 노구를 이끌고 귀국했다. 그 일생은《만주생활 77년》이라는 회고록으로 엮어졌으며, 2003년 8월 98세로 별세했다.

하루에도 몇 번이고 죽을 마음밖에 없었다. 그렇다고 나이 많은 시어머니와 어린 자식들을 두고 생목숨을 끊을 수가 없어 바가지를 들고 동냥에 나섰다. 허기진 몸으로 이집 저집 돌아다니며 동냥을 하다가 정신을 잃고 쓰러진 것이 한두 번이 아니었다. 내가 교포들에게 인심이 좋아서 그런지 모두 불쌍히 생각하고 동정해주었기에 동냥 쌀이 두 포대 되어서 그해 겨울 양식은 당분간 해결하게 되었다. 하지만 밤이 올까봐 제일 겁이 났다. 추운 겨울 서북풍은 살을 에는 날씨인데 이불 한 채 없이 밤을 새우자니 배고픈 고생보다 더 무서웠다. 참으로 죽음보다 더한 고통이었다. (…) 나도 인생의 온갖 풍파를 겪으면서 살아왔고 출가하여 독립운동가의 자손으로 생각할 수도 없는 힘에 겨운 모든 고생을 참아가면서 살아왔지만, 이때처럼 외롭고 슬픈 시절을 처음 겪었다. 왜놈을 반대하여 목숨 걸고 싸운 우리가정이 공산당 통치하에서 이렇게 될 줄이야 꿈에도 생각 못했다. 사실 이런 참변은 그 당시 북만주 교포들 중 우리 한집만은 아니었다.

_이해동, 《만주생활 77년》 중에서

역사는 희생의 기록이어야 한다. 기득권이 기록한 탐욕의 역사는 희망의 역사가 될 수 없다. 역사 속에서 희망의 씨앗을 찾는 사람들이라면 희생의 기록에 주목해야 한다. 희생이 희망의 씨앗이기 때문이다. 우리 모두는 누군가의 희생 위에 서 있다. 오늘 우리가 역사의 진보를 위한 희생의 대가를 지불하지 않는다면 미래에도 희망은 없다. 한 치 앞을 알 수 없는 상황 속에서도 묵묵히 삶으로 대가를 지불했던 이들이 우리에겐 희망이 되었다. 그런 의미에서 역사에 부끄럽지 않은 삶을 산다는 것은 누군가에게 전해질 희망의 씨앗을 심는 일이다.

일송 김동삼! "일송정 푸른 솔은"으로 시작하는 노래 〈선구자〉의 모델이 일송 김동삼이라는 말이 있을 정도로 만주 지역 무장독립투쟁에 미친 그의 영향력은 컸다. 우당 이회영, 석주 이상룡, 백하 김대락 등의 서간도 독립운동가들의 삶과 함께 김동삼의 삶도 함께 기억되어야 한다. 그의 생가지인 경상북도 안동 임하면 천전리 278번지에는 오래된 아담한 기와집 한 채만 남아 있다. 집 입구를 일송 김동삼 생가터 표지석이 지키고 있다. 후손도 거의 없는 선생의 삶과 정신을 기리는 집터 표지석이라도 오래오래 그 역사를 품고 버텨주기를 바라는 마음이다.

밑거름이 있어야 나무가 자란다

서간도에 정착한 한인들은 중국인들과 더불어 살아가기 위해 단발을 하고 중국인 복장을 하고 지냈다. 의사소통을 위하여 어학강습소를 설립하여 한인들이 청나라 사람들과 어울려 살 수 있도록 도움을 주었다. 그러나 어떤 이들은 석주 이상룡 같은 유림 출신이 단발한 것을 비방하기도 했다. 이상룡은 큰일을 하려는 자가 자잘한 것에 얽매여서는 안 된다고 잘라 말했다고 한다. 모든 것은 오직 조국의 독립을 위한 대가 지불로 생각했다. 마음에는 자나 깨나 오직 빼앗긴 나라를 되찾고자 하는 일념뿐이었다. 본질을 위해 비본질적인 것들을 기꺼이 버릴 수 있을 때 본질의 길을 갈 수 있음을 보여준다.

이러한 노력에도 불구하고 유하현의 토착민들은 많은 한인들이 몰려오는 것을 이상하게 받아들여 토지를 팔지 않으려 했으며, 각 현의 지사들은 한인들이 서로 왕래하는 것조차 금지하여 큰 시련을 맞게 되었다. 이회영 등을 통하여 봉천성 관리들에게 서간도 거주를 허락해줄 것과 민적에 올릴 수 있도록 요청했으나 허락되지 않았다. 이상룡은 이 즈음의 심경을 "우리가 참으로 목적으로 삼고 있는 것이 없다면 무슨 마음으로 여기 있겠는가" 탄식하기도 했다. 그러다 1911년 쑨원孫文이 이끄는 신해혁명으로 청나라가 무너지고 쑨원을 임시 대총통으로 하는 중화민국이 세워지게 된다. 청 정부는 혁명파를 제거하기 위해 북양군벌의 지도자였던 위안스카이袁世凱와 손을 잡는다. 위안스카이는 쑨원과 협상하여 공화정을 설립하기로 약속하고 정식 대총통이 된다. 그러나 위안스카이는 약속을 지키지 않고 스스로 황제의 자리에 올랐지만 몇 달이 못 되어 쫓겨나게 된다. 이회영은 위안스카이가 조선에 총리교섭통상대신으로 왔을 때 친분을 맺었다. 위안스카이가 대총통의 자리에 있으면서 한인들의 정착에 도움을 주게 된 것이다.

주변인들의 눈을 의식해 본격적인 독립군 양성을 위한 군사학교로 시작하지 못하고 신흥강습소라는 이름으로 시작하게 된다. 이동녕이 초대교장을 맡고 교감에 김달, 학감에 윤기섭 등이 역할을 담당했다. 교과목은 전문군사학교와 같았다. 보병, 기병, 포병, 공병으로 반을 짜고 육군형법, 편제학, 훈련교범, 위수복무, 전략, 전술 등 군사과목을 가르쳤다. 그러나 도움을 주는 이가 따로 없어 농사를 지으며 훈련을 받는 형편이었다. 국내에서 지원하는 일도 쉽지 않아 학교는 곧 재정적인 어려움에 처했다. 설상가상 일본이 형사대를 유하현으로 파견하여 요인 암살 및 납치를 노린다는 소식까지 전해졌다. 어쩔 수 없이 이동녕은 연해주로 떠나고, 이시영은 봉천으로 떠났다. 이회영은 군자금 모집을 위해 국내로 들어가는 선택을 했다. 이상룡을 비롯한 남은 지도자들은 어려운 가운데서 힘겹게 학교를 이끌어나갔다. 이상룡은 오히려 자신이 춥고 주리는 것은 자잘한 일이니 별것 아니며 학생들의 배움이 가장 큰 관심거리라 생각했다. 우여곡절 끝에 결국 학교를 유하현 추가가鄒家街에서 통화현 합니하哈泥河 인근으로 옮겨 새롭게 시작하게 되었다. 땅을 중국 당국으로부터 구매하여 건축을 시작했다. 이회영 등의 노력으로 각 학년별 교실과 여러 부속시설들까지 갖추어 본격적인 4년제 본과를 운영하는 신흥무관학교로서 출발하게 되었다. 3개월, 6개월의 속성반도 있어서 수시로 오가는 애국청년들을 훈련시켜 무장독립투쟁을 이끌 군 지휘관들을 배출해내는 일을 했다.

교민들의 이주와 정착을 돕고 마을을 운영하던 경학사는 부민단을 거쳐 '부민회扶民團'로 발전했다. '부여의 옛 땅에서 부여 유민들이 만든 단체'라는 의미다. 그들이 정착해 살고 있는 땅이 옛 부여의 땅이며 부여의 후대인 고구려의 옛 영토라는 것을 항상 기억하고 있었던 것이다. 그들이 처음 자리를 잡았던 유하현이 고구려의 발상지이며 통화현에서 그리 멀지 않은 압록강 변방 집안이라는 곳에 고구려의 수도였던 국내성과 광개토대왕의 비석이 서 있음을 알고 있었던 것일까? 이상룡은 《대동역사大東歷史》를 직접 저술하여 신흥무관학교 역사교재로 사용했다.

1919년 3·1운동의 시작을 알린 기미독립선언서 낭독이 있기 한 달 전 일제 침략의 부당성을 외치며 독립을 주창하는 무오독립선언서 낭독이 있었다. 만주 길림에서 만주와 연해주 지역의 독립지사 39인이 한국의 독립을 선언한 것이다. 조소앙이 작성한 것으로 알려져 있다. 무오독립선언은 2·8독립선언이나 기미독립선언과 비교할 때 민족의 대동단결과 무장투쟁을 통한 독립 쟁취를 명확하게 제시했다는 점에서 차이가 있다. '대한독립선언서'라고도 하는 이 선언서의 내용은 대한이 완전한 자주독립국가임을 선포하고, 우리 강토에 조금이라도 이민족이 점유할 권한이 없으며, 한 사람의 한인이라도 이민족이 간섭할 조건이 없다고 주장한다. 일본이 쌓아놓은 악은 만세에 숨기지 못할 것이라 경고하며 그 죄상을 나열한다. 한일합방 무효를 선언하며 섬은 섬으로 돌아가고 반도는 반도로 돌아오고, 대륙은 대륙으로 회복하는 원상회복을 선언한다. 이것이 모두를 위한 유익임을 강조한다. 2천만 대중이 일어나 식민지 백성으로 개, 돼지와 같은 일생을 살지 말고 자신과 일가를 희생하면 나라를 회복할 수 있음을 독려하고 있다. 만주와 연해주 지역으로 이주한 지도자들의 뜨거운 독립의 열정을 확인할 수 있는 선언이다.

이주한 한인들의 규모가 컸기 때문이겠지만 만주와 연해주 지역에 많은 독립투사들이 활동하고 있었던 것은 사실이었다. 그리고 독립운동의 움직임도 활발했다. 석주 이상룡이 있는 서간도에서는 상해보다 앞서 '한족회韓族會'를 설립하고 광복전쟁을 위한 총본부로서 군정부를 구성하기로 결정한다. 1910년 경술국치 이후 해외에 임시정부의 기능을 가진 첫 조직은 1914년 이상설, 이동휘, 이동녕, 정재관 등이 중심이 되어 연해주에서 설립한 대한광복군 정부다. 1911년 이상설을 초대의장으로 설립된 '권업회勸業會'를 통하여 3만여 명의 무장병력을 확보하게 된 후 만주와 시베리아와 미주 지역 등 해외에 흩어져 있는 무장독립운동단체를 모아 독립전쟁을 위한 조직을 갖추고자 했다. 시베리아 지역 한인 이주 50주년에 맞추어 1914년 대한광복군 정부를 수립하고 대통령에 이상설 부통령에 이동휘를 선출했다. 만주 지역과 미주를 포함하면 최소 수만 명 이상의 군인들이 훈련받고 있었던 것으로 추산된다. 제1차 세계대전의 여파로 러시아 내에서 한국인의 정치사회활동이 금지되어 권업회가 해산되고 대한광복군 정부도 해체되지만 일찍이 독립투쟁을 위한 군사정부를 설립했던 시도가 밑거름이 되어 서간도와 상해임시정부로 이어지는 독립투쟁의 역사를 계속하여 써나가게 된 것에 큰 의의가 있다고 볼 수 있다.

나라를 되찾기 전에는

석주 이상룡의 대승적 성품의 일면을 볼 수 있는 것이 바로 상해임시정부와의 통합과정이다. 1919년 4월 11일 상해에서 모인 임시의정원에서 국호를 '대한민국'으로 하여 임시헌법과 임시대통령과 내각을 구성하는 일이 진행되었다. 이로부터 보름 후 석주 이상룡이 이끄는 한인회의 군정부가 탄생한 것이다. 임시정부 내무총장이었던 안창호는 서신으로 이상룡에게 임시정부 구성에 대해 자문을 구하며 조심스레 뜻을 묻는다. 임시정부요인들과 수차례 서신 왕래와 만남을 통해 협의를 진행하게 된다. 더구나 연해주에서 활동하던 이동휘가 국무총리로 취임하는 상황에서 만주의 군정부를 계속 유지하게 되면 임시정부에 대한 불신이 높아질 것이라 보았다. 군정부 요인들과 함께 의논했으나 대다수가 통합에 반대했다. 석주는 설득하기를 한 민족 안에 두 정부가 있을 수 없다고 주장하며 단합을 도모해야 한다고 설득했다. 결국 석주의 설득으로 임시정부와 손잡고 군정부를 군정서로 고쳐 독판 제도를 도입했다. 임시정부를 상해에 두고 한족회의 군정부는 임시정부 산하 군정서로 광복투쟁을 하는 군사기관 역할을 자처한 것이다. 북간도 지역 중심으로 활동하던 대종교 지도자들이 1919년 10월 대한군정부를 수립하자 이상룡은 편지를 보내 임시정부와 서간도의 단합의 취지를 설명하여 합의를 이끌어낸다. 석주가 이끄는 군정부가 군정서가 된 것처럼 대한군정부를 대한군정서로 할 것을 요청했다. 그리하여 임시정부는 상해에, 서간도에는 이상룡이 이끄는 서로군정서, 북간도에는 대종교 계열 중심의 북로군정서라는 이름으로 단합하게 되었다. 북로군정서는 교육에 주력하고 군사훈련을 주로하지 않았기에 서로군정서에 도움을 요청하여 이범석을 위시한 장교들을 파견하고 군사훈련 교재와 지역민들과 국내에서 찾아오는 청년들을 훈련하기 시작했다. 이들이 후일 청산리전투와 봉오동전투에서 큰 전공을 거두는 밑거름이 된 것이다.

석주 이상룡은 어떻게 하든지 민족이 하나 되어 독립을 위해 힘을 모으기를 원했다. 그가 상해임시정부 초대 국무령에 취임하게 된 것도 같은 이유였다. 임시정부 의정원에서 당시 최고 수반인 국무총리에 이승만을 추대하자 단재 신채호를 위시한 무장투쟁을 강조하는 대다수 지도자들의 반대에 부딪혔다. 이유는 1919년 3월 이승만이 윌슨 미국 대통령에게 대한민국을 국제연맹의 위임통치하에 둘 것을 청원한 사건이 이유였다. 여러 견해가 있겠으나 외세에 의존한 개혁과 독립 쟁취의 쓴 맛을 여러 차례 본 독립투사들로서는 납득하기 힘든 처사였다. 많은 논란 끝에 이승만이 국무총리로 선출되었으나 그는 상해임시정부로 부임하지 않았다. 미국에서 계속 활동하며 임시정부 직제에도 없는 대통령이라는 직함을 스스로 사용하기도 했다. 결국 임시정부는 이승만을 대통령으로 선임하는 일로 또 다시 분열하게 된다. 박용만, 문창범 등이 외무총장과 교통총장 취임을 거부했고 이회영, 신채호 등은 북경으로 돌아가게 된다. 연해주를 대표하던 이동휘마저 독립운동자금 독자처리 문제로 임시정부를 떠나자 임시정부는 매우 불안정한 상태에 접어들게 된다. 결국 이승만은 1920년 12월 상해로 오기는 했으나 임시정부를 하나로 묶는 대안이나 국정의 비전 등을 내놓지 못하여 임시정부요인들에게 큰 실망감을 안겨주고 다시 떠나게 된다.

당시 서간도와 북간도, 연해주 지역에서는 무장독립단체들이 결성되어 목숨을 걸고 항일투쟁을 하고 있었다. 북로군정서, 대한광복군, 의열단, 의군부, 청년맹호단, 자위단 등 다양한 단체들이 무장투쟁을 활발히 진행하고 있었다. 임시정부가 수립은 되었으나 동북 지역과 연해주에 넓게 흩어진 독립운동단체들을 하나로 묶는 역할을 전혀 해내지 못하고 있었다. 1921년부터 1925년까지 북경, 간도와 연해주 지역의 독립운동 단체들은 임시정부와 관계없이 독자적인 독립운동 투쟁을 전개해나갔다. 결국 임시정부가 선택한 방안은 북경의 이회영이나 신채호 등과도 연이 닿아 있으며 북간도와 연해주 지역까지 폭넓게 영향력을 행사할 수 있는 이상룡을 초대 국무령, 즉 대통령으로 추대하는 것이었다. 깊은 고민 끝에 이상룡은 68세의 노구를 이끌고 분열되어 있는 독립투쟁 단체들을 하나로 묶는 일이 자신의 마지막 사명이라 생각하고 상해로 향한다. 당시 임시정부 직제가 대통령의 역할인 국무령과 9명의 국무원으로 구성되어 있었다. 보름여의 고민 끝에 아홉 명의 국무원을 선임했으나 누구 하나 임시정부에 취임하려 하지 않았다. 다양한 이유가 있겠으나 임시정부의 위상이 그만큼 추락했다는 의미였다. 상해에서 하는 일들보다 자신들이 있는 각 지역에서 하는 독립투쟁이 훨씬 효과적이라 생각했기 때문이기도 하다. 상해임시정부는 전적으로 후원에 의존하고 있었으나 만주 지역의 정의부, 참의부, 신민부의 3부는 지역을 기반으로 자립된 경제 구조를 가지고 있었다. 결국 임시정부의 혼란을 수습하고 독립운동 단체의 통합을 이끌어내기 위해 나선 걸음이지만 뜻을 이루기 어려운 상황이었다. 이상룡은 모든 상황을 파악하고 지체 없이 국무령 직을 내려놓았다. 자신이 늙은 몸으로 헛된 명예를 추구하는 것이 아님을 분명히 했다. 뜻을 세우고 나선 걸음이지만 그럴

가망이 없다면 지체 없이 내려놓겠다는 것이었다.

이상룡은 만주 지역으로 돌아와 후학들을 지도하며 만주 지역 독립운동의 정신적 기둥 역할을 이어가다 우당 이회영이 세상을 떠난 같은 해인 1932년 5월 길림성 서란 소성자촌에서 병사한다. 죽는 순간에도 "나라를 되찾기 전에는 내 유골을 고국으로 가져가지 말라"는 유언을 남긴다. 해방이 되고도 오랜 세월이 흐른 1990년에야 유해를 국립대전현충원에 안장하였다. 분단 상황과 중국과 교류가 없었던 이유도 있으나 더 가슴 아픈 이유들이 있다. 후손들도 독립운동에 동참하여 어려움을 겪고 일찍 세상을 떠났거나 생존의 기로에 서 있었기 때문이다.

아버지의 유언을 받은 아들 이준형이 어렵게 3년 상을 치른 후 유언대로 모친을 모시고 귀국했으나 모친도 곧 세상을 떠나고 만다. 이준형도 일제 식민치하에서 하루라도 더 살면 하루의 부끄러움만 더할 뿐이라는 유언을 남기고 자결하고 말았다. 아직도 그의 피 묻은 유서가 임청각에 보관되어 있다. 광복이 되었으나 가족 가운데 절반 이상이 이국땅에서 순국하여 그곳에 묻혀 있었다. 손자 이병화도 고문 후유증으로 마흔일곱의 젊은 나이에 사망했으며 후손들은 경제적으로 어려워져 학비를 낼 형편이 되지 않아 고아원으로 자진해서 들어가는 일도 있었다. 그 와중에 대표적 친일파인 이완용의 후손들은 국가를 상대로 선조들의 땅을 찾는 소송에 승소하여 서울 서대문구의 땅을 되찾아 약 30억 원에 판 뒤, 해외로 이민을 간 사실이 있다. 역사는 오는 세대의 삶의 나침반이다. 모사꾼들과 매국노들이 잘 먹고 잘살며 역사의 심판을 받지 않는 나라에서 국혼이 살아 있는 애국자들을 기대할 수 없다. 역사의 심판이 엄중함을 지금 세대가 봐야만 한다. 정치적 보복이나 기득권에 대한 반감이 아닌 역사의 심판의 엄중함을 이 세대가 봐야 한다. 여전히 친일파가 득세하고 기득권을 지키며 살아가는 나라는 제대로 된 나라가 아니다. 어느 누구도 역사의 심판을 비껴갈 수 없다는 것을 보여야 후세가 한 걸음이라도 제대로 걷게 된다.

2019년 정부는 유관순 열사의 독립유공 훈격을 3등급인 '독립장'에서 1등급인 '대한민국장'으로 높이는 결정을 했다. 서훈 승급은 원칙적으로 불가능한 것으로 알려져 있으나, 2008년 대한민국장으로 승격된 여운형에 이어 두 번째 결정이다. 3·1운동의 상징이라는 의미에서의 승급이라 볼 수 있다. 하지만 말 그대로 상징적인 인물에게 그동안의 원칙을 깨고 1등급 승격을 허락한다면 실제적인 기여가 상징성을 넘어서는 인물들에 대한 재평가도 함께 이루어져야 한다. 우당 이회영의 형제들과 석주 이상룡 등이 대표적인 인물이다. 또한 스스로에게 최고훈장을 서훈했을 뿐만 아니라 중고생들도 참을 수 없었던 독단적인 정치를 펼친 이승만에 대한 훈장 서훈 역시 재평가해야 할 이유가 충분하다. 정부수립 과정에서 이승만의 노선과 역할에 대해서는 긍정적인 평가를 할 만한 부분도 있다. 그러나 민족이 고통당할 때 그는 미국에서 호의호식했다. 임시정부에서도 동고동락이라고는 찾아볼 수 없었다. 해방이 되기까지 외교독립론으로 미국 정계에 로비스트처럼 활동했으나 민족의 고통의 현장을 지키는 일에는 소홀했다. 대통령직에 있을 때도 마찬가지다. 그가 결코 위대한 지도자나 국가의 상징적 인물이 될 수 없는 중요한 이유다.

위정척사와 의병 관련 자료들을 묶은 《소의신편昭義新編》에는 유학자이자 의병장이었던 유인석의 '처변삼사處變三事'가 나온다. 큰 변란變亂에 처했을 때 선비에게는 세 가지 선택이 있다는 말이다. 첫째는, 의병을 일으켜 역당을 쓸어내는 거의이소청擧義而掃淸, 둘째는, 나라를 떠나서 자신의 절개를 지키는 거지이자수去之而自守, 마지막으로 스스로 계획을 세워 자신의 뜻을 이루는 자정이수지自靖而遂志다.

역사의 인물들은 모두 자신이 당면한 역사의 현실 앞에 어떤 결단과 선택을 해야만 했다. 지도자의 처신은 국민의 선택에 지대한 영향을 미친다. 나라의 국격은 지도자의 인격에서 시작된다. 역사의 격랑 앞에 그들이 선택하는 길이 그들의 인격이다. 제국주의 일본이 주는 작위를 거절하는 자들이 있었고 그들에게 작위를 받고 재산을 받아 부를 축적한 자들이 있었다. 조국의 비참한 현실 앞에 부끄러움을 견디지 못해 스스로 자결한 자가 있었고 한 점 부끄러움 없이 식민치하의 부정한 특권을 누린 사람들이 있었다. 나라의 지도자를 누구로 세우느냐 어떤 정신 위에 국가가 건국되었느냐가 세워진 년도와 날짜보다 더 중요하다. 건국절을 이야기하고 '건국의 아버지'라는 칭호를 쓰기도 한다. 건국은 날짜보다 정신이 기초다. 자주독립정신이 기초되지 않은 건국은 나라가 망하는 건국이다. 이씨 조선이라 불리는 조선 왕조 500년이 그랬다. 자신의 정통성을 중국에 대한 사대로부터 얻었던 이가 세운 나라는 수백 년 동안 주체적이지 못한 나라였다. 정치는 기회주의와 기득권으로 가득했고 충신들은 귀양 갔으며, 백성의 삶은 피폐했다. 나라를 지켜온 것은 무능한 임금과 배부른 관료들이 아니었다. 생존해야만 했던 백성의 주체적 행동이 민란으로 의병으로 농민혁명으로 독립운동으로 민주화운동으로 나타났다. 이 나라에 국혼國魂은 살아 있으며 국격國格은 어디에 있는가 물었을 때 누가 대답할 것인가? 이 나라 건국의 혼은 자주독립정신에 기초한 3·1운동에 있으며, 국격은 국가의 위기 앞에 노블리스 오블리주를 실천한 희생적 삶에 있어야 한다. 그렇지 않으면 우리는 모두 부끄러운 부모가 되고 말 것이다.

우당 이회영과 석주 이상룡의 삶은 그 자체가 국혼과 국격이 무엇인지를 보여주었다. 평가할 자격이 없는 이들이 자격지심으로 맘대로 재단할 수 있는 삶이 아니다. 그들이 보여주었던 민족혼과 인격이 사람들이 따르게 되었던 이유이며 주변 인물들도 그런 사람들이었다. 협잡꾼 주변에는 협잡꾼들이 모이고 명예와 권력을 좇는 이들 주변에는 탐욕에 사로잡힌 이들이 모여든다. 한 사람의 일생을 평가할 때 주변 인물들이 어떠한 사람들인가도 유심히 봐야 하는 이유다.

그들 소유의 땅을 밟지 않고는 한양도성에 들어올 수 없었다던 우당 일가의 땅엔 작은 흉상 하나와 집터 표지석만 남았다.

대한민국을 누가, 언제 건설했는가로 논란이 많다. 임시정부수립 100주년을 맞이하여 건국논란은 더 불붙은 양상이다. '누가'보다는 '어떤 사람'이, '언제'보다는 '어떻게'가 더 중요하다. 어떤 정신과 가치를 품은 사람들이 세웠는가가 더 우선이다. 어떤 희생과 대가지불이 오늘의 대한민국을 있게 했는가가 우리의 국격이며 국민의 자부심이다. '노블리스 오블리주'의 지도력이 힘과 설득력이 있다. 국민들의 자발적 복종을 이끌어내는 지도력이어야 한다. 헨리 데이비드 소로는 그의 에세이《시민의 불복종》에서 이렇게 말했다.

우리는 입버릇처럼 말하기를 대중은 아직도 멀었다고 한다. 그러나 발전이 느린 진짜 이유는 그 소수마저도 다수의 대중보다 실질적으로 더 현명하거나 더 훌륭하지 않기 때문이다. 많은 사람들이 당신처럼 선하게 되는 것이 중요한 일은 아니다. 그보다는 단 몇 사람이라도 '절대적으로 선한 사람'이 어디엔가 있는 것이 더 중요하다. 왜냐하면 그 사람들이 전체를 발효시킬 효모이기 때문이다.

우당과 석주의 삶에 남은 것은 명예와 부귀영화보다는 희생과 상처의 흔적이다. 쉽지 않은 시대를 살아가는 오늘날 우리에게 이들의 삶은 소로가 말한 효모와 같은 희망이다. 어딘가 선한 양심으로 현실에 누릴 영화를 쫓지 않고 후세대와 나라의 미래를 위해 희생의 흔적을 남기고 가는 사람들이 진정한 영웅이다. 소시민이라는 그럴듯한 명칭으로 불리는 현대인들의 삶은 실상 무의미라는 뜻에 가까울 정도로 존재의 의미와 가치를 발견하기 힘든 상실의 시대를 살고 있다. 우당과 석주의 삶이 국격과 국혼의 기준이 되어야 하겠다는 주장은 희망의 불씨는 살려야 한다는 몸부림과 같다. 모두가 자포자기하고 각자도생하는 길로 치닫는 것을 막아보려는 역사의 가래질과 같다. 오늘날 우리가 회복해야 할 국격과 국혼을 고민했던 역사학자들이 있었다. 단재 신채호와 백암 박은식을 통해 그 길을 함께 찾아보자.

우당 이회영 집터 표지석

위치 | 서울시 중구 명동11길 20(명동1가)

많은 사람들이 지나다니는 명동 뒷골목에 위치한 이회영 흉상과 집터 표지석이다. 엄청난 건물들이 들어서 있는 명동 땅 대부분이 이회영 집안의 땅이었다.

우당기념관

위치 | 서울시 종로구 신교동 6-22번지

1990년 개관한 우당 이회영과 6형제의 삶의 이야기가 담긴 곳이다. 함께 독립운동했던 동지들의 발자취도 볼 수 있는 곳이다. '벗들의 모임터'라는 우당의 호와 같이 넉넉한 그의 품을 느낄 수 있는 곳이다.

석주 이상룡 생가 임청각

위치 | 경북 안동시 임청각길 63(법흥동 20-3)

보물 182호로 지정된 이상룡 생가다. 1942년 일제가 중앙선 철도를 부설하며 50여 칸의 행랑채와 부속채를 철거하여 70칸 정도가 보존되어 있다. 임청각의 옛 모습을 복원하는 공사가 진행중이다. 석주 이상룡 선생의 사상과 집안 내력을 볼 수 있는 감동과 아름다움이 함께 있는 곳이다.

안동 내앞마을

위치 | 경북 안동시 임하면 천전리

일송 김동삼 생가와 백하 김대락 생가인 백하구려白夏舊廬, 협동학교 등 많은 독립운동가를 배출하여 전 마을이 유적지인 마을이다. 안동독립운동기념관이 협동학교 부지에 설립되어 경북독립운동기념관으로 승격 확장되었다.

경북독립운동기념관

위치 | 경북 안동시 임하면 독립기념관길2

2007년 개관한 안동독립운동기념관을 승격, 확장하여 2017 경상북도 독립운동기념관으로 개관했다. 한국독립운동의 성지로 불릴 만큼 전국 지자체에서 가장 많은 유적지와 독립운동가들을 배출한 역사를 만나볼 수 있는 곳이다.

2장

/

비석보다 무거운 역사의 무게를 짊어진 사람들

국사를 살려낸

단재 신채호

빼앗긴 들에도 봄은 오는가

지금은 남의 땅 - 빼앗긴 들에도 봄은 오는가?

나는 온몸에 햇살을 받고, / 푸른 하늘 푸른 들이 맞붙은 곳으로,
가르마 같은 논길을 따라 꿈속을 가듯 걸어만 간다.

입술을 다문 하늘아, 들아, / 내 맘에는 나 혼자 온 것 같지를 않구나!
네가 끌었느냐 누가 부르더냐 답답워라 말을 해다오.

바람은 내 귀에 속삭이며, / 한 자국도 섰지말라 옷자락을 흔들고,
종다리는 울타리 넘어 아씨 같이 구름 뒤에서 반갑다 웃네.

고맙게 잘 자란 보리밭아, / 간밤 자정이 넘어 내린 고운 비로
너는 삼단 같은 머리를 감았구나. 내 머리조차 가뿐하다.

혼자라도 기쁘게 나가자. / 마른 논을 안고 도는 착한 도랑이
젖먹이 달래는 노래를 하고, 제 혼자 어깨춤만 추고 가네.

나비, 제비야, 깝치지 마라. / 맨드라미, 들마꽃에도 인사를 해야지.
아주까리 기름을 바른 이가 지심 매던 그 들이라 다 보고 싶다.

내 손에 호미를 쥐어다오. / 살찐 젖가슴과 같은 부드러운 이 흙을
발목이 시도록 밟아도 보고 좋은 땀조차 흘리고 싶다.

강가에 나온 아이와 같이, / 짬도 모르고 끝도 없이 닿는 내 혼아,
무엇을 찾느냐, 어디로 가느냐, 우서웁다, 답을 하려무나.

나는 온몸에 풋내를 띠고, / 푸른 웃음, 푸른 설움이 어우러진 사이로,

다리를 절며 하루를 걷는다, 아마도 봄 신명이 접혔나 보다.

그러나 지금은 - 들을 빼앗겨 봄조차 빼앗기겠네.

민족시인 이상화의 시 〈빼앗긴 들에도 봄은 오는가〉다. 대구 수성구 달성공원에 가면 그의 시비가 세워져 있다. 봄을 빼앗겼다는 마음은 단순한 감상으로 즐길 일이 아니다. 희망과 함께 모든 것을 빼앗겼다는 말이다. 나라를 잃어본 경험은 지금 세대에겐 생소한 일이다. 여전히 이 민족의 운명을 스스로 결정할 수 없는 상황에 있지만 문제의식은 크지 않은 것 같다.

1910년 3월 26일 봄이 한창이던 날 오전 10시 한 사람의 교수형이 집행되었다. 이토 히로부미를 하얼빈 역에서 쏘아 죽인 안중근 의사가 여순감옥에서 순국한 날이다. 그리고 봄은 더욱 잔인한 계절로 바뀌어갔다. 이토를 대신하여 데라우치가 총독으로 오면서 한일합방은 서둘러 진행되었다. 4월이면 완연한 봄이어야 하는 날이지만 오늘도 여전히 잔인한 봄으로 기억될 것 같다. 2014년 4월 16일 바다에 수장된 수백 명 아이들과 사람들의 죽음의 원인은 끝내 밝혀지지 않고 있다. 제주 4 · 3사건이 발발한 지 70여 년이 넘었지만, 여전히 역사의 미제로 남아 있다. 1960년 역사의 봄을 되찾은 사건이라 불리는 4 · 19혁명을 그나마 위안으로 삼아야 하는 것인가? 봄을 간절히 기다리는 사람들의 절규에 역사는 어떻게 응답할 것인가? 봄을 찾아 역사의 길로 걸어간 이들의 이야기를 통

해 역사의 대답을 들어보자.

1910년 4월 8일 몇 사람이 행주 나루터에서 배를 타고 강화도로 떠나고 있었다. 배에 탔던 이들은 도산 안창호, 단우 김지간, 단재 신채호 등이었다. 도산은 손수건으로 눈물을 훔치며 "간다 간다 나는 간다. 너를 두고 나는 간다"로 시작하는 〈거국가〉를 읊조렸다. 1910년 5월 12일 《대한매일신보》에 실려 국내에서도 곳곳에서 숨죽여 울먹이며 불려졌고 해외동포 사회에서도 많은 사람들에게 불려졌다.

안중근 의거 이후 국내 상황이 심상치 않게 돌아가자 시각이 열린 지도자들은 이미 국외 독립운동 기지 건설의 필요성을 절감하고 있었다. 추정 이갑의 사랑방에서 밀담을 통해 중국 산둥성 청도에서 비밀회합을 열기로 합의했다. 1910년 4월, 몇 날 며칠을 주고받은 독립투쟁을 위한 청도회담 끝에 이동녕은 연해주, 이동휘는 북간도, 이회영은 서간도, 조성환은 북경, 염온동은 러시아와 유럽, 안창호는 미주 지역 등으로 나누어 다각적인 독립운동을 펼쳐나가기로 한다. 상동교회에서 결성된 신민회 회원들이 주축이 되어 국내에서는 전덕기, 안태국, 이승훈, 김구 등과 국내외로 호응하여 독립운동을 추진하는 그림이었다. 이들뿐만 아니라 유동열, 김희선, 이강, 박영로 등이 함께 독립운동 구상에 마음을 모았다. 급진론과 점진론이 맞서기도 했으며, 좌우로 갈라진 이념 갈등도 쉽게 극복하기 힘든 과제였다. 신채호는 독립운동의 기초는 역사교육임을 강조했다. 역사를 모르고 독립운동을 하는 것은 불가능함을 주창했다. 그럼에도 불구하고 운동 방법론에 있어서는 급진적이고 투쟁적인 태도를 취했다. 격론이 오갔으나 산업을 장려하기 위해 농토를 마련하고, 독립군 양성을 위한 무관 학교를 세우는 등 몇 가지 합의에 도달했다. 그럼에도 불구하고 재정적인 지원을 하기로 했던 월송 이종호의 상황 변화로 이 계획들은 무산되고 말았다.

그러나 1910년 한일합방이 일어나자 이회영과 이상룡은 이 계획을 실천에 옮기고자 전 재산을 정리하여 식솔들을 거느리고 서간도로 망명하여 신흥무관학교를 세운다. 누군가의 도움으로만 일을 이루려고 해서는 될 일이 없다. 더구나 독립운동을 하겠다는 사람들이 그런 정신으로는 독립할 수 없다. 그렇다면 스스로 먼저 희생해야 한다는 마음이었을 것이다. 이런 우당과 석주를 꼭 빼닮은 지조 있고 꼿꼿한 선비정신의 소유자이자 역사의식이 투철했던 사람이 단재 신채호다. 지조 있는 선비로 아무에게나 함부로 고개와 허리를 굽히지 않는다 하여 세수조차도 선 채로 손으로 물을 훔쳐 얼굴을 닦아내느라 옷과 바닥이 다 젖을 정도였다. 매일 하는 작은 행동 하나조차도 뜻을 두고 하는 사람이니 그 인생 자체가 쉽게 풀어지기보다는 파란만장한 삶을 예고하는 것이었다. 우당 이회영과도 깊이 교유하며 함께 아나키스트로서의 길을 걷는다.

못 먹어도 가르쳐야 하는 것은

단재丹齋 신채호申采浩, 1880~1935는 충청남도 대덕군 산내면에서 태어났다. 안동 권씨 촌이었던 마을에 태어난 이유는 조부로부터 가세가 기울어 외가살이를 해야 하는 형편이었기 때문이다. 보리, 콩, 옥수수 농사를 지어 허기를 겨우 면하는 가난에 찌든 시골 생활이었다. 콩죽과 쑥죽으로 어린 시절을 연명해야 했다. 육체의 고난이 모두에게 유익한 것은 아니지만 단재에게는 유익이었다. 고난을 통해 정신의 날을 세우는 법을 체득했다. 대다수 독립투사들의 삶이 그랬다. 위인들의 삶도 그랬다. 선택할 수 없는 시대와 가정환경에서 태어났으나 그것을 걸림돌이 아니라 디딤돌로 삼은 사람들이 무엇인가를 이루었다. 자기를 넘어서는 극기가 인물됨의 기초다. 단재는 아이 때부터 콩죽에 물려서 나이 들어서도 콩죽이라면 몸서리를 쳤다고 한다. 그러나 콩죽과 쑥죽을 멀리한다고 하여 그의 정신이 풍요에 물들지 않았다. 개인의 형편이 나아짐과 상관없이 시대가 그를 풍요에 물들게 그냥 두지 않았다. 대전시 중구 단재로 229번길 47번지에 복원된 생가도 부유함과는 거리가 먼 아담한 초가집이다.

시대의 파도가 그를 연단하기는 하지만 몰락한 양반이 쑥과 콩으로 죽을 쑤어 연명한다 해도 자식 가르치는 일을 게을리 하지 않았다. 선비로서 못 먹어도 글을 가르치는 것이 결코 어리석은 일은 아니었다. 아버지로부터 한학의 기초를 배운 단재는 낙향한 조부가 새로 문을 연 서당에서 제대로 된 한학을 공부하게 된다. 어려서부터 공부에 재능을 보였던 일화로 한시를 지은 이야기가 전한다. 연 날리기를 시제로 하되 연이라는 글자를 사용하지 말고 시를 지으라고 하자 다음과 같이 시를 지었다.

> 높게 혹은 낮게 날림은 바람의 세고 약함에 있고 高低風强弱
> 멀리 혹은 가까이 날림은 실의 길고 짧음에 있구나 遠近絲長短

7세에 《통감》을, 13세에 이미 《사서삼경》을 통달하여 조부가 더 이상 가르칠 것이 없다고 했을 정도였다. 자신의 집뿐 아니라 인근 마을의 집들까지 찾아다니며 책이란 책은 다 읽었다. 17세에 인근 동네에까지 더 빌려 읽을 책이 없었다고 한다. 결국 조부는 단재를 집안 어른인 석헌 신승구에게 소개하여 그를 통해 18세 되던 해에 학부대신, 법무대신 등을 거친 양원 신기선 대감댁을 드나들며 원없이 책을 읽게 된다. 한문 고전뿐만 아니라 국내외 신서적들까지 두루 갖춘 신 대감댁에서 그는 근대 학문에도 눈을 뜨게 된다. 자신의 집에 있는 책을 웬만큼 다 읽었다는 이야기를 들은 신기선은 무작위로 책을 집어 그 내용을 물었으나 단재는 막힘이 없었다. 단재의 영특함에 감동한 신기선 대감의 추천으로 1898년 성균관 경학과에 입학하여 공부하게 된다. 3년 과정을 공부하면서도 성균관 관장 이종원이나 경학 담당 스승이었던 이남규가 서로 수제자라 불렀을 만큼 총애를 받았다. 성균관 박사가 되었으나 자기의 길이 아니라고 박사를 버렸다. 그는 이미 신학문을 접하고 세계의 변화를 느끼고 있었을 뿐 아니라 '독립협회'에도 가입하여 활동하고 있었기에 곧 닥쳐올 나라의 운명을 내다보고 있었던 것 같다. 명예와 출세보다 애국을 위한 고난의 길을 선택하는 것이 '단재스럽기' 때문이다. 19세에 서울로 오자마자 독립협회에 가입하여 이상재, 신흥우, 김규식 등과 함께 내무부와 문서부에서 일하며 민족의식을 키워나갔다. 그러나 수구파의 주장에 떠밀린 고종의 기습적인 독립협회 해산 명령과 주동자 체포에 단재도 포함되어 유치장 신세를 지게 되었다. 주위 사람들의 도움으로 풀려나온 단재의 가슴속에는 이미 개화의 불꽃이 타오르고 있었기에 그가 걸어갈 길은 결정된 듯했다.

단재는 성균관을 졸업한 뒤에는 고향에 내려와 교육을 통한 계몽 활동을 활발히 전개했다. 1901년에는 고향 근처 인차리에 신규식, 신백우와 함께 문동학교를 세워 젊은 청년들을 교육했다. 1904년경에는 가까운 묵정리에도 산동학당을 설립하여 신학문을 가르치는 교육운동을 전개했다. 고향에 돌아와 무엇이든 하며 답답한 가슴을 풀어내보려 했지만 마음이 채워지지 않았다. 답답한 마음으로 지내고 있던 단재에게 뜻하지 않은 만남이 찾아왔다. 《황성신문皇城新聞》의 사장이던 장지연이 찾아온 것이다. 《황성신문》 논설기자로 쓰고 싶은 글을 마음껏 써보라는 제안이었다. 장지연은 단재의 글을 더 많은 사람들이 읽어야 한다고 믿었다. 단재의 고민과 장지연의 재촉이 거듭되는 시간이 지나갔다. 1905년부터 《황성신문》의 주필로 글을 쓰기 시작한 단재는 예리하고 강한 필체로 많은 독자들의 가슴을 뜨겁게 했으며 그 이름이 널리 알려지기 시작했다. 대구에서 시작된 국채보상운동을 독려하는 글에서는 방 안이 담배 연기로 가득 찰 정도로 담배를 피우던 자신이 담배를 끊고 '담배를 끊어 국채를 갚자斷烟報國債'라는 제목의 논설을 《황성신문》1907.2.25.에 게재하여 국채보상운동을 전국적으로 확산시키는 데 크게 기여했다.

그는 일편단생一片丹生, 열혈생熱血生, 검심劍心, 무애생無涯生, 금협산인錦頰山人 등 다양한 필명을 썼다. 그 이유는 어떤 글은 단재가 쓴 것이 밝혀지지 않는 것이 안전했기 때문이고, 역사, 문학, 논설 등 다양한 장르의 글을 혼자 써내었기 때문이기도 했다. 사설, 소설, 역사 등 시대를 보는 안목 등이 탁월했기에 단재를 대신할 만한 필진을 찾기도 어려웠다. 1905년 여름경부터 《황성신문》이 폐간될 때까지 주필을 지내며 논설을 썼다. 1905년 11월 18일 마침내 이토 히로부미와 을사오적의 농간으로 을사늑약이 체결된다. 《황성신문》 사장이었던 위암 장지연은 〈시일야방성대곡是日也放聲大哭〉이라는 사설을 싣는다.

우리 민족 2천 만이 남의 노예가 되었으니 동포여, 살았는가 죽었는가. 4천 년의 국민 정신이 하룻밤 사이에 졸연히 멸망하다니 이대로 끊기고 말 것이냐, 통재라 동포여!

일본 제국주의를 격렬하게 비판했고, 을사조약에 찬성한 대신들을 개, 돼지만도 못한 매국노라 질책했다. 결국 《황성신문》은 폐간당한다. 그러나 이 글은 전국 도처에서 의병 항쟁과 구국 운동이 불붙게 하는 도화선 역할을 했다.

《황성신문》 폐간 후 울분에 사로잡힌 단재에게 언론인으로서 구국운동에 참여할 또 다른 기회가 찾아왔으니 독립협회에서 함께 활동했던 양기탁의 부탁이었다. 그는 영국인 베델Ernest Tomas Bethel, 1872~1909이 발행하는 일간지《대한매일신보》의 총무였다. 항일언론의 선봉에 섰던《대한매일신보》는 창간 때부터 항일 성향의 신문은 아니었으나, 1905년 을사늑약 이후 신문의 방향성이 항일언론으로 확고해졌다.《대한매일신보》의 주필을 맡았던 사람들이 철저한 민족사학자였던 백암 박은식과 단재 신채호였던 것만 보아도 이 신문의 성격을 알 수 있다. 신문을 통해 이어진 장지연과 박은식과 신채호의 만남은 여기에서 끝나지 않고 후에 연해주 지역 독립운동과 상해임시정부까지 이어진다.

단재는 1907년부터《대한매일신보》의 논설을 맡게 되자 제2의 방성대곡을 사설로 발표한다. '이날에 또 방성대곡한다是日에又放聲大哭'는 제목이었다.

4천 년 조국이 지금은 쓸쓸한 곳으로 변했고, 2천만 형제가 괴롭고 고통스럽게 되었으니 어찌 곡하여 울지 아니하겠소. 그러나 대한의 제군들은 행여 울음을 잠시 멈추고 나의 한마디 말을 들으시오. 대체로 오늘날 나라의 형편이 이와 같이 되었으니 대한의 백성들은 삼한 갑족의 좋은 가문이 많은 것도 노예가 되기는 마찬가지요, 일품에 해당하는 대신의 훌륭한 자격도 붙들려가기를 당하는 것은 한 가지요, 드높은 담장의 훌륭한 집도 나의 사는 집이 될 것이요, 상권도 남의 상권이요, 공업도 남의 공업이요, 화물 수송권도 다른 사람의 것이니. 대한의 백성들은 어떤 자산 활동을 할 것인가? 앞으로 하와이 이민과 같이 미국 영토에 붙어 살까, 블라디보스토크의 유민과 같이 러시아 땅에 예속할까. 천지간에 나라 없는 백성은 어디에 살든지 노예는 고사하고 생명을 보전하기 어려울 것이요, 백 번을 생각하여도 한국 동포를 죽음에서 구하는 방법은 학문 이외에 다른 방책은 없으니, 시간을 헛되이 보내지 말고 바로 오늘부터 외국의 학문에도 힘써보시오. (…)

노름에 빠지지 말고 신문을 읽고 독서를 하고, 기생과 축첩에 빠지지 말고 나라를 생각하고, 관직을 구할 불법을 행하지 말고 염치와 도리를 지키고, 밭을 구하러 구걸하러 다니지 말고 남아의 사업을 구상해보라고 강조한다. 재산을 물려주지 말고 후손을 공부시켜 길러내고, 은거하거나 눈 감고 앉아 점잖만 빼고 있을 때가 아니라 농상공업이 절실하게 필요한 때라고 강조한다. 격렬한 어조는 아니었으나 사람들의 마음을 뜨겁게 하기에는 충분한 글이었다.

단재는《대한매일신보》를 통해 언론인으로서의 재능뿐만 아니라 역사가, 소설가로서의 재능도 보였다.《이순신전》《을지문덕전》《최도통전》 등을 발표하여, 역사 속 영웅들을 민중들의 가슴속에 다시 살려내 현재의 난국을 돌파할 힘과 용기를 얻도록 한 것이다. 꺼져가는 나라의 운명을 다시 살리려는 단재의 열망이 간절히 담긴 명문들로 사람들의 이야기의 중심이 되었다. 단재의 글들이 힘이 있었던 이유는 깊은 역사의식에 그 뿌리가 있었기 때문이다. 나라 사랑을 역사 연구로 보았다. 뜨거운 가슴과 냉철한 머리로 5천 년 민족사를 헤집고 다니며 오늘을 살게 하고 미래를 꿈꾸게 하는 열정과 희망의 원천을 찾고자 했다. 민족이 죽고 사는 일이 역사에 달려 있다고 믿었다.

큰 나大我와 작은 나小我

단재는 언론인으로 활발한 활동을 해나가는 동시에 우당 이회영, 보재 이상설 등과 함께 상동감리교회 청년들을 중심으로 결성된 신민회 활동에 참여하게 된다. 신민회 활동을 함에 있어서도 역사를 알지 못하면 진정한 신민이 될 자격이 없다고 믿었다. 애국심의 원천도 역사이며 역사를 알면 애국의 길로 나서게 되어 있다고 믿었다. 남녀노소를 막론하고 역사를 알게 해야 제대로 된 국민 구실을 할 수 있다고 믿었다. 그리하여 사설, 소설도 썼지만 〈독사신론〉을 시작으로 조선사 연구의 중요성에 대한 글들을 본격적으로 펼쳐나가기 시작했다. 우리나라 고대사 연구의 시초였으며 근대 민족주의사학의 신호탄이었다.

《대한매일신보》는 국한문판과 영문판 두 개의 신문으로 발행되었으나, 1907년 순한글 전용신문을 창간하여 총 3개의 신문 1만 7천여 부를 발행하는 신문으로 성장했다. 을사늑약의 부당함을 폭로하고 장지연의 〈시일야방성대곡〉을 영문 번역한 전문을 게재하여 해외에까지 을사늑약의 부당함을 알리는 일에 앞장서기도 했다. 고종으로부터 비밀리에 운영비도 하사받았다. 결국 일본 통감부가 영국 정부를 압박하여 《대한매일신보》 발행인 베델은 재판에 회부되고 6개월의 근신형을 선고 받는다. 근신형을 마치고 풀려난 후에도 일본뿐만 아니라 일본의 뜻대로 움직이는 대한제국 조정까지 신랄하게 비판하기를 멈추지 않자 다시 재판을 열어 3주간의 금고형, 6개월의 근신과 거금의 보증금까지 선고받았다. 계속되는 재판과 투옥 생활로 정신과 몸이 미약해져가던 베델은 1909년 5월 1일 서른일곱이라는 젊은 나이에 사망하고 만다. 그는 한강변에 있는 양화진외국인선교사묘원에 묻혔고 장지연이 묘비 문을 썼다. 일제는 그 비문조차도 전부 깎아내버렸고 후일 다른 묘비석에 새겨 원래의 묘비 곁에 세웠다. 지금도 양화진외국인선교사묘원에 가면 그 현장을 확인할 수 있다.

베델의 사망과 양기탁의 재판과 투옥 등으로 《대한매일신보》는 운영이 어려운 상태에 이른다. 결국 매각되어 일본 총독부의 기관지로 전락하게 되었다. 단재는 미래를 예측하기라도 한듯 망명을 떠나기 몇 달 전 신문에 실을 몇 달치 글들의 원고 뭉치를 던져주고는 훌쩍 떠났다. 민족 고대의 역사 유적을 둘러보러 간다는 말을 남겼으나 실제는 도산 안창호를 비롯한 몇 동지와 함께 중국 망명의 길에 올랐다. 그가 망명길에 오르며 품에 안고 갔던 책은 안정복의 《동사강목東史綱目》뿐이었다. 조선시대 대표적인 역사서라 일컬을 만한 책이었다. 망명하면서도 그가 마음에 품었던 뜻이 무엇인지 짐작해볼 수 있는 장면이다.

본격적인 독립투쟁에 뛰어드는 역사의 길로 나서는 단재의 걸음은 그가 1908년 9월 16~17일자 《대한매일신보》 국문판에 썼던 〈큰 나와 작은 나〉라는 글에서 예상할 수 있었다.

> 내가 국가를 위하여 눈물을 흘리면 눈물을 흘리는 나의 눈만 아니라, 천하에 유심한 눈물을 뿌리는 자가 모두 이 나이며, 내가 사회를 위하여 피를 토하면 피를 토하는 나의 창자만 내가 아니라 천하에 값있는 피를 흘리는 자가 모두 이 나이며, 내가 뼈에 사무치는 극통지원의 원수가 있으면 천하에 칼을 들고 일어나는 자가 모두 이 나이며, 내가 마음에 새겨 잊지 못할 부끄러움이 있으면 천하에 총을 메고 모이는 자가 모두 이 나이며 (…)

물질과 껍데기에 싸인 '작은 나'는 실체가 아니요 정신과 사상으로 존재하는 '큰 나'가 진짜 나라는 사실을 깨달아야 함을 강조했다. 그러할 때만 '작은 나'라 할지라도 할 수 있는 일이 없는 것이 아니며 '작은 나'가 잡히거나 죽는다 하여도 '큰 나'는 살아 있어 없어지지 않으니 두려워 할 것이 없다는 뜻이다. "반드시 죽는 나를 보면 마침내 반드시 죽을 것이요, 죽지 아니하는 나를 보면 반드시 길이 죽지 않으리라"는 뜻을 깨달아야 '큰 나'를 위해 '작은 나'를 던질 수 있는 것이다. '작은 나'로 인해 절망하는 우리 시대에도 깊이 새겨야 할 말이다. 한 사람이 세상을 바꾸기 위해 미칠 수 있는 영향력이 지극히 미미해 보이는 시대에 살고 있다. 나 하나 몸부림한다고 세상이 달라질 것인가? 나 하나 똑바로 산다고 세상도 바르게 될 것인가? 단재는 말한다. 우리 모든 사람이

'작은 나'만 볼 것이 아니라 '큰 나'를 보고 포기하지 않는 '작은 나'가 되어야 한다. "작은 내가 탄환에 맞아 죽거든 큰 나는 그 앞에서 하례하여 나와 영원히 있음을 축하기 위함이로다." 단재는 진정 '큰 나'로 살았던 '작은 나'였으며 그 시대에 조국을 찾기 위해 자신을 온전히 던진 모든 존재는 '큰 나'를 각성한 '작은 나'들이었다. 인문학 열풍으로 자기답게 사는 일에 열광하고 있으나 직업을 얻거나 취미 생활 정도에 적용하는 인문학과는 다른 차원의 이야기다. '큰 나'를 찾은 사람만이 진정한 '작은 나'로서의 자기다운 삶을 살 수 있기 때문이다. 신영복 선생은 자유는 자기만의 이유라고 했다. 결국 세상을 바꾸는 이들은 진정한 자기를 각성한 사람들이다.

아! 고구려의 정신이여

1910년 앞서 언급한 '청도회담'이 월송의 상황 변화로 수포로 돌아가고 몇 달 지나지 않아 한일합방이라는 망국의 비보가 날아들었다. 나라가 치욕을 당한 날이다. 연해주 지역에 정착한 한인들의 마을인 신한촌에서도 동포들의 통곡이 터져 나왔다. 그러나 울고만 있을 수는 없지 않은가. 단재는 연해주 지역의 많은 한인 지도자들과 함께 그곳에서부터 독립운동 기지를 구축하기 위해 온 힘을 쏟았다. 이상설, 최재형, 김학만, 이동휘 등과 함께했다. 권업회 활동을 통한 교민들의 생활 안정을 돕는 동시에 《권업

신문勸業新聞》의 주필로 민족의식을 고취시키는 역할도 했다. 광복회를 조직하여 직접적인 민족 운동을 펼쳐나갔다. 윤세복을 회장으로 단재는 부회장, 이동휘와 이갑이 총무를 맡아 간도 지역과 연계하여 수만여 명의 동포들과 함께 독립운동을 일으키는 역할을 했다. 제1차 세계대전의 여파로 러시아 정세가 변하며 연해주 지역의 한인사회도 어려움에 봉착하고 단재의 건강에도 적신호가 왔다. 그 즈음 상해에서 쑨원의 신해혁명에도 가담했고 '동제사'라는 독립운동 기구를 조직하여 활동하던 예관 신규식의 초청이 왔다. 함께 지내며 지병도 치료하자는 따뜻한 권면이었다. 박은식, 김규식, 신석우, 윤보선, 변영만 등도 함께했다. 상해로 이주한 단재는 신규식의 도움으로 '박달학원博達學院'을 설립하여 박은식과 함께 청년들에게 민족의식을 고취시키는 교육활동에 전념하여 그들을 해외 각국으로 유학을 보내는 인재양성에 기여했다.

그렇게 1년여의 시간을 보낸 뒤 단재는 만주 봉천 환인현에 나타났다. 연해주에서 함께 일했던 윤세용, 윤세복 형제의 초청이기도 했지만 그가 서간도 땅을 찾은 이유는 고조선, 고구려, 발해의 옛 영토인 만주 지역의 역사 유적을 답사하고 백두산도 올라보고자 했던 것이었다. 백두산 등반을 마치자 그가 향한 곳은 압록강 기슭에 위치한 집안현이었다. 고구려 제2의 수도였던 곳이다. 환도산성과 많은 고구려 무덤들과 유적들이 남아 있는 민족의 고토였다. 광개토대왕의 능을 찾아 발과 몸으로 넓이와 높이를 재고, 광개토대왕의 묘비를 찾았을 때는 탄식과 감격이 함께 우러나왔다. 이미 훼손된 비문을 보며 한탄스러워 했고 그럼에도 불구하고 광개토대왕의 업적과 고구려의 웅대한 기상을 읽으며 벅찬 가슴을 억누르기 힘들었다. 〈한국의 제일 호걸 대왕〉이라는 글에서 그 벅찬 감격과 회한을 다음과 같이 밝혔다.

아! 동방의 영락대왕은 서방의 알렉산더 대왕인저! 슬프다! 이와 같은 위대한 임금이 있었으되 후인이 칭송하여 노래하는 자가 없으며, 이와 같은 찬란한 역사가 있으되 후세에 갖추어 전하는 자가 적어서 대왕의 혁혁한 대공덕이 뜬구름 같이 묻히고, 늠름한 위엄과 큰 영혼이 티끌과 흙같이 묻히매, 이로써 백성들의 심기를 박약하게 하며, 이로써 국력이 녹아 없어져서 필경에는 만주 수천 리가 홍수에 휩쓸려가고, 반도의 오랜 제국이 한 가닥의 머리카락 하나처럼 위태롭게 남았으니, 아 슬프다! 대왕의 자손된 한국 동포가 그 이어받지 못하여 조상에게 욕됨이 어찌 이렇듯 극에 이렀는고.

이토록 단재가 감격해하며 비통해하던 심정은 오늘에 이르기까지 크게 달라지지 않고 있다. 최근 20여 년 전까지도 이 비석은 중국인 농부가 농사짓는 밭 한가운데 방치되어 있었다. 사람들이 찾기 시작하자 중국 정부에서 관리에 들어갔는지 쇠줄을 둘러쳤고, 작은 비각이 세워졌으며 이제는 방탄유리를 둘러 보호한다는 명목하에 사진 촬영조차 금지되었다. 높이 6.39m, 폭 1.35m~2m의 큰 비석이다. 무게가 37톤에 달하는 짙은 응회암 비석은 바라볼수록 신비함이 느껴진다. 단재는 무엇보다 그 비석에 새겨진 내용들을 읽으며 가슴이 뜨거워졌다. 백두산 등반과 고구려 유적 답사는 단재의 이후 역사 서술에도 큰 영향을 미친다. 그의 자부 이덕남 여사가 자신의 시아버지를 회고하며 쓴 책의 제목이 '마지막 고구려인 단재 신채호'인 것만 보아도 그가 집안을 탐방하며 보았던 고구려 역사의 흔적이 단재의 삶에 얼마나 깊은 영향을 남겼는지 알 수 있다. 단재의 가슴에는 광개토대왕, 을지문덕, 최영, 이순신 등이 역사의 큰 버팀목처럼 서 있었다. 그가 광개토대왕비를 손으로 만졌을 때 역사는 그의 호흡이 되었을 것이며 손으로 만질 수 있는 현실이며 조국의 미래를 향한 꿈이 되었을 것이다.

뿌리 깊은 역사의식에서부터 나오는 주체성은 글자 한 자의 타협도 허용하지 않았다. 중국 신문에 기고하여 생활고나마 해결을 하던 시절에도 신문사에서 의논 없이, 사실 큰 의미 없는 한 글자를 고쳤다는 이유로 글의 연재를 중단하기도 했었다. 이런 단재의 대쪽 같은 성품과 역사의식에서 오는 주체성은 임시정부가 조직되는 과정에서도 여실히 드러났다. 1919년 3월 12일 상해 프랑스 조계 내 한 가옥에 사람들이 속속 모여들고 있었다. 서울에서 온 손정도, 최창식, 현순 등과 일본에서 건너온 최근우, 이광수, 상해에 머물던 신석우, 김철, 선우혁, 여운형 등과 미국에서 온 여운홍, 만주 및 러시아 지역에서 온 이동녕, 이시영, 김동삼, 조용은, 조성환 등과 단재가 함께 모여 있었다.

임시정부의 중심인물을 누구로 세우느냐에 대한 논의가 오가는 중이었다. 이미 동제사를 통해 활동기반을 갖고 있었던 신규식이나, '신한청년당新韓青年黨'을 조직하여 활발히 활동하던 여운형 등이 있었다. 그 가운데 누군가가 미국의 이승만 박사가 적격이라고 말을 꺼내자 단재가 분을 참지 못하고 큰 소리를 내었다. 독립운동사편찬위원회가 만든 《독립운동사자료집》에 의하면 이승만을 당시 정부 최고직이었던 국무총리에 선출하자는 제청이 있자 "이승만은 우리나라를 미국 정부에 국제연맹의 위임통치 및 자치를 청원한 자이기 때문에 신임할 수 없다"고 반대했다. 신채호선생기념사업회가 펴낸 《단재신채호전집》 기록에는, "미국에 들어앉아 외국에 위임통치나 청원하는 이승만을 어떻게 수반으로 삼을 수 있단 말이오. 따지고 보면 이승만은 이완용이나 송병준보다 더 큰 역적이오. 이완용 등은 있는 나라를 팔아먹었지만 이승만은 아직 우리나라를 되찾기도 전에 팔아먹은 자란 말이오"라고 극렬하게 반대했다고 한다.

여순감옥 안중근 이회영 신채호의 피를 머금다

임시정부는 그 후로도 계속 난항을 겪게 되고 1923년 국민대표회의의 결렬과 1925년 이승만 대통령 탄핵으로 귀결된다. 단재가 무정부주의 운동에 뛰어든 시점은 이 즈음이라 추측된다. 1924년 승려 생활을 정리하고 내려온 이후 이회영, 유자명, 백정기 등 무정부주의자들과 교류가 활발해지면서부터라 본다. 당시 무정부주의는 국가 자체에 대한 부정이라기보다는 국민 개개인들에게 애국의식과 민족의식을 가지도록 독려하며 정부나 특정 단체가 주도하는 것이 아닌 민중이 주도하는 강력한 독립운동의 힘을 일으키기 위한 사상적 흐름이었다. 국민들 한 사람 한 사람이 자주적, 능동적, 주체적 성향을 가지고 움직이면 정부나 특정 조직의 의미가 크지 않을 것이라 보았기 때문이다. 연해주, 상해, 북경, 만주 지역을 오가며 단합된 독립투쟁의 길을 모색했으나 여기저기 따르는 사람, 지역색, 독립운동방식, 이념 갈등으로 분열되기만 하는 현실을 보며 자연스레 그 흐름에 동조하게 되었을 것이다.

단재는 현실이 여러 상황으로 막히면 역사 연구에 파묻히곤 했다. 도피라기보다는 길을 찾는 탐구였다. 중국의 대석학이었고 정치가요 사상가였던 북경대학 리스청李石曾 교수의 배려로 북경대 도서관을 마음껏 드나들며 역사연구를 할 수 있었다. 책만 읽고 글만 쓰자니 생활이 어려워 석등암石燈庵, 보타암普陀庵 등 사찰 암자에 얹혀살며 절밥으로 허기를 채우며 역사 연구에 매진하기도 했다. 그러나 현실을 생각하면 그조차 마음 편히 집중할 수 없었다. 그는 〈1월 28일〉이라는 시에 이렇게 적고 있다.

열 해를 갈고 나니
칼날은 푸르다마는
쓸 곳을 모르겠다.
(…)
푸른 날이 쓸데없으니
칼아, 나는 너를 위하여 우노라.

허한 마음을 역사 연구에 파묻고 청년들에게 역사의식을 심어주는 일로 풀어보려 하나 독립을 향한 열망은 그를 가만히 앉아 있게만 하지 않았다. 1923년 약산 김원봉이 주도하는 의열단의 이념적 지표가 되며 투쟁의 사상적 기반이 되는 〈조선혁명선언〉을 작성하여 항일 무력 투쟁의 불길이 더욱 타오르는 일에 영향을 주었다. 단재는 또한 북경에서 회합을 가진 무정부주의동방연맹의 〈선언문〉에서 민중은 혁명을 통해 정부나 정치, 법률 등 기성 제도를 타파하고 자유와 평등의 사회가 세워지도록 민중이 각성해야 함을 강조하기도 했다. 대규모의 무장투쟁을 결정한 북경 회합의 후속조치로 자금 마련을 위한 외국환 위조 작업을 감행하게 된다. 몇몇 사람들이 함께 다양한 국가의 은행에서 위조된 외국환을 현금으로 교환하는 공작을 진행하던 중 단재는 대만 기륭항에서 일본 경찰에 체포된다. 대련으로 호송되어 1930년 4월 28일 1심 언도공판이 있기까지 2년여 시간을 온갖 고문과 조사에 시달렸다. 최종 공판에서 징역 10년형을 받고 여순감옥 독방에 수감된다. 안중근 의사가 20여 년 전 복역하다 처형된 곳이며 우당 이회영도 순국하게 되는 곳이다. 갓 쉰을 넘긴 나이에 몸은 쇠약해질 대로 쇠약해졌다.

죄수번호 411번. 수년간에 걸쳐 수없이 자행되는 고문과 취조로 단재의 숨 불은 꺼져가고 있었다. 자신의 죽음을 예감했는지 자신이 죽으면 시체가 왜놈들 발끝에 채이지 않도록 화장하여 바다에 뿌려 달라 부탁했다. 1936년 2월 18일 '신채호, 뇌일혈, 의식불명, 생명위독'이라는 급전을 받은 가족들은 지인들이 급하게 모아준 후원금을 여비로 하여 서세충의 안내를 받아 기차에 올랐다. 그러나 가족들이 도착했을 때 이미 단재는 가냘픈 호흡만 남아 있고 의식조차 없는 상태였다. 그마저도 짧은 면회만이 허용되었다. 울면 면회가 중지된다고 했으나 가족들은 오열할 수밖에 없었다. 결국 마지막 임종조차 지키지 못하고 간수들에게 떠밀려 감옥을 나올 수밖에 없었다. 그렇게 면회를 마친 지 한 시간 남짓 '큰 나'를 위해 '작은 나'를 불태우며 살았던 '아와 비아의 투쟁'의 역사를 몸소 써내려갔던 역사의 등불 단재는 '님 나라'를 위한 삶을 마쳤다.

단재의 모든 것은 너의 것, 곧 조국의 것이었다. 눈, 피, 숨, 말, 살과 뼈 모든 것이 조국에 바쳐지길 원했다. 단재는 1922년 일제가 조선호적령을 제정했으나 등재하지 않아 2009년 가족관계등록부 창설 허가를 받기까지 97년간 무국적자로 살았다. 많은 독립운동가들과 그들의 후손들이 호적에 등재되지 못한 채 재산권조차 보장받지 못하는 삶을 살아왔다. 단재의 아들도 호적에 사생아로 기록되어 있었다. 땅과 모든 재산에 대한 권리도 상실했다. 님 나라를 위해 모든 것을 던진 삶이었다. 그 나라가 영원하기를 바랐고 그 나라만이 자기의 조국이라 믿었기 때문이다.

너의 눈은 해가 되어 / 여기저기 비치우고지고 / 님의 나라 밝아지게

너의 피는 꽃이 되어 / 여기저기 피고지고 / 님 나라 고와지게

너의 숨은 바람 되어 / 여기저기 불고지고 / 님 나라 깨끗하게

너의 말은 불이 되어 / 여기저기 타고지고 / 님 나라 더워지게

살이 썩어 흙이 되고 / 뼈는 굳어 돌 되어라 / 님 나라에 보태지게

_신채호, 〈너의 것〉 전문

우당 이회영과 단재 신채호가 걸었던 아나키스트로서의 길이 그들의 삶을 많은 사람들로부터 오해받게 했는지 모른다. 단재의 묘소는 이승만과 박정희 정권 시절에는 방문조차도 눈치를 봐야 했다고 한다. 호적을 찾기까지도 90년 넘는 세월이 걸렸다. 그러나 그 정신을 이어받은 후손들이 볼멘소리를 하지는 않았다. 그들도 대단한 영광을 원해서 그러한 길을 걸어갔던 것이 아니었기 때문이다. 그들은 자신들의 작은 희생이나마 '님 나라'에 보태게 되었다는 사실에 감격해했을 뿐이다. 무엇을 위한 희생인가? 누구를 위한 희생인가? 그래서 무엇을 보고 싶었는가? 그들의 대답은 모두 동일할 것이다. '님 나라'가 밝아지고 고와지고 깨끗해지기를 바랄 뿐이었다고. 대의는 잃어버렸고 대승적 삶은 어리석다 평하는 시대에 살고 있기에 그들의 삶이 더욱 그리운가 보다. 단재가 이 땅에 남긴 보이는 흔적이라곤 무덤 하나 묘비 하나에 초가삼간 한 채가 전부다. 그러나 그가 품었던 '큰 나'는 우리 모두가 되어야 할 꿈으로 남았다.

국혼을 살려낸

백암 박은식

시대라는 풀무와 정제된 사상의 출현

백암 박은식은 임시정부의 2대 대통령을 지냈다. 비록 재임기간이 몇 개월 되지 않았으나 이승만이 임시정부 대통령에서 탄핵되고 난 이후 혼란한 정국을 수습하고 대통령 중심제를 집단지도체제인 국무령 체제로 바꾸는 역할을 했다. 대통령 취임 4개월여 만에 새롭게 선출된 국무령 이상룡과 국무위원들에게 동지간의 연대를 통하여 독립운동에 모든 힘을 모아줄 것을 부탁하는 고별

사와 함께 국정에서 물러난다. 그 후 몇 개월 지나지 않은 1925년 11월 1일 상해에서 서거하여 임시정부 최초의 국장으로 상해만국공묘지금의 쑹칭링능원에 유해를 모시게 되었다.

언론인, 양명학자, 독립운동가라는 수식어는 앞서 소개한 이회영, 이상룡, 신채호와 많은 부분 겹친다. 실상은 모두가 어려서 한학을 수학한 유학자들이다. 하지만 시대의 변화는 그들의 생각과 사상에도 영향을 끼쳤다. 인간의 시각과 생각이 변하기 위해서는 새로운 환경에 노출되는 것이 무엇보다 중요하다. 역사를 글뿐 아니라 발로도 공부해야 하는 이유다. 유학에서 사회진화론으로, 유학에서 양명학으로, 사회진화론에서 양명학으로 그들의 사상의 흐름을 따라가다 보면 우리 시대 의식의 흐름이 어디로 향해야 하는지도 보일 법하다.

백암白巖 박은식朴殷植, 1859~1925은 황해도 황주黃州에서 서당 훈장이었던 아버지 박용호와 어머니 노씨 사이에서 태어났다. 본관은 밀양密陽이며, 자는 성칠聖七, 호는 겸곡謙谷·백암·태백광노太白狂奴 등 다양한 호를 썼다. 백암의 부모는 이미 여러 자녀들을 어려서 잃고 힘들게 다시 얻은 아들이기에 총명함을 알고 일부러 공부를 가르치지 않았다. 총명한 아이들에게 일찍 글공부를 시키면 단명한다는 속설이 두려웠던 것이다. 10세가 넘어서야 부친에게서 한학을 배웠으나 총명했던 그는 곧 지역에 신동으로 소문이 자자했다. 학문하는 목적을 찾아 다산의 학맥을 이은 신기영申耆永과 정관섭丁觀燮 같은 문인들과 교류하며 학문이 세상을 이롭게 하고 생활을 편리하게 하는 것임을 깨닫게 된다. 26세 전후에는 운암雲菴 박문일朴文一과 성암誠庵 박문오朴文五 형제에게서 주자학을 더 깊이 공부한다. 그의 학문의 깊이는 자연스레 소문으로 퍼져나갔고 향시에 응시한 박은식은 평안도 관찰사 남정철에 의해 발탁되어 참봉으로 평양 숭인전과 동명왕릉 등을 관리하는 직책을 거친다. 동명왕릉 참봉 시절 그를 아꼈던 평안도 관찰사 민병석의 도움으로 학문에 전념할 수 있었을 뿐 아니라 그가 서울로 가면서 박은식도 함께 데려갔다. 이것이 백암에게는 새로운 세상을 접하는 계기가 된다. 그럼에도 역사의 아이러니인지, 민병석은 후일 이완용과의 친분으로 친러파에서 친일파로 전향하고 일제에 부역하여 호사를 누리는 대표적인 인물이 된다.

동학농민운동이 일어나고 서구열강에 문호를 개방해야만 했던 격변의 소용돌이에 말려들며 그의 사상도 함께 변화의 물결을 타게 된다. 동학운동을 봉건체제를 무너뜨리기 위한 민란으로 보던 시각에서 '갑오동학당의 대풍운'으로 평가하며 아래로부터의 혁명의 의미로 재해석했다. 1914년에 저술한 《한국통사》에서의 역사인식과 1920년 《한국독립운동지혈사》를 비교해보면 예순이 넘은 나이에도 박은식의 생각과 사상은 여전히 진화하고 있었다. 더구나 서구의 새로운 문명을 접하면 접할수록 이 모든 것들이 어디에서부터 왔는지 궁금해지기 시작했다. 주로 중국과 일본을 통해 번역되어 우리나라에 들어온 세계 각국의 서적들을 탐독했다. 주자학의 한계가 보이기 시작했고 새로운 사상의 세계로 접어들게 되었다. 만남과 독서와 여행이 한 사람의 세계관에 미치는 영향은 절대적이다. 특별히 박은식은 양계초의 《음빙실문집飮氷室文集》에 영향을 많이 받았다. 양계초의 글을 번역하여 신문에 많이 소개했고, 《왕양명선생실기王陽明先生實記》를 저술했다. 당시 많은 진보적 지식인들이 관심을 가졌던 사회진화론에도 영향을 받는다. 그러나 사회진화론을 알아갈수록 의문을 가지게 된다. 문명이 발전하고 지식이 증가할수록 세상은 태평성세를 누리는 것이 아니라 더 치열한 경쟁으로 분쟁과 전쟁이 그치지 않는 현실에 의문을 제기했다. 약육강식의 세계가 결코 이상적으로 보이지 않았던 것이다.

박은식은 바른 사회 좋은 세상을 유교적 이상사회에서 찾으려 했다. 정치하는 자들은 하늘의 도리를 지키고, 어른을 존경하며 젊은이가 꿈을 가지고 열심히 살아갈 수 있는 사회를 꿈꾸었다. 가진 자나 가지지 못한 자나 모두 삶에 어려움이 없는 복지가 실현되고 도둑이 없는 사회를 꿈꿨다. 계급에 상하의 구별이 없는 평등사회를 꿈꾸었다. 결국 그의 공부와 고민은 우당 이회영이나 석주 이상룡과 같은 길로 그를 이끌었다. 양명학이었다. 조국을 사랑하는 고민에서 출발했으나 결국 온 인류가 평등하며 평화롭게 살아가는 이상세계를 꿈꾸게 되었던 것이다.

박은식은 언론인으로서 단재보다 한걸음 앞에서 걸어갔다. 장지연이 《황성신문》을 시작할 때부터 주필로 활동했으며 〈시일야방성대곡〉으로 《황성신문》이 탄압을 받자 《대한매일신보》의 주필이 되는 과정도 단재보다 먼저 움직였고 함께 끌어 나갔다. 서울에서 활동하는 황해도와 평안도 출신의 인사들과 함께 '서우학회西友學會'를 조직하여 참여했다. 이후 '한북흥학회漢北興學會'와 통합하여 안창호, 이갑등과 함께 '서북학회西北學會'를 창설하고 초대회장으로 선임된다. 《서북학회월보》의 주필로도 활동하며 애국계몽 논설을 통하여 구한말 국민들의 의식개혁에 주도적인 역할을 한다. 인재양성의 중요성도 깨달아 서북협성학교西北協成學校의 교장으로 교육을 통한 애국운동에도 앞장선다. 전국 각지에 60여 개가 넘는 지교支校가 세워질 만큼 활발한 교육활동을 펼쳤다. 후에 오성학교五星學校로 개명되었으며, 오늘날 관악구에 있는 광신중고등학교가 그 후신이다.

교육만이 살 길이다

박은식은 교육을 애국의 길로 보았다. 결국 서구열강에 의해 나라가 침탈을 당하는 것은 근대교육을 받지 못했기 때문에 문명의 발달이 늦은 연유라고 생각한 것이다. 산업을 일으키고 과학을 발달시키기 위하여 교육을 활성화해야 한다는 것이었다. 모든 교육의 기초는 민족의 정신을 가르치는 국혼에 기반을 두어야 한다고 믿었다. 외래문화와 기술문명을 수용하되 주체적으로 수용하지 않으면 민족의 정체성과 정신을 잃게 되고 그것은 결국 나라를 잃게 되는 결과와 같은 것이라 보았기 때문이다. 사람이 있어야 무슨 일이든 할 수 있기에 사람을 키우는 일의 중요성을 기회가 있을 때마다 강조했다. 전 국민이 교육받을 수 있는 의무교육의 필요성을 강조하고 경제적 여유가 없는 사람들에게는 야학이라도 다니도록 권했다. 정부의 관리들의 자질향상을 위한 정치학교를 세워 벼슬아치들이 계속 연구하는 일을 게을리 하지 말아야 한다고 주장했다. 그는 정치하는 이들의 수준이 국가의 수준이라는 생각을 가지고 있었다. 교육을 확산시키기 위하여 전국 각 지역에 학교를 세우고 선비들을 통한 국혼 교육과 다양한 과목을 가르칠 수 있는 교원을 보내 국민교육을 통한 국민 계몽운동을 펼쳐야 한다고 믿었다. 한학의 시대적 한계를 극복하기 위하여 젊은이들의 해외유학을 통해 다양한 선진문물과 학문을 배운 인재를 양성해야 한다고 보았던 것이다. 신학문 서적을 한글로 발행하여 더 많은 사람들이 세계를 이해하는 일이 중요하다고 생각했다. 각 지역에 도서관을 설립하여 신학문 서적이 널리 보급되어 사람들의 시야를 넓혀주는 일의 필요성도 강조했다.

그는 또, 사범교육의 필요성을 강조했는데 많은 학교가 세워지고 학생들이 모여들면 가장 시급한 문제는 준비된 교사들의 부족이었다. 신학문으로 교육받은 교사가 거의 없는 상황이었기에 교사들을 키우기 위한 사범교육의 필요성이 절실했다. 또한 교사들의 교수법 향상을 위한 방학 중 교사교육이 필요하다고 보았다. 교사가 끊임없이 개발하고 연구해야 훌륭한 교사가 될 수 있기 때문이다. 박은식은 지금 이루어지고 있는 학교 교육에 대한 밑그림을 그 시대에 웬만큼 그려낼 수 있을 만큼 교육 연구에 몰입했다. 유럽과 여러 선진국들의 교육제도에 대한 연구를 게을리 하지 않았다. 《대한매일신보》 1907년 10월 11일자에 실린 〈교육학 서序〉에서는 이렇게 밝혔다.

저 태서泰西의 교육방법을 관찰해보면 극히 간편하고 절실하며 완전하고 두루 갖추어 가정교육, 학교교육, 사회교육으로 열심히 공부하고 놀고 쉰다. 체육은 신체의 건강함을 요점으로 하고 지육은 지식의 발달을 요점으로 하고 덕육은 덕성의 순수함을 요점으로 하여 그 학문됨이 저같이 편이하고 그 효과가 저같이 다대하니 이는 개인이 발달함으로써 사회가 발달하고 국가가 발달하며 나아가서 문명의 부강함을 이루는 것이다. 오호라, 세계문화가 크게 약진하고 우리 대한의 인사는 시국을 크게 관찰하여 급선무를 강구하고 모두 급히 학교를 설립하여 교육을 진흥하나 사범이 될 만한 인재가 크게 부족하니 어쩌랴.

국내외로 흩어진 애국지사들에 의해 많은 학교들이 설립되었으나 교원이 턱없이 부족함을 안타까워하며 교원양성의 필요성과 중요성을 피력한 글이다.

박은식은 여성교육도 강조했다. 당시는 여성들이 이름조차 제대로 없던 시절이었고 여자가 공부하는 일은 아무 쓸모없는 일이라 여겼다. 남존여비 사상에 젖어 있었다. 박은식은 수천 년간 갇혀 생활하던 여성들이 교육을 통해 새로운 빛을 보기를 원했다. 북간도에 규암 김약연이 세운 근대교육기관 명동학교에도 이동휘의 영향으로 여학교가 병설되었다. 이동휘는 명동교회 부흥회에서 여성들을 동등한 존재로 애국을 위한 자원으로 세우지 않는 것은 반쪽짜리 운동으로 엄청난 국가적 사회적 손실임을 강조하며 사람들의 의식을 깨웠다. 박은식은 여성들이 제대로 교육받지 못하면 자녀교육도 온전히 되지 않는다고 생각했다. 생명은 모두 귀하며 남녀의 차별은 옳지 않다고 했다. 아동교육의 중요성도 강조했는데 어린이를 교육하지 않으면 좋은 어른이 나올 수 없고 그것은 곧 좋은 나라가 되지 못하는 이유로 보았다. 한걸음 더 나아가 유럽 여러 나라의 교육제도를 보며 시각장애인과 청각장애인 등 장애인 교육이 이미 실시되고 있는 것을 보고 충격을 받았다.

공리공론을 배격하고 실업교육의 중요성도 강조했다. 나라가 가난한 이유는 산업을 천하게 여기는 풍토가 있기 때문이라 여겼다. 농업도 연구를 통하여 품질을 향상시키고 수익도 증대시킬 수 있다. 좋은 품질의 생산품을 생산하기 위해서는 공부가 필요한데 그저 하늘만 보고 농사짓는 방식으로는 한계가 있는 것이다. 부강한 나라가 되기 위해서는 농사와 목축에도 과학적인 방법을 도입해야 하며, 교육개혁을 통해 상공업에 종사하는 이들을 천시하는 신분제도와 잘못된 직업관부터 바로잡아야 한다고 강조했다.

이러한 박은식의 교육관은 서우학회의 기관지인 《서우西友》에 논설 형태로 매달 두세 편씩 실렸다. 박은식은 어려서부터 주자학을 통한 전통과 정신의 중요성을 배웠고, 성인이 되어 실학과 서양의 신학문을 통해 인류평등과 세계평화를 꿈꾸는 교육혁신의 선구자가 되었다. 모든 교육의 기초로 민족의 주체성과 정신, 즉 국혼을 중요시했다. 사회진화론에 따른 약육강식이 아닌 유교적 이상사회와 같은 평화로운 공존을 추구했다. 자신이 받은 교육의 한계를 뛰어넘은, 시대를 앞서가는 교육자였다. 일신의 입신양명을 위한 교육이 아니라 인간의 인간다움, 사회와 국가의 백년대

계, 인류평등과 세계평화의 세계시민교육에 이미 눈을 뜬 시대의 교육 선구자가 백암 박은식이었다.

임시정부의 밑거름이 된 4개월 대통령

박은식은 1905년 을사늑약과 1910년 한일합방 이후 국내에서의 언론과 교육활동에 한계를 느끼고 1911년 망명길에 오른다. 그 즈음 부인을 잃고 장례를 치른 후 모든 것을 뒤로 하고 길을 나선다. 서간도 환인현으로 갔다. 나라를 잃어도 국혼이 살아 있으면 부활이 가능하다고 믿었기에 오히려 더 넓은 곳으로 나아가 수천 년의 문헌을 연구하여 국혼을 살려낼 마음을 품었다. 고구려의 첫 수도였으며 발해의 서경西京이었던 곳이 환인현이다. 민족종교인 대종교에 입교함으로 고조선과 단군에 대한 역사적 연구로 관심사가 넓어졌다. 고구려와 발해의 유적지를 조사하여《대동고대사론大東古代史論》《동명성왕실기東明聖王實記》《발해태조건국지渤海太祖建國誌》《몽배 김태조夢拜金太祖》《단조사고檀祖事攷》 등의 사서를 저술했다. 단재와 더불어 민족주의 사학을 태동시키는 역할을 했던 것이다. 그들의 민족주의적 역사관은 민족의 정신, 즉 국혼을 강조하는 것이었다. 정신의 뿌리를 찾는 여행은 모두를 같은 길로 이끈다. 오늘날도 대한민국의 국혼을 찾는 걸음들은 옛 고조선, 고구려와 발해의 길에 다시 서게 된다. 마치 운명이 이끌 듯 그 길에 오르면 광개토대왕 비석 앞에 서게 된다.《몽배금태조》에서 이렇게 말했다.

민족이 있은 이후에 역사가 있으나 역사가 없으면 민족도 없게 된다. 역사란 민족의 정신을 말하는데 먼저 조국의 역사가 있고 그 후에 애국정신이 있게 되며 동족의 역사가 있어야 민족을 사랑하는 정신이 있게 되며 독립적인 역사가 있어야 독립적인 정신이 있게 되며 자존의 역사가 있어야 자존의 정신이 있게 된다.

이 때문에 신성한 민족은 꼭 신성한 역사가 있는 법이다. 만약 한 민족이 역사적인 정신을 소유한 것이 없고 애국애족의 정신, 독립적인 자존의 정신 등이 없으면 여러 민족과의 경쟁 속에서 생존할 수 없게 되며, 다행히 생존할지라도 다른 민족의 노예 혹은 천종으로 전락하지 않으면 다른 민족에 동화될 것이다. 이 때문에 역사가 없으면 민족도 존재할 수 없다고 말할 수 있으니 그 관계가 진실로 어떠한가?

간도 환인현에서의 역사 연구와 탐방, 저술 활동과 가르치는 일 등을 마무리하고 여러 애국지사들과 독립운동의 전략을 논의하기 위해 북경, 천진, 상해, 남경, 홍콩 등지를 방문했다. 그 가운데 상해에 머물게 된 이유는 상해가 국제도시로서 각국의 조계지가 있어 독립운동을 위한 안전확보가 가능하며 국제적인 활동을 펼치기에 유리하다고 보았기 때문이다. 그곳에는 이미 대한제국 무관학교 출신의 신규식이 1911년 망명하여 쑨원의 신해혁명에 참여하여 중국 인사들과의 관계도 잘 자리잡혀 있었다. 1912년 박은식, 신규식, 박찬익 등의 애국지사와 상해 한인 유학생들이 주축이 되어 동제사同濟社를 창설했다. 상해에 거주하는 한인들의 친목과 상조회 기관으로 만들어 실제로는 독립운동을 진행했다. 김규식, 신채호, 조소앙, 문일평, 조성환, 변영만, 윤보선 등이 참여했고 신규식이 이사장, 박은식이 총재로 선출되었다. 1913년에는 청년들을 독립운동가로 키우기 위해 박달학원을 설립했다. 박은식과 신채호가 역사를 가르쳤다. 1918년 여운형, 선우혁, 서병호, 조동호 등이 활동한 신한청년당을 설립하는 일에 모태 역할을 했으며, 1919년 임시정부 수립에 있어 국내와 연해주, 만주에 흩어져 임시정부 역할을 하던 기관들을 상해로 통합하는 일에도 그의 역할이 컸다.

이 시기 제1차 세계대전이 발발하고 일본이 독일에 선전 포고를 하고 중국 산동성 내 독일 조차지租借地, 어떤 나라가 다른 나라에게 일시적으로 빌려준 영토를 점령하는 등 국제정세에 많은 변화가 일어났다. 그것이 중국에까지 영향을 미치고 있었다. 러시아가 일본과 우호관계를 맺으면서 연해주 지역의 한인들의 생활과 독립운동 자체가 많은 어려움을 겪고 있었다. 연해주를 떠나 상해로 온 이상설과 북간도의 이동휘, '간민회墾民會'를 이끌던 이동춘 등과 함께 1915년에 '신한혁명당新韓革命黨'을 결성하게 된다. 1918년 결성되는 신한청년당과는 다른 단체다. 당시 독일과 중국과 협력하여 일본에 대한 무장투쟁을 벌이고 국경을 넘어 독립전쟁을 실행한다는 뜻을 품고 시작되었으나 일본이 속한 연합국이 승리함으로써 모든 계획에는 차질이 생겼다. 국제정세를 읽는 판단착오였던 것이다. 그럼에도 신한혁명당의 인적 물적 자원과 흩어진 지역별 운동가들의 네트

워크는 1919년 대한민국임시정부 수립에 중요한 밑거름이 되는 역할을 한다.

1919년 3·1운동이 일어나기 수개월 전인 1918년 6월 박은식은 러시아 우수리스크로 떠난다. 전로한족회의 초청으로 기관지인 《청구신보青丘新報》의 주필을 담당했다. 1919년 1월에는 해외 망명 중인 애국지사들이 추진한 〈대한독립선언서〉에 39인 민족대표 중 한 명으로 서명했다. 조소앙이 선언문을 기초하고 김교헌, 김규식, 김동삼, 김약연, 신규식, 신채호, 안정근, 안창호, 이동녕, 이상룡, 이시영 등이 서명했다. 한일합방 이후 최초의 독립선언서이며 병합의 무효를 선언하고 전 국민의 육탄 혈전을 선포하는 내용이다. 조소앙을 통하여 2·8독립선언과 3·1독립선언에 직간접으로 영향을 미친 선언으로 음력 무오년에 발표되어 〈무오독립선언서〉라고도 불린다.

1919년 3·1운동이 터져나온 후 국내외에 8개의 임시정부가 수립되었다. 그러나 실제적인 조직과 기반을 갖추고 절차를 따라 성립된 곳은 러시아 연해주, 상해, 한성임시정부 세 곳이었다. 1919년 4월 11일 상해와 국내외에서 모여든 각 도의 대표 29명이 임시의정원 회의를 열고 임시정부 수립을 선포했다. 쉽지 않은 상황 가운데서도 전 세계 애국지사들의 참여로 대한민국 임시정부는 1919년 4월 11일 수립되었다. 이 후 최고 수반인 국무총리에 추천된 이승만을 놓고 논란이 일어났다. 이회영, 신채호, 박용만 등은 미국에 위임통치를 청원한 이승만은 자격이 없다고 비판했으나, 의정원에서 이승만이 선출되어 반대하는 이들이 임시정부를 떠나는 일이 있었다. 이승만은 국무총리 선출 사실을 알고도 상해로 오지 않았다. 1919년 9월 한성정부와 블라디보스토크의 국민의회와 통합 정부 개편을 하며 대통령을 정부 수반으로 하는 새 헌법과 국무위원들의 선임이 이루어졌다. 이승만이 대통령이라는 직책을 고집한 이유다. 이승만은 결국 상해로 왔으나 향후 독립운동 노선에 있어서 이견을 좁히지 못했다. 대통령으로서 독립운동의 청사진도 그리지 못했을 뿐 아니라 간도, 연해주 지역에서 피 흘리며 무장투쟁 중인 독립운동가들이 느끼는 현실과 괴리가 컸다. 이승만이 도착한 지 한 달 만에 국무총리 이동휘가 사표를 제출했고, 노동국 총판이었던 안창호, 학무부 총장이었던 김규식, 교통부 총장이었던 남형우 등이 모두 임시정부를 떠났다. 결국 이승만은 1921년 하와이로 다시 돌아가고 말았다. 하와이로 돌아간 이승만은 오히려 임시정부를 비난하며 독자적인 노선을 걷자 임시정부 의정원은 이승만 대통령 불신임안을 의결했다. 결국 1925년 임시대통령 이승만 탄핵안이 발의되고 임시의정원에서 임시대통령 이승만을 면직한다고 발표했다.

임시정부의 혼란을 수습할 적임자로 국무총리였던 박은식이 선임되었다. 이승만이 1922년 상해에 도착했을 때 성대한 환영회를 열고 이 박사를 중심으로 단결하자고 외쳤던 책임감에서였을까? 물론 자리에 연연하지 않는 그의 인격과 투철한 애국심과 깊은 역사의식 등을 높이 샀다. 실제 그는 4개월 남짓한 시간 동안 대통령 중심제를 국무령과 국무위원 중심의 내각책임제로 바꾸고 석주 이상룡을 국무령으로 선임하고 물러났다. 이후 건강이 급격히 나빠지는 중에도 나라의 독립을 위한 걱정에 편히 쉬지도 못했다. 1925년 11월 1일 그는 안중근의 동생인 안공근을 불러 유언을 남기고 그 날 밤 상해의 한 병실에서 광복을 보지 못한 채 서거했다. 임시정부 수립 후 최초의 국장으로 장례를 엄수하고 상해만국공묘에 유해를 모시다가, 서거 68년 만인 1993년 8월 4일 유해를 국립서울현충원에 국민장으로 이장했다. 지금은 쑹칭링능원이 된 상해만국공묘에 가면 아직도 박은식의 묘소를 표시하는 표지석이 남아 있다.

역사를 아는 민족이라야

태백광노太白狂奴 '백두산 아래 미친 노예', 무치생無恥生 '부끄러움을 모르고 살아가는 사람'이라는 호를 사용한 박은식은 국권을 상실한 뒤에도 살아 있는 것을 스스로 욕되다고 여겼다. 그의 대표적인 저작인 《한국통사韓國痛史》와 《한국독립운동지혈사韓國獨立運動之血史》에서도 박은식이 어떤 사람인지 알 수 있다. 《한국통사》에 전반적인 개괄적 서술 방법인 '통사通史'라는 말을 쓰지 않고 아프고 비통하다는 뜻을 담아 '통사痛史'라고 썼다. 1864년 고종 즉위로부터 1911년 105인 사건까지의 47년간의 아픈 역사를 아픈 마음으로 썼다. 우리의 책임과 외세의 침탈을 적나라하게 기술하여 민족을 사랑하는 이들은 아픈 마음으로 읽어야 했으며, 민족을 배반한 이들은 두렵고 떨리는 마음으로 읽어야 했던 책이다.

《한국독립운동지혈사》는 박은식의 마지막 저술로 《한국통사》의 후속편이라 볼 수 있다. 1884년 갑신정변에서부터 1920년 청산리와 봉오동전투 등을 이끈 독립군들의 투쟁사까지를 다룬 책이다. 국내에서 언론계에 몸담고 있으며 보고 듣고 기록한 내용들과 서간도, 상해, 연해주, 홍콩 등지를 두루 거치며 듣고 보고 목격한 독립투쟁사를 담아낸 것이다. 백암 박은식은 "국교, 국학, 국어, 국사는 국혼에 속하는 것이요. 전곡, 군대, 성지, 함선, 기계 등은 국백國魄에 속하는 것으로 국혼의 됨됨은 국백에 따라서 죽고 사는 것이 아니다. 그러므로 국교와 국사가 망하지 아니하면 국혼은 살아 있으므로 그 나라는 망하지 않는다"고 믿었다.

역사의 주체로서의 민족사를 연구하며 깊은 역사의 뿌리를 찾아 광활한 대륙을 헤매며 정리하여 조선상고사를 남긴 단재 신채호, 역사를 잊지 않으면 민족의 살 길이 있다고 믿고, 근대사의 아픔과 피의 역사를 정리하여 민족혼을 전수하는 일에 모든 것을 다 바쳤던 백암 박은식. 오늘날 우리 시대의 역사는 방송과 교육에 인기 콘텐츠가 되었으나 그 아픔의 통사痛史와 피 흘림의 혈사血史, 지치지 않는 열정으로 뿌리를 찾아 혼을 살려내는 상고사上古史를 넘나드는 역사 공부는 보기 드문 시대를 살고 있다. 구한말과 같은 시대적 상황을 맞이한 대한민국의 현재를 돌파하는 혜안을 얻기에는 우리의 공부가 너무나 짧고 얕아 단재와 백암 앞에 그 부끄러움이 더 깊어진다.

그의 족적은 상해와 서울의 묘비와 묘소로 남아 있다. 이국 땅 상해에 덩그러니 남겨진 묘지 표지석 하나지만 민족이 신음하는 통사痛史로 인해 고향 땅을 떠나야만 했고 자신을 희생하는 혈사血史로 역사를 기록하고 가르치는 일에 온 힘을 쏟았던 한 사람의 삶을 기념하기에는 충분하다고 생각된다. 묘비의 화려함과 크기가 그의 삶을 담보해주는 것은 아니다. 작은 비석이 모두 담아내기에는 너무나 큰 사람들이다. 국격과 국혼이 살아 있는 삶이 어떤 모습인지 보여준 우당 이회영과 석주 이상룡. 글로만 아니라 삶으로 말하는 사람들이었다. 국혼과 국격의 뿌리가 역사에 있음을 삶으로 웅변한 역사학자 단재 신채호와 백암 박은식. 모두 비석에 몇 줄의 글자로 담아낼 수 없는 역사의 혼불과 같은 존재들이다.

역사를 아는 것은 인물과 사건을 기억하는 것을 넘어선다. 그 안에 담긴 정신을 만나고 얼을 찾는 것이다. '얼' 빠진 인생이 되지 않기 위해 필요한 것이 역사 여행이다. '막장 드라마'와 같은 정치의 현실을 마주하는 지금 시대다. 인격이 무너지면 국격이 무너진다. 개개인의 인격이 모여 국격을 이룬다. 민의를 대표하는 정치인들의 모습이 결국은 나의 인격이다. 나의 권리를 그에게 위임한 것이다. 그런 의미에서 선거는 인격의 표현이어야 한다. 이해관계에 따른 선택은 이해관계를 추구하는 정치판을 형성하며 이익을 위해 모리배와 같은 수준으로 국격을 떨어트릴 수 있다.

국민들의 가슴에 국혼이 불타오르게 할 만한 가슴에 불을 품은 지도자가 아쉬운 시대다. 이유는 단순하다. 국격과 국혼의 진원지인 역사의 현장을 잃어버렸기 때문이다. 내 인격과 국격을 한 선상에서 볼 수 있는 안목이 없기 때문이다. 오렌지 하나를 정성스럽게 따는 것이 나라를 위하는 길이라 보았던 도산의 시각이 한

없이 그리워지는 이유다. 정신과 사상으로 존재하는 '큰 나'를 진정한 나라고 보았던 단재의 시각이 없기 때문이다. 단재는 '큰 나'를 각성하기 위한 기본으로 역사를 알아야 함을 역설했다. 역사를 아는 민족이라야 역사 속에 살아남는다.

넓고 광대한 중국 영토에 가장 번화한 도시인 상해 중심에 있는 쑹칭링능원에 한국말로 적힌 작은 표지석들이 늘어선 이유도 국혼에 있고 국격에 있다. 중국 공산당도 중국 국민당도 임시정부요인들의 삶에서 본 것은 국격과 국혼이었을 것이다. 환국하는 그들을 양측이 모두 환송회를 열어 아쉬운 작별의 정을 나눈 것은, 다 떨어진 헝겊신발을 신었어도 여기저기 기워 입은 누더기를 걸쳤어도 일신의 안녕을 초월한 나라 사랑의 국혼에 대한 존중과 존경이었을 것이다. 정치인들은 많으나 국혼을 찾기는 어려우며 특권은 넘치게 누리나 국격을 찾아보기 힘든 현실에 단재와 백암이 더욱 그리워진다. 이제 상해에 누워 있는 작은 표지석들의 이야기로 들어가보자. 국혼과 국격을 찾는 그리움의 여정이다.

단재 신채호 생가

위치 | 대전시 중구 단재로 229번길 47

단재가 태어나 충북 청원으로 이사하기까지 살았던 집이다.

단재 신채호 묘소와 기념관

위치 | 충북 청주시 상당구 낭성면 구래길 249

단재가 아버지 돌아가신 후 할아버지와 함께 살며 공부에 특출한 재능을 보이며 자라던 집이다. 서울과 고향을 오가며 다양한 교육 활동을 펼쳤던 무대다.

백암 박은식 묘

위치 | 서울시 동작구 국립서울현충원 임시정부요인 묘역

임시정부 초대 대통령을 지낸 박은식 선생 묘지가 이곳에 있다. 임시정부를 통해 독립을 꿈꾸던 이들의 꿈을 생각해볼 만한 곳이다.

쑹칭링능원 박은식 묘지 표지석

위치 | 상해시 능원로 21호 쑹칭링능원

쑹칭링능원에는 한국인의 묘로 추정되는 14기의 묘가 있다. 박은식 선생을 비롯한 노백린, 신규식, 안태국, 김인전 등은 1993년 8월 5일에 봉환되어 현재는 표지석만 남아 있다. 이국 땅에서 나라를 위해 삶을 바친 애국선열들의 심정을 깊이 느껴볼 수 있는 곳이다.

상해임시정부 청사

위치 | 상해시 황포구 마당로 306농 4호

1932년 항주로 옮겨가기 전 6년 정도 임시정부가 머물렀던 곳이 지금의 주소지다. 임시정부가 처음 수립된 장소는 정확하게 어디인지 밝혀지지 않았다.

3장

/

돌아오지 않은 무덤 찾아오지 않은 독립 상해만국공묘

임시정부의 울타리

동농 김가진

프랑스와 대한민국 임시정부

중국 상해는 세계적인 도시로 중국의 경제수도라고 불린다. 화려한 불빛을 자랑하는 와이탄의 야경을 구경하기 위해 전 세계인들이 찾는 곳이다. 많은 한국 사람들도 찾는 도시이며 거주하는 한인도 많고 한인 유학생도 적지 않다. 상해를 찾는 한국 사람들이 빠지지 않고 찾는 곳이라면 당연히 대한민국임시정부청사大韓民國臨時政府廳舍다. 상해는 대한민국임시정부 27년 역사의 1기 13년간의 시간이 묻어 있는 곳이다. 상해임시정부의 수립 과정을 간략하게나마 살펴보자.

실제 임시정부는 상해에만 존재했던 것이 아니다. '지상紙上정부' 또는 '전단傳單정부'라는 말이 있다. 말 그대로 문서로만 존재하는 실체가 없는 정부를 뜻한다. 3·1운동의 영향으로 독립 의지가 고취되면서 국내외에서 빼앗긴 나라를 되찾기 위한 독립운동이 활발하게 일어나게 된다. 3·1운동이 본격적인 독립운동의 기폭제 역할을 했을 뿐 아니라 지금까지 진행되어온 독립운동 국면에 일대 전환을 가져온 역할을 했다. 그리하여 곳곳에서 독립운동의 구심점 역할을 할 수 있는 정부의 필요성이 대두되었고 조직하려는 움직임이 나타났다. 대략 7~8개의 임시정부를 표방하는 단체들이 조직되었다. 그중 조선민국임시정부, 고려공화국, 간도임시정부, 신한민국정부는 전단정부로서 실체가 형성되지는 못했다. 그에 반해 상해임시정부, 한성임시정부漢城臨時政府, 노령임시정부露領臨時政府는 수립 과정과 주체가 문서로 명시되어 있을 뿐 아니라 국민회의와 대표자 회의 등을 거치며 실제 정부로 조직되어 활동을 시작한 임시정부들이었다.

이 가운데 시기적으로 가장 먼저 임시정부를 조직한 곳은 러시아 연해주였다. 연해주에서는 1919년 3월 2일 대한국민의회가 출범했고, 서울에서는 4월 23일 한성임시정부가 수립되었다. 1917년 혁명으로 일대 전환기를 맞이한 러시아의 상황을 보며 연해주 일대의 한인들은 '전로한족회중앙총회全露韓族會中央總會'를 결성한다. 한인들의 자치기구 성격의 단체였으며 이전에 존재하던 다양한 단체들의 집합체였다. 항일단체의 성격은 아니었으며 러시아 한인사회의 안정을 위한 사업에 더 치중해 있었다. 그런 상황에서 국제 정세의 변화가 재러 한인단체들의 방향성을 전환하게 하는 일들이 일어났다.

제1차 세계대전 종전 후 전후 처리를 위한 평화협정을 체결하기 위해 미국과 프랑스, 영국의 주도로 승전국과 패전국들이 파리에 모이게 된다. 미국의 윌슨 대통령에 의해 제안된 14개조항이 기초가 되어 평화협정과 전후배상 문제 등을 의논하게 되는데 그 안에 민족자결조항이 포함되어 있었다. 이러한 내용들이 알려지며 세계의 약소국가와 식민국가들은 열광했으나, 실제로는 신생 강대국들의 지배논리를 충족시키는 결과일 뿐이었다. 이 조항에 실제적으로 영향을 받은 나라들은 제1차 세계대전 패전국들의 식민지에 한정되어 있었다. 일본은 오히려 영일동맹을 빌미로 독일에 선전포고를 하며 전쟁에 참여하여 중국 내 독일 조차지를 공격하여 대륙 침략의 교두보를 확보했다. 미국과 함께 전쟁 피해는 최소화하고 전후 경제적으로 많은 반사이익을 취하여 부채 국가에서 채권국으로 탈바꿈했다.

민족자결주의는 구체적인 내용이 어찌되었건 약소민족과 식민국가들이 자기들의 운명을 스스로 결정할 수 있다는 말 그 자체만으로도 독립을 갈망하는 국가들은 결사적으로 붙잡을 수밖에 없는 희망이 되었다. 당시 한인들이 흩어져 독립운동을 실행하던 여러 지역에서 동시다발적으로 파리강화회의에 특사 파견이 의논되었다. 중국, 러시아, 미국 등지에서 흩어져 독립운동을 추진하던 각 지역에서 파리에 특사를 파견하기 위한 작업을 서둘렀다. 상해에서는 신한청년당에서 김규식을 3·1운동이 일어나기 전인 2월에 이미 파리로 파견했다. 임시정부 수립이 필요했던 이유 중 하나라면 파리강화회의에 개인 자격으로의 참석이 불가했으며, 국가가 파견한 대표여야만 참석이 가능했던 이유도 있었다. 대한민국임시정부가 수립되고 바로 진행한 일이 파리에 파견했던 김규식을 외무총장 겸 파리강화회의 참가 대표로 선임하는 일이었다. 그리하여 일본의 부당한 한국병탄을 세계에 알리고 독립의 정당성을 알릴 기회를 마련하려 했다.

그럼에도 불구하고 결국 대한민국임시정부를 국가 자격으로 승인받는 일이 거절당하고 회의는 마치게 된다. 김규식은 각국 대표단을 개별적으로 방문하여 한국 독립의 정당성과 필요성을 피력해나갔다. 프랑스의 정치연구회들에서 한국 문제에 대한 연설을 수차례 진행하여 프랑스 언론들을 통해 세계 각 나라에 한국 독립의 정당성을 알리는 일에 많은 기여를 했다. 1919년 3월 이후 1920년 10월까지 파리 지역 언론에 한국 관련 기사가 323건이나 보도되었다. 프랑스와의 첫 만남은 중국에서의 천주교와의 접촉이었고, 이후 국내 천주교 신자들에 대한 대원군의 엄청난 탄압이 병인양요의 원인이 되었다. 서로 간에 사상자를 많이 내는 무력충돌이었다. 그러나 나라를 잃은 애국지사들이 중국 상해에 임시정부를 수립하고 독립운동을 활발히 펼칠 수 있었던 곳은 프랑스 조계지였다. 파리강화회의에서 정식 국가로 승인 받는 일은 실패했으나, 1945년 3월 프랑스는 대한민국임시정부를 승인했고, 통신원이던 서영해徐嶺海가 주 프랑스 대표로 임명되었다. 선진국의 기준이 단지 경제적 여건만이 아니라 세계 평화와 질서 유지에도 기여하는 성숙한 국민의식의 발현이라 본다면 일찍이 시민혁명으로 새 시대를 열었던 일도 우연은 아닐 것이다.

서얼 출신의 개화파에서 독립투사로

상해임시정부에서 활동한 많은 사람들이 있었다. 초창기에는 세계 각처에서 1천여 명이 넘는 애국지사들이 모여들었다. 그러나 임시의정원을 구성하고 임시 헌법을 제정하는 일까지는 순조롭게 진행되었으나 이승만을 국가수반으로 세우는 문제, 이후 이승만 대통령 탄핵, 혼란기에 접어든 임시정부를 수습하는 방안에서 이견 차이, 진영 간의 독립운동 방략의 차이 등으로 점차 떠나가고 결국 몇십 명도 되지 않는 사람만 남게 된 경우도 있었다. 임시정부의 주요 인물들로 마지막 주석으로 재임 중 환국한 백범 김구나 정신적 기둥 역할을 했던 백암 박은식, 석오 이동녕, 도산 안창호 등 여러 인물들이 있었다. 대개의 역사는 유명인들 위주의 역사로 기록된다. 이른바 대단한 직책을 맡았거나 대단한 업적을 남겼거나 특히 해방 후까지 살아 정치에 영향을 미친 사람들 위주로 편집되어 있음을 간과하면 안 된다.

지금 소개하는 사람은 그리 잘 알려진 사람은 아니다. 독립유공자로 서훈을 받지도 못했다. 1993년과 1995년 두 차례에 걸쳐 상해에서 임시정부 활동을 하다 순국한 분들의 유해를 대한민국으로 봉환하는 일에서도 이 사람은 빠져 있었다. 동농東農 김가진金嘉鎭이다.

중국 상해의 쑹칭링능원은, 원래 외국인 공동묘지를 뜻하는 '만국공묘'였으나, 쑨원의 부인인 쑹칭링宋慶齡이 부모 곁에 묻히기를 원해 이곳에 묻히면서 쑹칭링능원으로 개명했다. 삼민주의를 주창하며 신해혁명을 이끌었던 중국의 국부國父라 불리는 쑨원의 아내가 쑹칭링이다. 쑹칭링 역시 중국을 사랑한 여인으로 추앙받으며, 쑨원 사후 중국 공산당을 지지했고 중화인민공화국 부주석을 역임하고 후에 중국 역사상 유일무이한 명예주석으로 추대되어 지금까지 이어지고 있다. 쑹칭링능원 내부 외국인묘원에 한국인으로 추정되는 묘지가 14기 정도 있다.

이곳에 묻힌 한국인 가운데 독립운동가들로 확인된 임시정부 군무총장 노백린, 2대 대통령 박은식, 국무령 신규식, 안태국, 김인전 등의 묘는 1993년 8월 5일에 봉환되었고 윤현진, 오영선의 묘는 1995년 6월 21일에 봉환되었다. 이 외에도 임시정부요인 중 한 사람으로 6·10만세운동을 계획하고 국내 잠입 중 체포되어 상해에서 고문으로 순국한 이덕삼과 충북 증평 출신 독립운동가로 2014년 국내로 유해가 봉환된 연병환, 노백린을 도와 독립운동에 참여했으며 미주 한인사회에서 '쌀의 대왕'으로 불렸던 김종림, 임시정부 의정원 의원이자 항일투쟁 단체인 '구국모험단'을 이끌었던 김태연 지사의 유해가 98년 만에 고국으로 돌아오게 되었다. 안태국의 묘 바로 옆에는 조상섭의 표석과 임계호 등 한국인으로 추징되는 표석이 아직 남아 있다. 이 가운데 제대로 된 묘비도 없이 여전히 남겨진 묘가 하나 있다. 바로 독립운동가 동농 김가진의 묘다. 《임시정부의 품 안에서》2014의 저자인 대한민국임시정부기념사업회 회장 김자동의 조부다.

김가진은 임시정부 최고령자였고, 대한제국의 대신 중 유일하게 임시정부에 참여한 사람이다. 김가진은 세도정치의 대명사 안동 김씨 노론 명문가 출신이지만 서얼양반의 자손 가운데 첩의 소생을 이르는 말이었다. 명문가의 서얼은 일반인과 비교해서는 많은 특권을 누렸으나, 양반의 적자와는 감히 비교할 수 없는 신분이었다. 조선 전기에는 서얼금고법이 시행되어 서얼은 과거에 응시하여 관직에 나가는 것 자체가 금지되었다. 서얼금고법은 태종이 정도전을 비롯한 서얼 출신들과의 불편한 관계에서부터 비롯되어 고착되었다. 영정조를 지나며 서얼들의 관직 진출 길이 열리기 시작했다. 정조는 규장각의 검서관에 서얼들을 대거 등용했는데, 최초의 4검서관들은 유득공柳得恭, 박제가朴齊家, 이덕무李德懋, 서이수徐理修였다. 모두 당대 최고의 학자적 자질을 갖춘 사람들이었다.

김가진은 신동이라 불릴 만큼 재주가 출중했으나, 서얼 출신이라는 서글픈 굴레를 쓰고 청년기까지 성장했다. 32세가 되어서야 그 역시 대대로 서얼 출신들에게 주어지던 관직인 규장각 검서관에 등용되었다. 어렵게 관직에 나갔으나 김가진은 5년 만에 정3품 통훈대부에 이를 정도로 빨리 승진했다. 아마도 뛰어난 학문과 글솜씨 외에도 일어와 중국어 등 외국어에 능통했던 것이 이유가 되었을 것이다. 김가진은 고종의 신임을 받아 측근에서 보필했고,

1886년 문과에 급제한 뒤에는 외교관으로 두각을 드러낸다. 갑오개혁에서 주도적인 역할을 한 김가진은 안경수 등의 서얼 출신들과 함께 서얼 문제를 포함한 모든 신분적 차별을 철폐하는 일에 앞장섰다. 그의 출신과 상관없이 김가진은 3 · 1운동 당시에 많은 대신들 중에 망명길에 나서 독립운동에 뛰어든 유일한 사람이었다.

서얼로 태어난 사람들이 개혁적 성향을 나타내는 것은 자연스런 현상이라 할 수 있겠다. 김가진과 안경수, 이완용의 서형인 이윤용 등 서얼 출신들이 갑오개혁에 적극 가담하여 주도적 역할을 했다는 것은 조선 후기의 근대화 과정에서 신분 타파를 꿈꾸던 사람들이 개화운동에도 적극 가담했음을 보여준다. 그러나 김가진이 구별되는 다른 점이라면 이완용의 서형인 이윤용은 친일파가 되었으나, 개화파를 거쳐 독립운동에까지 참여한 사람은 오직 김가진뿐이다. 사람마다 삶에 한계도 있고 제약도 있겠으나 결국 그것을 디딤돌로 생각할 것인지 걸림돌로 생각할 것인지의 차이다. 생각 하나가 인생의 갈림길에서는 크게 달라 보이지 않으나 그 길의 끝은 서로 닿기 힘들 만큼의 차이를 만들어낸다.

김가진은 외교관으로 활동하며 새로운 문화와 사상에 대해 열린 시각과 태도를 갖추게 되었다. 개화파를 거쳐 독립운동으로 그 사상이 발전해나갔다. 갑오개혁의 실무를 담당하기도 했고 독립협회가 조직되면서 위원으로 활동했고, 만민공동회 등에도 적극 가담했다. 독립문과 독립공원을 조성하는 일에도 함께 참여했을 뿐 아니라 독립문의 제호도 명필이었던 그의 글씨로 알려져 있다. 한때 친일파 이완용의 글이라는 논란이 있었으나 글씨체 연구가

들에 의해 그의 글씨로 확인되었다.

짧았으나 강렬했던 투쟁의 삶

김가진이 상해임시정부로 망명했을 때 그의 나이는 74세였다. 당시 임시정부에서 제일 어른은 국무총리 이동휘의 아버지인 이발李發로 68세였다. 당시 50세 전후면 어른 대우를 받던 분위기를 감안하면 김가진은 거의 90대로 취급받을 수 있는 나이였다. 그러나 그의 투지는 젊은이들의 가슴만큼 뜨겁게 불타오르고 있었다.

3·1운동 이후 김가진은 독립운동에 투신할 결심을 굳힌다. 1919년 4월 비밀독립운동단체인 '조선민족대동단朝鮮民族大同團'의 총재로 11월 28일 독립선언문을 발표하고 3·1운동의 후속활동으로 전국적인 시위를 일으키려다 실패했다. 조선민족대동단은 잘 알려져 있지 않지만 3·1운동 이후 설립된 최대의 항일조직이다. 11개 사회단체의 대표자들과 수만 명의 단원들이 참여했다. 독립선언문과 진정서, 포고문 등을 제작하여 배포하며 전국적으로 독립운동을 다시 불타오르게 하려는 시도였다.

'대동'이라는 명칭은 조선시대에도 자주 등장했던 단어다. 새로운 이상국가를 꿈꾸는 모든 사람들은 '대동'이라는 말에 가슴이 뛰었다. 이 말은 《예기》 〈예운〉 편 '제1장 대동大同'에 나온다.

큰 도가 행해지면 천하가 공평무사하게 된다. 덕 있는 사람이나 재능 있는 사람을 지도자로 뽑고, 신의와 화목을 가르치기 때문에 사람들은 자기 부모나 자식만을 친애하지 않는다. 노인은 안락하게 여생을 마칠 수 있고, 젊은이는 자신의 능력을 충분히 발휘할 수 있다. 또한, 어린이는 안전하게 자라고, 홀아비, 과부, 고아, 자식 없는 노인, 병든 사람도 모두 보살핌을 받을 수 있다. 땅에 떨어진 남의 재물을 줍지 않고, 여력이 있어도 자기만을 위하지 않는다. 그러므로 간사한 모의가 생겨나지 않으며, 도둑질이나 혼란한 일도 생기지 않아 문을 닫지 않고도 안심하고 생활하니 이를 대동이라 한다.

김가진은 조선민족대동단의 많은 사람들이 체포 투옥되고 활동이 어려워지자 아들과 함께 망명을 결정한다. 노구를 이끌고 일산역에서 경의선 열차를 타고 상해로 망명한다. 많은 애국지사들이 조국을 떠나며 회한을 담은 시를 남긴 것처럼 그 역시 시 두 수를 남긴다.

나라는 깨지고 임금은 돌아가시고 사직은 기울었는데
國破君亡社稷傾
부끄러움 안고 죽고 싶은 심정 참으며 여태껏 살았노라
包羞忍死至今至
늙은 몸이 하늘 뚫는 뜻을 아직 지니고 있으니
老身尙有沖霄志
단숨에 솟아올라 만리를 날아간다
一擧雄飛萬里行

백성과 나라가 존망의 위기, 어찌 감히 일신을 돌보리
民國存亡敢顧身
하늘과 땅에 포위망이 깔린 곳에서 귀신같이 탈출했다
天羅之網脫如神
누가 알까 삼등칸의 저 길손이
誰知三等車中客
찢어진 갓과 누더기 옷을 입은 옛 대신임을
破笠襤衣舊大臣

김가진 삶의 오점이라면 일제가 대한제국의 대신들에게 작위를 하사할 때 남작 작위를 받은 것이다. 작위 수여도 그의 의사와 관계없이 이루어진 것으로 보인다. 그는 강제병합에 동의하거나 지지하지 않았다. 민영환과 함께 을사늑약에 반대했으나 실패로 돌아가자 자진좌천하여 충남관찰사가 되기도 했다. 1907년 규장각 제학을 마지막으로 관직을 떠나 칩거했으나 일제는 조선귀족령으로 과거 종1품 이상의 관직을 지냈던 사람들에게 무작위로 작위를 남발하여 자신들의 행위가 불법이 아니라는 근거를 만들어내려 했다. 김가진의 이후 행보만 보아도 그가 일제의 작위에 연연해하지 않았다는 것은 사실로 볼 수 있다. 대한자강회, 대한협회의 회장으로 친일단체인 일진회一進會를 적극 비판하고 공격했다. 조선민족대동단 총재로 전국적인 독립운동을 구상하여 실행했으며, 의친왕 망명 시도와 임시정부 활동만 보아도 그의 진심이 어디를 향하고 있었는가를 추측할 수 있다. 김가진의 망명이 중요한 이유는 당시 일제는 조선의 귀족들이 모두 강제병탄에 찬성한 것으로 알려 민심을 수습하려 했다. 그런 상황에서 고종 측근으로 개혁을 주도하던 일본의 작위를 가진 고관대작이 독립운동을 위해 중국으로 망명하는 것은 한국 사람과 일본 사람 모두에게 충격적인 사건이기 때문이다.

김가진은 의친왕과 함께 망명 계획을 세우고 임시정부 내무총장 안창호의 도움을 받아 그들의 조선 탈출을 도울 사람들이 준비되었다. 의친왕이 함께 떠날 채비를 마치지 못하자 김가진은 아들 김의한과 함께 먼저 떠난다. 뒤늦게 떠난 의친왕은 결국 움직임이 발각되어 중국 안둥역단동역에서 일경에 체포되어 송환됨으로써 실패하고 만다. 이 일로 많은 조선민족대동단의 간부들이 체포되고 결과적으로는 11월에 전국적인 독립시위 계획도 힘을 잃어 실행이 어렵게 되고 말았다.

김가진은 상해 망명 이후 임시정부의 점잖은 어른 역할을 잘해냈다. 앞에 나서지 않고 뒤에서 임시정부의 필요를 살피는 일을 했다. 무엇보다 함께 망명한 그의 아들 성엄省俺 김의한金毅漢과 임시정부의 맏며느리라 불렸던 수당 정정화의 역할은 빛났다.

임시정부의 맏며느리

정정화

그림자는 빛날 필요가 없다

어느 위대한 인물도 역사 속에 홀로 서 있지 않다. 언제나 그들을 만든, 그들을 닮은 누군가가 함께 서 있다. 누군가의 모습에 빛을 비추어보면 반드시 그림자가 함께 보인다. 빛이 밝을수록 그림자는 더욱 선명해진다. 임시정부에도 그림자와 같은 존재들이 많았다. 대다수의 젊은이들이 그림자의 역할을 했다. 대표나 중직을 맡기보다 수행원이나 비서 역할을 했다. 아버지 김가진을 따라 젊은 부인조차 조국에 남겨두고 망명한 김의한은 임시정부의 그림자였다. 특별히 백범을 수행하는 일을 주로 했으며 임시정부의 파란만장한 역사를 고스란히 함께했다.

1928년에는 상해 '중국본부한인청년동맹中國本部韓人青年同盟'의 재정위원으로 활동했고, 1931년에는 김구와 함께 '한인애국단韓人愛國團'을 조직하여 이봉창, 윤봉길 등의 의거를 도왔다. 윤봉길 의거 이후 임시정부가 상해를 떠날 때도 이동녕, 김구를 수행하여 가흥으로 피난하는 일을 돕는다. 특히 광복군 활동에도 여러 역할을 맡아 활성화하는 일에 힘썼다. 해방 후에도 한국독립당 대표로 김구와 함께 남북협상회의에도 참가했으나 한국전쟁 기간 중 납북되었고, 평양에서 사망하여 애국열사릉에 묻혀 있다.

사실 김가진과 김의한의 이야기를 시작한 것은 정정화를 소개하기 위해서다. 남편 김의한이 임시정부의 그림자처럼 그 운명을 함께했다면 그의 곁에는 정정화라는 그림자가 있었다. 그리고 정정화의 그림자는 단지 남편만이 아닌 임시정부 전체의 그림자 역할을 했다고 해도 과언이 아니다. 많은 독립투사들이 가족들과 함께 생활하지 못하고 이역만리 타국에 혼자 나와 살아가는 경우가 많았다. 그들은 가족이 있는 다른 지사의 집에서 방 한 칸 얻어 함께 지내거나, 가족이 많은 사람에게 넓은 집을 양보하기도 하며 견뎠다.

애국지사들의 위대한 희생 뒤에는 반려자들의 몫이 더 컸다. 아버지가 순국이라도 하면 어머니는 가족의 생계와 자녀 양육과 며느리로 부모 봉양까지 도맡아 해야 했다. 거기다 순국한 애국지사의 가족이기 때문에 일경의 감시는 더욱 심해 무슨 일이든 마음껏 하기가 힘든 상황이니 그 고통은 이루 말할 수 없었다.

우당 이회영의 부인 이은숙 지사, 석주 이상룡의 손부 허은 지사, 그리고 동농 김가진의 자부 정정화 지사 모두 각각의 회고록을 남겼다. 허은 지사는 《아직도 내 귀엔 서간도 바람소리가》를, 이은숙 지사는 《서간도 시종기》를, 정정화 지사는 《장강일기》를 펴냈다. 허은 지사도 때마다 끼니를 때우는 일이 가장 큰 고충이었음을 회고했다. 신흥무관학교와 운명을 함께했기에 수천 명의 살림을 책임지고 있었다. 국수로라도 끼니를 때울 수 있으면 감사했고, 밥은 생각도 못한 날들이 많았다고 한다. 이은숙 지사 역시 집에 손님이 찾아왔는데 밥을 내놓지 못하고 죽을 내놓아야 할 때는 밥상을 들고 방 안에 들어가기가 얼굴이 화끈거려 망설였다고 회고했다. 그런 일이 비일비재했다니 그 마음을 오늘 우리가 어찌 다 이해하겠는가. 상해임시정부 초대 국무령 석주 이상룡의 맏아들 이준형의 네 가지 유언 중 하나가 "독립운동을 하면서 여자들의 고생이 심했다. 여성을 대할 때 보통으로 대하지 말고 무겁게 대하라"였다.

'임정둥이'라는 별명이 붙은 정정화의 아들 김자동은 오히려 어머니가 아버지보다 훈장 등급이 높아야 한다고 생각했다. 훈장 서훈에서조차 남편과 같은 훈장이라도 줄 수 없었던 우리 정서였을까. 1919년 10월 10일 김가진이 망명했을 때 정정화는 시아버지와 남편이 망명을 했다는 사실도 몰랐다. 며칠 시간이 지난 후 신문을 통해 김가진이 상해로 망명했다는 사실을 알게 된 정정화는 스무 살 여인의 몸으로 압록강을 혼자 넘기로 결심한다. 여행증명서도 없이 국경을 넘는 것은 위험천만한 일이었다. 친정 오라버니 정필화가 국경을 지날 수 있는 증명서를 준비해주었다. 열흘이 걸려 정확한 주소도 모르고 무작정 상해에 도착하여 한국사람 집을 물어물어 찾아간 곳이 손정도 목사 집이었다. 그렇게 시아버지와 남편을 만났다.

그러나 임시정부의 형편이란 것이 생각보다 어려웠다. 대의를 위해 일한다는 명분 때문에라도 개인의 삶의 어려움들을 묻어두고 있었지만 가족에 대한 책임도 외면할 수는 없는 일이었다. 더구나 매일 밥상을 차리는 여자 입장에서는 이대로는 더 이상 안 된다는 마음이 컸다. 그 시대의 남자들이란 집에 쌀이 떨어졌는지도 몰랐을 것이다. 정정화는 예관 신규식을 찾아 의논하여 자신이 친정에서 돈을 좀 구해오면 어떨까 의논을 했다. 김가진과 김의한의 망명 이후 시댁도 감시를 받고 있을 것이며, 친정도 큰오빠의 투옥으로 감시가 끊이지 않았기에 신규식은 반대했다. 그럼에도 반드시 귀국하여 자금을 구해오겠다는 결심을 꺾을 수가 없을 것을 안 신규식은 김가진과 의논하여 임시정부의 자금조달이라는 공식적인 임무를 주게 된다. 임시정부 비밀 연락망인 연통제聯通制를 통해 국내로 잠입하여 신규식의 조카인 신필호를 만나 도움을 받게 된다. 김가진과 신규식을 통하여 전달받은 명단의 사람들을 차례로 접촉했으나 원하는 만큼의 성과를 얻지는 못했다. 오는 과정도 험난했으나 다시 돌아가는 길도 위험하고 쉽지 않은 길이었다. 열차로 신의주까지 이동하여 늦은 밤 몇 시간을 걸어 압록강을 쪽배로 건너 며칠을 기다려 다시 배를 사흘간 타야 상해로 갈 수 있었다. 원하는 만큼의 성과는 아니었으나 젊은 여자의 몸으로 비밀리에 임무를 완수해 상해에서는 제법 화제가 되었다.

동지들의 동고동락

남편 김의한이 임시정부 27년 세월을 고스란히 그림자처럼 뒷받침했다면 정정화는 그림자의 그림자처럼 그 세월을 함께했다. 그림자는 그림자가 없다. 있는 듯 없는 듯 살았다는 얘기다. 임시정부의 안살림은 혼자 도맡아 했다 해도 과언이 아니다. 임시정부의 활동을 이야기하면 등장하는 굵직굵직한 인물들이 모두 정정화가 해주는 밥을 먹지 않은 사람들이 없었다. 백범 김구는 물론이고 석오 이동녕, 예관 신규식, 성재 이시영, 일파 엄항섭, 심대섭심훈 등 이루 헤아릴 수 없다. 그녀가 대면했던 인물들의 면면도 마찬가지다. 도산 안창호를 비롯하여 약산 김원봉, 안중근의 동생들인 안공근, 안경근, 소앙 조용은 등 독립운동사에 이름을 기억할 만한 웬만한 사람들을 만나며 밥을 먹인 여인이다. 물론 정정화 혼자만 그런 삶을 살았다고 볼 수는 없다. 당시 가족들과 함께 거주하는 대다수 독립운동가의 부인들이 그런 삶을 살았다. 하지만 정정화가 임시정부의 맏며느리로, 살림꾼으로 알려진 데는 그만한 이유가 있다.

임시정부의 살림이 어려움에 처할 때마다 위험을 무릅쓰고 압록강을 다시 건너 조국으로 돌아가 자금을 마련해오는 일을 서슴지 않았다. 세 번째 국내 잠입하는 길에 압록강을 건너다 일경에 체포되어 경찰에 끌려가 취조를 받게 된다. 상해에서 독립운동에 참여하는 신분이 탄로났지만 그로 인해 오히려 심한 대우를 받지 않게 되었다고 한다. 종로서로 이송되어 친정 가족들의 도움으로 풀려나게 되었다. 임시정부를 위한 자금 모금뿐만 아니라 점점 어려워지는 상해에서의 활동에도 회의가 생겨 부모님과 미국 유학을 의논하고 허락을 받는다. 그러던 중 시아버지 김가진의 부고를 한국에서 전해 듣게 된다. 국내에서 혼자 집을 잠시 얻어 상가를 마련하고 조문을 받았다. 그때 마련된 조의금조차 조국에 남은 시댁 가족들의 생활을 위해 조금 남긴 것 외엔 임시정부의 살림살이에 모두 보태고 말았다. 이듬해 봄인 1923년 유학 자금을 마련해주겠다는 아버지의 약속을 믿고 기다렸으나, 이른 봄 친정아버지도 세상을 떠나게 되어 유학 계획에도 차질이 생겼다.

상해로 돌아온 후의 생활은 정정화의 《장강일기》에 상세히 기록되어 있다. 주먹덩이 밥을 먹지 않으면 다행이었고, 반찬이라곤 밥 넘어가게 하는 한두 가지뿐이었다. 한복을 입지 못하고 아주 헐값에 천을 사서 중국 옷을 손수 지어 입었다. 구두나 운동화는 생각도 할 수가 없어 헝겊 조각을 겹쳐 실로 누비고 신발 모양을 만들어 신고 다녔다. 그 정도도 형편이 나은 편이고 대체로 짚신을 끌고 다녔다고 한다. 백범은 많은 곳을 걸어다니다보니 그 신발조차도 닳아 떨어지고 발목 부분만 성한 채로 다닌 적도 많았다. 남경 피난 시절 성재 이시영이 구두를 한 켤레 사주었는데 제대로 신고 다니지도 못하고 아껴두었다가 해방 후까지 간직했으나 한국전쟁 와중에 잃어버렸다고 한다.

그런 생활 가운데서도 각지에서 보내주는 독립투쟁을 위한 자금은 절대 사용하지 않고 주요 일본 인사들을 처단하고 독립운동을 위해 사용했다. 백범은 임시정부 지도자로서 해외에서나 고국에서 자금이 종종 전달되어도 자신의 옷소매에 넣고는 실로 꿰매어 꺼내 쓸 수 없게 하고 다녔다. 자신의 어려운 생활에 그 돈을 사적으로라도 쓰게 될까 스스로 취한 조치였다. 한인애국단의 폭탄 제작과 무기 장만 등에는 아낌없이 비용을 썼으나 자신에게는 무척 인색했다고 정정화는 추억한다. 여기저기 다니다가 출출하면 정정화의 집으로 와 밥 좀 해달라고 하면 어떻게든 반찬거리를 마련하여 밥을 차리면 너무나 달게 먹었다고 한다. 백범도 《백범일지》에 다음과 같이 회고했다.

다른 위원들은 거의 다 가권이 있었으나 나는 아이들 둘도 다 본국 어머니께로 돌려보낸 뒤라 홀몸이었다. 그래서 나는 임시정부 정청에서 자고 돈벌이 직업을 가진 동포의 집으로 이집 저집 돌아다니면서 얻어먹었다. 동포의 직업이라 하면 전차 회사의 차표 검사원인 인스펙터가 제일 많은 직업이어서 70명가량 되었다. 나는 이들의 집으로 다니며 아침과 저녁을 빌어먹는 것이니 거지 중에 상거지였다. 다들 내 처지를 잘 알므로 누구나 내게 미운 밥은 아니 주었다고 믿는다.

정정화가 기억하는 백범의 또 다른 모습은 안중근의 동생 안공근이 말썽을 일으키고 공금을 챙겨 홍콩으로 피한 일이 있었다. 임시정부는 중경으로 옮겨가고 홍콩이 일본 손에 넘어가자 안공근은 다시 중경으로 돌아왔다. 그때 백범이 그를 만났다. 백범은 평소 50개비들이 중국 통담배를 하루에 다 피기도 했는데 그날 안공근에게 "이제 사람이 되라. 지금 이 자리서 결심을 해라. 그 대신 나도 내가 좋아하는 이 담배를 끊겠다. 너 사람이 될 때까지." 그 후로 백범이 담배 피는 모습을 볼 수 없었다 한다.

정정화가 전하는 백범의 부인 최준례의 마지막 순간도 가슴 아픈 이야기다. 백범은 부인의 마지막을 함께 지켜보지 못했다. 평소 가족들의 형편을 소상히 말하는 편도 아니었기에 잘 알려지지 않았다. 상해에서 단칸방 생활에 먹을거리조차 여의치 않은 상황을 견디며 백범의 부인 최준례는 폐결핵에 걸리게 되고 둘째 출산 이후 실족하여 크게 다쳐 거동조차 할 수 없게 되었다. 병원도 갈 형편이 아니었으나 외국인 선교회 계통의 병원에 입원하여 무료 치료를 받게 된다. 정정화는 남편과 함께 병문안을 갔는데 당시 병원이 프랑스 조계를 벗어난 지역에 있어 남편 김의환에게도 큰 위험이 뒤따르는 일이었다. 병원에 도착했을 때 이미 환자가 운명 직전이라는 소식을 들었다. 최준례에게 백범을 모셔올까 물었으나 거절했다. 독립운동가의 부인다운 선택이었다. 백범은 결국 조계 바깥으로 나오지 못하여 올 수 없었고 어머니 곽여사가 달려왔을 때는 이미 숨을 거두었고 시신도 영안실로 옮겨진 상태였다. 백범은 일곱 살 딸을 잃었고, 부인의 마지막 순간을 지켜보지 못하고 떠나보냈으며 장남도 중국 땅에서 잃었다.

1937년 중일전쟁 직후 중국 충칭은 도시가 갑자기 팽창하면서 환경오염이 심각한 지경이어서 충칭의 공기는 매우 나빴다. 여러 독립운동가들이 폐병으로 세상을 뜨는 일이 많았다. 김구의 큰 아들 김인도 폐병을 앓게 되었다. 김인의 부인 안미생은 시아버지 김구를 찾아가 당시 폐병에 특효약으로 알려진 페니실린을 맞게 해달라고 간청했다. 김구의 둘째 아들 김신은 이때의 모습을 다음과 같이 회고했다.

형님의 병세는 나아질 기미가 보이지 않았다. 마지막으로 기대를 걸어볼 것은 페니실린밖에 없었다. 그러나 일본군의 봉쇄로 물자수송이 어려워 페니실린을 구하기 힘들었고 가격도 매우 비쌌다. 형수는 아버지에게 페니실린을 구해달라고 부탁했지만 아버지는 정색을 하며 말씀하셨다. "여기 와 있는 동지 중에 그 병을 앓다 죽은 사람이 많은데, 어떻게 내 아들만 살릴 수 있단 말이냐." 형수는 아버지의 매정한 대답에 마음속으로 원망했을 것이다.

병으로 죽어가는 아들을 보면서도 공과 사를 구분하는 엄격한 원칙을 고수할 수밖에 없었던 아버지와 며느리는 어떤 심정이었을까. 정정화가 회고하기는 백범이 민족지도자로서 굳센 기품을 잃지 않았던 이면에는 가족의 죽음이라는 불행이 늘 따라다녔다고 했다. 그러나 그런 슬픔조차도 표현할 수 없었던 것이 백범의 위치였고 역할이었다.

역사의 기록들을 살펴보다보면 어떤 인물을 중심으로 설정하느냐에 따라 바라보는 시각과 서술되는 방식이 다르다. 자서전의 경우 개인의 시각과 생각이 많이 반영되어 있고, 주변 인물들이나 후세들에 의해 기록된 전기의 경우 기록을 바탕으로 하지만 역시 기억에 의존하는 경우가 많아 누가 쓰느냐에 따라 같은 장면이나 사건을 각기 다른 시각에서 기록한 경우가 많다. 정정화의 경우 여성의 시각과 임시정부의 살림꾼으로서 어쩌면 전면에 드러나 활동하는 사람들이 볼 수 없었던 배경의 이야기들을 많이 기억하고 기록한 편이다. 그나마 부인들과 자녀들의 이야기들이 전해지는 통로로 소중한 의미가 있다.

강물 위의 임시정부

상해 대한민국임시정부의 역사는 중국의 역사와 결을 같이하는 면이 있다. 모든 역사가 마찬가지겠지만 특히 대한민국의 역사는 중국과 일본의 역사와 밀접하게 연관되어 있다. 한국사를 온전히 이해하기 위해서는 가깝게는 중국, 일본, 러시아의 역사를 함께 비교 조명해야 하며, 미국과 영국, 프랑스, 독일 등 세계사의 흐름 속에서도 봐야 하는 것은 당연한 일이다. 제1, 2차 세계대전이 우리 민족의 식민지화와 해방에 미친 영향도 크다. 제1차 세계대전 이후의 전후 처리 과정에서 윌슨의 민족자결주의 원칙이 우리 민족의 독립운동에 미친 자극과 승전국들의 잔치가 우리 민족에게 남긴 명암이 짙다. 제2차 세계대전 역시 전쟁의 결과로 우리는 극적인 해방을 맞이했으나 또 다시 분단의 아픔을 겪게 되었던 일도 우리의 의사와는 무관한 세계정세의 흐름에 따라 겪게 된 아픔이었으며 지금도 그 아픔은 계속되고 있다.

당시 중국은 1927년부터 시작된 국공내전으로 중국 국민당과 중국 공산당 사이에 끊임없는 전투가 계속되고 있었다. 밖으로는 일본의 침략에 대응해야 했고 안으로는 내전에 시달리는 역사의 격랑기를 보내고 있었다. 국민당 지도자인 장제스는 항일전쟁에는 관심을 두지 않고 오로지 중국 공산당과의 전쟁에 집중하고 있었다. 1937년, 결국 항일전쟁이 더 시급하다는 중국 공산당의 방향에 동의하는 만주군벌 장학량과 부하들에 의해 장제스가 체포, 구금되는 서안사변西安事變이 일어난다. 서안사변의 결과로 장제스는 국민당과 공산당의 협력 항일전선을 구축하게 되고 일본의 대규모 공격과 함께 중일전쟁이 발발하게 된다.

임시정부는 상해에서 13년, 항주로 이전하여 3년 5개월, 전장에서 2년, 창사에서 8개월, 광주에서 3개월, 유주에서 5개월, 치장에서 1년 6개월, 충칭에서 5년까지 약 27년간을 옮겨 다녔다. 임시정부는 계속해서 밀고 들어오는 일본군을 피해 중국 국민당 정부와 함께 이동했다. 국민당 정부에서는 그 전쟁의 난리 속에서도 100여 명이 넘는 임시정부요인들과 가족들을 위한 교통편과 거주할 곳을 제공해주는 호의를 베풀었다. 정정화는 임시정부가 광주 불산佛山에 자리잡으면서부터 임시정부의 안살림을 맡게 되었다. 불산에 장기간 머물 것이라는 예상과 달리 일본군의 북진이 시작되면서 상황이 다급해졌다. 국민당 정부에서 허가해준 객차 한 칸에 100여 명의 식구들이 겨우 올라타 이동했으나 삼수에서부터는 배로 유주까지 이동해야만 했다. 100여 명이 넘는 식구들이 탈 만한 큰 목선을 빌려 앞에서 끌어주는 기선에 이끌려 강을 거슬러 올라가는 방식이었다. 약 40여 일을 목선 위에서 보내야 했다. 중간에 기선이 목선을 버려두고 도망가는 바람에 새로운 기선을 찾느라 며칠을 허비하기도 했다. 심지어 청년들이 배를 밧줄에 매고 육지에서 끌며 올라가야 하는 때도 있었다. 정정화는 이 시기를 '강물 위에 뜬 망명정부'라고 표현했다. 기차 위의 임시정부, 목선 위의 임시정부, 버스와 트럭 위의 임시정부로 거의 3년여를 이동했다. 요즘 항공편으로 한 시간 반이면 가는 거리를 3년에 걸쳐 기차와 배와 버스와 트럭으로 이동하는 삶의 고단함을 글로는 다 표현할 수 없을 것이다.

정정화는 임시정부 전체의 살림을 도맡아 했을 뿐 아니라 석오 이동녕, 성재 이시영, 동암 차리석, 신암 송병조 등 홀로 지내는 국무위원들 뒷바라지까지 해야 했기에 일이 많았다. 임시정부 살림을 위해 돈이 필요할 때마다 임시정부 비서장이었던 동암 차리석에게 필요를 이야기하고 돈을 받아야 했는데 그때마다 스스로 미안함과 참담함을 느낄 만큼 모두가 어려운 시기를 보냈다. 그렇게 중경에서 5년여의 시간을 보내며 정정화는 독립운동사의 많은 감동적인 장면을 대하기도 하는데 그 대표적인 것이 장준하를 비롯한 학도병 출신 청년 50여 명이 일본군 진영에서 탈출하여 쉬저우에서 충칭까지 6천 리, 약 2,356km를 걸어서 광복군을 찾아온 일이었다. 7개월을 걷고 또 걸으며 죽음의 고비를 수없이 넘어 조국의 품과 같은 임시정부를 찾아온 것이다.

그리고 해방! 대다수 독립운동가들의 기록은 해방을 독립이라 여기지 않는다. 일제의 식민지배로부터 놓이게 된 해방의 기쁨은 있었으나 우리 힘으로 얻은 독립이라고 여기지 않았다. 대한민국에 대한 일본의 항복을 원했지 미국과 연합국의 무력 앞에 항복하는 일본을 원했던 것이 아니었기 때문이다. 《백범일지》에 김구도 일본의 항복 소식을 기쁜 소식이라기보다는 하늘이 무너지는 듯한 일이라고 했다. 정정화는 "왜놈이 항복했다는 소식이 우리가 우리 힘으로 그 왜놈과 싸워 승리를 거두고 우리가 이겼다라고 외치는 것과는 다르다"고 생각했다. 아무 노력도 하지 않고 누워 감이 떨어지기만을 기다린 것은 아니지만 뭔가 개운치 않은 구석이 있었다고 생각했다.

우리의 독립은 과연 쟁취된 것일까? 남에게 빼앗겼던 것을 우리 손으로 도로 찾아온 것일까? 조국의 운명을 손에 거머쥔 채 고난과 역경의 이국땅에 망명한 임시정부와 함께 25년을 같이 살아온 나로서는 그런 생각이 들지 않을 수 없었다. 이름이 났건 이름이 없건 간에 그들의 의기와 그들의 피가 없었더라면 결코 8월 15일은 오지 않았을 게 틀림없다. 이날이 설사 왔더라도 살아 있는 우리가 두 손으로 곱게 맞이할 수가 없었을 것이다. 일본이 무조건 항복했다는 말을 듣는 순간에 이것을 어떻게 받아들이는 것이 옳을지 이리저리 헤아려보면서 갖가지 생각들이 꼬리에 꼬리를 물고 머릿속에서 뱅뱅 돌기는 했지만, 어쨌든 우리나라가 독립되었다는 설레고 기쁘고 벅차오르는 감정만은 속일 도리가 없었다. 그 고대하고 숨죽이며 바라던 조국의 광복이 와락 품안에 안긴 것이다.

_정정화, 《장강일기》 중에서

정정화는 임시정부 일행들과 환국을 위해 다시 상해로 돌아오는 길에 동정호 악양루에서 하루를 묵으며 임시정부의 품에서 태어나고 자란 아이들의 손을 잡고 상념에 잠겼다.

얻고 싶었던 것을 얻었고, 찾고 싶었던 것을 찾았고, 가고 싶었던 곳을 찾아가는 지금, 나는 그토록 갈망했던, 제 한 몸을 불살랐으나 결국 얻지 못하고 찾지 못한 채 중원에 몸과 함께 묻힌 수많은 영혼들을 생각해야 한다. 그들을 대신해 나라도 조국에 가서 보고를 해야만 한다. 싸웠노라고, 조국을 위해 싸웠노라고.

불혹이라는 사십의 나이에 비로소 조국의 이름을 부를 수 있었다. 조국의 이름으로 이역에서 산화한 이들을 동정호 물에 흘려보내면서 조국이 무엇인지 확연히 깨달았다. 나는 아들의 손을 꼭 움켜쥐었다. 그리고 손끝으로 말해주었다. 조국이 무엇인지 모를 때는, 그것을 위해서 죽은 사람들을 생각해보라고 그러면 조국이 무엇인지 알게 된다고.

_정정화, 《장강일기》 중에서

진정한 독립은 무엇인가?

그렇게도 독립을 원했던 임시정부요인들과 독립지사들은 해방을 독립으로 보지 않았다. 해방이 되었으나 유일하게 대한민국을 대표하고 있던 임시정부는 환국을 서둘렀다. 북쪽에는 9월에 이미 김일성이 입북했고, 10월에 이승만이 남쪽에 입국했다. 그러나 미군정은 임시정부의 환국을 쉽게 허락하지 않았다. 결국 정부요인 자격이 아닌 개인 자격 조건으로 1945년 11월 23일 환국이 허락되었다. 인원수조차도 제한하여 1차 명단에 들지 못한 사람들은 그렇게도 꿈에 그리던 조국의 품으로 돌아가는 일이 지체되기도 했다.

1945년 8월 15일 일본의 항복 소식을 듣자 귀국을 서두르기 위해 18일 임시의정원 회의를 열어 환국을 결정했으나, 임시정부의 존속 여부와 역할에 대해 좌우를 대표하는 한국독립당과 공산주의 진영 간에 의견일치를 보지 못했다. 9월 3일이 되어서야 발표된 방향성은 임시정부 환국 후 각계 대표자회의를 소집하여 과도정부를 수립하고 전국적인 선거를 통해 정식 정부를 수립한다는 계획이었다. 그러나 이미 남쪽에 진주한 미군정은 임시정부를 인정하지 않았으며 개인 자격 귀국과 미군정의 질서 확립에 협조한다는 조건을 내걸었다. 중국에서는 공산당을 대표하여 주은래가 임시정부 국무위원을 초청하여 송별연을 열어주었고, 중화민국 장제스와 부인 쑹메이링宋美齡이 임시정부 국무위원과 각계 요인들을 초청하여 환송회를 성대하게 열어주었다.

아쉬운 점이라면 당시 임시정부의 활동이 중국의 지원 하에 이루어졌다는 점이며, 장제스의 조선 독립을 위한 적극적 지지 약속에 대한 기대치가 컸었다는 점이다. 제2차 세계대전을 계기로 세계 질서는 미국과 소련 중심으로 재편되고 있었기에 국제정세를 제대로 파악하지 못한 점도 해방 후 임시정부의 활동에 걸림돌이 되었다고 볼 수 있다. 또한 미국에서 활동하던 이승만과 임시정부의 협력이 이루어지지 않았고 오히려 이승만의 독자적인 행보와 반소련 활동이 결국 통일정부 구성에 큰 걸림돌이 되었다.

그렇게 어렵게 환국한 대한민국의 상황은 혼란 그 자체였다. '남한'과 '북한'이라는 말이 신조어로 생겨난 것도 그 즈음이다. 당시 독립운동을 했던 대부분의 사람들에게 진정한 독립은 남북한이 함께 독립적 민주적 통합정부를 수립하는 일이었다. 신탁통치나 남이나 북만의 단독정부 수립은 민족의 바라는 바가 아니라는 뜻이 확고했다. 함께 독립운동을 하던 사람들조차 노선이 갈라져 나라가 분열했다. 결국 1948년 5월 10일 유엔 한국위원회의 감시 하에 남한만의 단독선거가 치러졌다. 지금까지 이어지는 분단의 시작이었다. 그런 의미에서 진정한 독립은 통일이다. 아직이 나라가 독립했다고 생각할 수 없는 이유이기도 하다. 굳이 결과만을 놓고 이야기하자면 김일성의 공산정권 수립과 적화야욕이 부른 분단의 비극이라 할 수 있다. 그러나 해방 후 국내에서 가장 영향력이 있었던 여운형과 임시정부를 통해 독립운동을 이끌어 왔던 김구가 미군정과의 협력체계를 잘 이루었더라면 또 다른 대한민국사를 써나갈 수도 있었을 것이다. '역사에 만약은 없다'라는 관점에서는 의미 없는 논의겠지만 아쉬움은 크다. 단독정부 수립이 곧 분단이 되었고 분단은 동족상잔의 비극인 한국전쟁을 낳았으며, 진영논리로 수많은 사람들이 희생되는 역사의 결과를 낳았기 때문이다. 북한 김일성 정권의 적화야욕을 막는다는 핑계로 자신들의 기득권을 지키려는 야만성을 정당화할 명분을 삼았다는 것은 그들이 누구였든 북한 정권의 수혜자라 볼 수 있다. 반공의 깃발만 들면 무엇이든지 정당화할 수 있는 시대가 열렸기 때문이다. 이데올로기가 사람의 생명을 좀먹는 시대가 열렸다. 그 좀벌레들은 지금도 박멸되지 않고 기생충처럼 이 사회 곳곳에 꿈틀대며 돌아다닌다. 진정한 독립은 소련도 미국도 아닌 우리 민족의 주체적 의사로 통일 정부를 구성하는 것이었다. 진정한 독립은 완전한 친일 청산이었다. 진정한 독립은 전제정치를 청산하고 민주정치를 실현하는 것이었다. 진정한 독립은 농민과 노동자들을 억압과 착취로부터 해방시키는 것이었다. 남한만의 단독정부 수립이 잘못된 이유는 이 중 어느 한 가지도 제대로 실현한 바가 없기 때문이다. 한반도는 분단되었으며, 친일 부역자들은 기득권을 누렸으며, 전제정치는 계속되었고, 경제적 불균형은 더 심화되었기 때문이다. 쟁취한 독립이 아니라 주어진 독립은 독립이 아니다. 아직도 우리는 국제정세로부터 독립하지 못했고 우리의 운명을 우리가 결정하지 못하는 것이 현실이다. 진정 대한민국은 자주독립국가인가?

역사의 아픔을 고스란히 품은 가족사

동농 김가진과 성엄 김의한, 그리고 수당 정정화 집안은 식민치하 독립운동을 동농이라는 어른의 울타리로, 성엄과 수당의 그림자 같은 희생으로 지속해왔다. 그럼에도 불구하고 김가진과 아들 내외, 손자, 증손녀로 이어지는 후손들의 삶의 궤적은 해방 후 대한민국이 걸어온 혼돈의 시대와 함께한다. 독립운동은 해방 후 통일운동으로 이어졌고, 그 정신을 지켜가던 이들은 반독재 민주화 운동으로 이어갔다. 김가진에서 시작하여 김의한과 정정화, 김자동, 김진현, 김선현으로 이어지는 동농 집안의 가계는 한국 근현대사의 큰 흐름을 보여준다. 김가진의 부탁을 받아 만세시위나 군자금 모집에 참여한 공로로 독립유공자 서훈을 받은 사람들이 수십 명이 넘으며, 아버지와 망명길에 오른 아들 김의한과 며느리 정정화가 독립유공자가 되었지만 정작 김가진은 독립유공자 서훈이 여러 차례 보류되고 있다.

백범은 귀국 후 혼란스러운 정국을 지나가면서 서둘렀던 일이 안중근, 윤봉길, 이봉창 의사 등 해외에서 순국한 독립투사들의 유해를 모셔 오는 일이었다. 윤봉길, 이봉창, 백정기 의사 등의 유해는 다행히 모셔올 수 있었지만, 안타깝게도 안중근 의사의 유해는 지금껏 위치조차 찾지 못하고 있다. 그러나 김가진의 유해는 묘소의 위치를 아는데도 모셔 오지 못하고 있는 상황이다. 김가진이 서거한 뒤 임시정부가 주관하여 성대하게 치르고 상해 쉬자후이공원에 모셨다. 김가진의 묘소 주위에 이후 순국한 박은식, 신규식, 노백린, 김인전, 안태국 등의 유해가 모셔졌다.

김가진의 유해를 한국으로 모셔 오기 위해서는 정부 차원의 협조가 있어야만 하는데 김가진이 독립유공자가 아닌 개인의 자격이기에 그 일이 난항을 겪고 있는 것으로 알려져 있다. 을사늑약과 한일합방에 반대하고, 독립협회와 만민공동회를 주도적으로 이끌었으며, 3·1운동에 적극 참여하고, 망명하여 임시정부 고문 역할과 북로군정서 명예고문 등으로 삶의 마지막 순간까지 노구를 이끌고 독립을 위해 희생했다. 일제의 남작 작위 수여를 적극 거부하지 않은 오점이 있다고 하더라도 '김가진 평전'을 쓰고 있는 한홍구 교수의 표현대로 "독립유공자 서훈에 '선 독립운동, 후 친일'은 결코 서훈 대상이 될 수 없지만, '선 친일, 후 독립운동'은 적극적으로 서훈하는 것을 원칙"으로 삼고 있다면 그의 서훈이 크게 문제 될 일이 없다고 본다. 일본에 의한 일방적 작위 수여가 그렇게까지 문제가 되는 일인가도 생각해봐야 할 일이다.

1922년 7월 7일, 8일자 《동아일보》에는 "일한합병 당시 귀족이 작위를 받은 자로 조선 안에서 독립을 주장한 사람은 김윤식 이용직 양씨가 있었으나 해외에 나가 위험을 무릅쓰고 활동한 사람은 오직 혼자이며 해외에 있는 독립운동의 수령으로는 가장 연고한 사람으로 조선 독립을 뜻하는 사람에게 공경을 받았으며 상해에 건너간 이후의 고생은 거의 극도에 이르러 팔십지년에 하루 한 끼를 먹지 못하여 추위가 극에 다다른 가운데 이 세상을 마쳤더라"고 동농의 삶에 대해 적고 있다.

김가진의 묘는 문화혁명 시기에 비석조차 파괴된 채로 중국에 있고, 김의한의 묘는 한국전쟁 중 납북되어 평양의 애국지사릉에 있고, 며느리 정정화의 묘는 국립대전현충원 애국지사 묘역에 있다. 대한민국임시정부와 근현대사를 함께해온 가족의 파란만장한 삶과 같이 세 사람의 묘가 한곳에 모셔지는 날이 진정한 독립의 날이며 통일의 날이 되리라 생각한다. 조국을 위해 희생한 선열들의 삶을 기억하기 위해 파손되고 묻히고 세워지지 못한 비석 하나를 세우는 일이 진정한 독립의 시작이다. 임시정부를 끝까지 지켜낸 지도자인 백범의 그림자요, 도산의 청년운동의 그림자였던 동암 차리석의 이야기로 들어가보자.

임시정부의 버팀목

동암 차리석

도산의 길을 함께 걸어간 동암

정정화가 후세들이 기억해주기를 원했던 임시정부의 인물 가운데 동암東岩 차리석車利錫, 1881~1945이 있다. 임시정부의 비서장으로 임시정부의 시작부터 마지막까지 함께했던 사람이다. 정정화는 동암의 청렴결백한 인품이 오늘에 전해지기를 진심으로 바란다고 했다. 그런 동암의 삶을 들여다보자.

동암 차리석은 평안남도 영원군 동면의 기독교 집안에서 태어났다. 차리석의 아버지 차시헌은 풍수에 밝아서인지 조선 팔도를 떠도는 일이 많았다. 그러던 중 서울에서 언더우드 선교사를 만나 기독교를 받아들이게 되고 가족들과 함께 평양으로 이주하게 된다. 그런 아버지의 영향으로 자연스레 기독교 분위기에서 자라게 된다. 1897년 미국인 선교사 배위량William M. Baird이 문을 연 숭실학당에 들어간다. 아버지 차시헌이 평양 소우물마을에 교회를 세우고 평양신학교 1기생 중 한 명인 한석진 목사를 모셔 온다. 한석진 목사는 사무엘 모펫Samuel A. Moffett 선교사가 주는 사례비를 거부할 정도로 민족의식과 주체성이 확고한 사람이었다. 한석진 목사가 독립협회 평양지회에 적극 참가하면서 동암도 자연스럽게 독립협회에 발을 들여놓게 되었다. 그곳에서 도산과의 첫 만남이 이루어진다. 1904년 평양 숭실학교를 1회로 졸업한 후 교직생활을 시작하지만 점점 기울어가는 조국의 앞날을 바로 세우기에는 역부족임을 절감한다. 그러던 중 미국을 갔다 귀국한 도산을 다시 만나 나라를 바로 세우기 위한 깊은 고민을 나누게 된다. 도산과 함께 신민회 활동에 참여하고 도산이 설립한 평양 대성학교와 청년학우회의 핵심 인물로 활동했다. 1910년 도산이 망명한 뒤에도 대성학교 청년학우회를 성실히 맡아 이끌어 갔으며 이후 평생 도산과 그 걸음을 함께한다.

차리석은 신민회 사건으로 8년형을 선고받고 3년간의 옥고를 치르고 출옥하여 교육과 다양한 측면의 독립운동에 투신하던 중 1919년 상해임시정부가 수립되자 망명을 결정한다. 상해에서 도산이 임시정부의 기관지로 발행하던 《독립신문》에 함께 일하며 한국독립당의 《상해한문上海韓聞》, 한국국민당 기관지 《한민韓民》, 그리고 《임시정부공보臨時政府公報》 등 다양한 언론활동을 펼치게 된다. 또한 동암은 도산과 함께 흥사단 원동임시위원부 위원장으로, 동명학원을 통한 민족교육과 독립운동을 위한 인재양성에 힘을 쏟았다. 원래 '흥사단興士團'은 유길준이 처음 조직한 단체의 이름이었는데 도산이 그 뜻이 좋다고 여겨 사용한 것이다. 도산이 말하는 흥사단의 '사士'는 문사文士와 무사武士를 포함한 인재양성을 뜻한다. 1920년 이광수, 주요한, 김홍서, 차리석, 안정근 등이 흥사단에 가입했는데 동암은 국내와 한인들이 거주하는 각 국가에 흥사단을 설립할 것을 제안했다.

흥사단 원동위원부가 남경에 위치하게 되면서 동암은 동명학원 설립에 힘을 많이 쏟았다. 도산을 통해 교육의 중요성을 배웠으며 국내에서 대성학교와 청년학우회, 진명여학교 등의 교육 경험과 확신이 동명학원 설립과 운영에 큰 도움이 되었다. 망명한 부모를 따라나왔든지 식민지 교육을 거부하고 독립운동에 투신하기 위하여 나왔든지 대한의 젊은이들이 배움의 기회를 얻지 못하는 것이 안타까워 시작되었다. 영어와 중국어 등 어학교육을 통해 배움의 기회를 가질 수 있는 문을 열어주고자 했다. 중학과정뿐 아니라 대학 수준에 해당되는 고등중학과를 개설했다. 1926년 화재로 학교 건물이 전소되고 미주 흥사단 본부의 지원으로 다시 문을 열었으나 재정난으로 곧 폐쇄되고 말았다.

1932년 4월 29일 상해 홍커우공원 윤봉길의 의거로 한인 독립운동가들에게 상해는 더 이상 안전한 지역이 되지 못했다. 대다수

임시정부의 요인들도 이미 상해를 떠났으나 도산은 윤봉길의 의거 소식조차 알지 못한 채 이유필의 아들 이만영과의 약속을 지키기 위해 길을 나섰다 체포되고 말았다. 안전을 보장받지 못하는 상황에서도 동암은 도산을 구명하기 위한 노력에 심혈을 기울였다. 중국과 미국 인사들의 협력을 받아서까지 최선을 다했으나 도산은 한국으로 압송되어 서대문형무소에 수감되고 말았다. 동암이 도산 구속 수감 후 흥사단원들에게 통고서를 보내 도산이 없을 때라도 더욱 도산의 정신과 가르침을 행하기를 선생이 계신 것처럼 힘쓰자고 권고한다. 그리고 도산이 사용하던 물건들을 잘 보관할 것을 부탁한다. 동암이 도산을 얼마만큼 존경하고 따랐는지는 도산 피체 이후 동암이 쓴《도산선생약사》를 보면 알 수 있다. 짧은 글이지만 도산의 출생부터 1932년 피체 당시까지의 도산의 삶을 기록한 글이다. 도산의 체포 당시의 상세한 정황으로 시작하여 그의 초년 시절 독립협회와 만민공동회 활동의 활약상, 그리고 미국 유학 시절 공립협회를 조직하여 동포를 지도하고 취학 취직을 알선해줘 동포 사회에 신망이 높았다는 내용과 귀국 후 대성학교와 신민회 활동과 망명 후 흥사단을 통한 활동과 중국에서의 임시정부 활동 등을 상세히 기록했다.

도산이 서거했을 때 동암은 〈한국혁명영수 안창호 선생 40년 혁명분투사략〉이라는 두 번째 도산의 삶을 기록한 글을 추도사 대신 썼다. 그리고 도산의 가족과 흥사단에 보낸 편지들을 보면 도산에 대한 그의 마음이 얼마나 깊은지 알 수 있다. 동암이 도산 가족과 흥사단에 보낸 편지의 내용을 소개해본다.

제 개인 생각으로는 각지에서 들어온 만장들을 모두 한곳에 모아 보관했다가 우리나라가 독립한 후에 본국에 들어가 기념관을 짓고 그 안에 여러 가지 기념될 만한 것을 전부 진열할 듯싶습니다. 그런데 이것을 안전하게 보관하는 데는 늘 쫓겨다니는 여기에서는 보관할 수가 없고 미주에 갖다 보관하는 것이 제일 안전하다고 생각하옵는데 그러하자면 운송비가 수십달라 들겠습니다. 지금 이곳에는 들어온 것만 하여도 한 상자가 잔득되고 다른 곳에서 들어온 것까지 한데 모으면 상당히 많으리라고 생각됩니다.

자신이 누릴 명예와 지위에는 도통 관심이 없는 사람이었나보다. 우리가 기억하고 기념할 만한 사람이었던 동암의 시선은 늘 다른 동지들을 향해 있었다. 동암은 정직과 청렴뿐만 아니라 덕이 있는 사람으로 알려져 있다. 거기에는 도산의 영향이 컸을 것이다. 자신을 내세우기보다는 앞장서서 일할 만한 사람들을 세워주는 마음이 그것이다. 대통령과 국무총리로 적극 추천 받았으나 자신은 내무총장도 고사 끝에 맡게 되었고 결국 노동국총판으로 임시정부의 문지기를 자처하던 도산의 인격의 향기가 동암에게도 스며들었기 때문일 것이다. 그런 동암이 임시정부와 함께 환국하지 못하고 중경에서 마지막을 맞이한 것은 참으로 슬픈 일이다.

백범의 길을 함께 걸어간 동암

임시정부 초기는 도산 안창호의 지도력을 중심으로 운영되었다. 안창호는 이승만을 대통령이나 집정관총재로 세워 미국과 연계한 더 큰 그림을 그리고자 했다. 그러나 그마저 이승만과 독립운동 방략에 일치를 보지 못하고, 이승만을 신임하지 않는 많은 국무위원들의 사퇴로 임시정부는 혼란에 빠지고 만다. 1920년 이승만이 결국 상해로 왔으나, 이승만의 신탁통치 청원과 미국교포들의 독립운동 자금을 개인적으로 사용하는 등의 문제로 반대에 부딪힌다. 이승만은 다시 미국으로 돌아가고 결국 국민대표회의를 통한 새로운 임시정부 구성 논의를 하기로 한다. 동암은 내무총장에서 사퇴한 도산과 함께 국민대표회의를 통해 임시정부의 새로운 방향을 잡아갔다. 1923년 1월부터 약 5개월에 걸쳐 국내, 상해, 서간도, 북간도, 러시아, 미국 등지의 대표자 120여 명이 모여 안창호를 임시의장으로 회의를 열었다. 김동삼을 의장으로 선출하고 본회의를 시작했으나, 임시정부를 해체하고 새롭게 조직해야 한다는 창조파와 현재 조직을 유지하면서 개편하고 보완하자는 개조파 등이 대립하게 된다.

당시 임시정부는 이른바 '외교독립론'을 주장하는 이승만 계열과 '무장투쟁론'을 주장하는 박용만 계열, '실력양성론'을 주장하는 안창호 계열로 분리 대립했고, 지역에 따라 기호파와 서북파 등으로 나뉘었다. 결국 내무총장이었던 김구는 국민대표회의 해산을 명령하고 모든 위원들은 각자 지역으로 흩어져 산발적인 독립운동을 지속하게 되었다.

이 시기가 임시정부로서 가장 어려운 시기였다. 1925년 이승만이 임시의정원에 의해 대통령에서 탄핵되었고, 2대 대통령으로 취임한 박은식은 대통령제를 국무령제로 바꾼 뒤 사임했다. 뒤이어 이상룡이 국무령으로 취임했으나 내각조직조차 되지 않아 결국 다시 서간도로 돌아가고 만다. 결국 1926년 양기탁과 안창호를 차례로 국무령으로 천거했으나 거절했고 의정원 의장이던 이동녕이 국무령을 맡게 되었다. 임시정부 수립 당시 초대 임시의정원 의장으로 임시정부 수립에 기여한 이동녕은 이후 국무총리, 국무령, 대통령대리, 주석 등 행정수반을 오래도록 맡아 10여 곳을 옮겨 다니던 시절의 임시정부를 잘 이끄는 어른 역할을 해낸다. 어려운 시기의 책임을 맡아오던 석오는 1940년 3월 13일 사천성 기강에서 과로로 영면하여 임시정부 국장으로 모시고 광복 후 유해가 봉환되어 효창공원에 안장되었다.

이 모든 시기에 동암은 말없이 자신의 역할을 하며 지켜야 할 자리를 지킨 사람이다. 심지어 의정원 의원으로 활동한 10여 년간 국무위원에 한 번도 피선된 적이 없었다. 1932년 처음으로 피선되었다가 전임자의 임기 계산 착오로 무효가 되기도 했으나 불만이 없었다. 이 시기는 대다수 독립운동가들로부터 임시정부가 외면당하던 시기였다. 임시정부 폐지 주장까지 일어나며 존폐의 위기에 놓였었다. '한국대일전선통일동맹'이 결성되면서 단일당 운동이 일어나며 임시정부 폐지 목소리가 높아졌다. 1935년 4월 8일 항주에서 포고문을 발표하고 임시정부를 중심으로 독립운동의 역량을 모아야 함을 강조했지만 양기탁, 김규식, 조소앙, 유동열 등의 국무위원들이 사퇴하고 단일당 운동에 참여하면서 동암과 몇 사람만 남게 된 상황을 맞았다. 이때 김구가 임시정부 지지를 선언하며 이동녕, 이시영, 조성환, 조완구 등을 국무위원으로 선출하고 국무회의 주석 이동녕, 내무장 조완구, 외무장 김구, 재무장 송병조, 군무장 조성환, 법무장 이시영, 비서장 차리석 등으로 조직을 재정비한다. 임시정부를 떠난 수많은 인물들이 이합집산을 거듭하며 이런저런 정당들을 창당하고 결별하고 다른 이름으로 재창당하는 혼란기가 한동안 계속될 동안 동암은 송병조와 함께 백범과 연대하여 임시정부를 다시 일으키는 역할을 한다. '임시정부의 버팀목'이라는 별칭이 그냥 붙은 것은 아니다.

1938년 후반 중일전쟁이 지속되면서 중국 측에서 한국의 독립운동세력과 항일전선에 협력하려는 의도를 드러내자 각 당은 통합해야 할 필요를 느끼게 된다. 당시 독립운동 정당들은 김구를 중심으로 한 '한국국민당', 조소앙의 '한국독립당'과 이청천 중심의 '조선혁명당' 등이 연합한 '한국광복운동단체연합회'와 김원봉을 중심으로 한 '조선민족혁명단', 김성숙을 중심으로 한 '조선민족해방동맹', 유자명 중심의 '조선혁명자연맹', 신익희가 중심이 된 '조선청년전위동맹'이 연합한 '조선민족전선연맹'이 양대 산맥을 이루고 있었다. 1939년 김구와 김원봉이 양 진영을 대표하여 7당 통일회의를 열었으나 결국 결렬되고 만다. 그럼에도 불구하고 1940년 5월 민족주의 계열의 3당이 임시정부와 함께하는 정당으로 통합하여 '한국독립당'을 결성한다.

1940년 이후 중경 시절 임시정부는 더욱 굳건하게 자리잡아간다. 결국 좌파 진영 4개 정당도 임시정부에 합류하기 시작했고 한국독립당과 통합협상을 추진한다. 1942년에 조선의용대 본대가 광복군에 합류하고 김원봉이 광복군 부사령관 겸 1지대장으로 취임했다. 임시정부 20년 역사에 최초로 좌우 합작을 통한 통합정부 구성에 성공한 것이다. 이념을 뛰어넘어 독립이라는 최고의 민족적 과제를 성취하기 위해 협력하게 된 것이다. 지난한 과정을 지나왔으나 이 시간들이 오늘 우리가 가야 할 길에도 지침이 된다고 하겠다. 남북의 대화와 하나 되기 위한 크고 작은 노력들이 때론 실패한다 할지라도 계속해야 할 역사적 이유다.

한 지역에서 짧게는 한 달, 길게는 반년 남짓 머무르다 이동하는 임시정부의 행군 중에서도 동암은《임시정부공보》를 끊임없이 발행하여 소식을 알렸다. 1940년 기강에서 중경으로 이전하면서 임시정부는 비로소 정부의 모습을 제대로 갖추고 대한민국임시약헌으로 유지되고 있는 헌법을 다듬는 작업을 주도하여 대한민국임시정부헌장을 완성했다. 임시정부 의정원의 기능과 내각 수반인 주석의 권한을 강화했다. 김구가 임시정부의 주석으로 지도력을 발휘하고 독립운동의 실질적 지도자로 자리매김하는 데는 동암의 숨은 역할이 결정적이었다.

그토록 기다리던 해방이 찾아왔다. 그러나 광복이 되면 당연히 달려갈 수 있을 것이라 여겼던 조국에 미국과 소련이 들어와 길을 막았다. 결국 미군정과 오랜 줄다리기 끝에 귀국을 허락받았다. 임시정부의 향후 방향을 밝힌 임시정부 당면정책 14개 조항이 임시정부의 비서장으로 그가 수행한 마지막 일이 되었다. 임시정부 환국 준비로 몸을 돌볼 겨를이 없었던 그는 1945년 9월 5일 임시정부 청사에서 쓰러진다. 병원에 누워 "아직도 할 일이 많은데 여기서 죽는구나"라며 통곡하자 백범도 함께 울었다고 한다.

임시정부의 파수꾼, 살림꾼, 버팀목

해방을 맞아 조국으로 돌아온 백범이 시급하게 생각했던 일은 독립운동 과정에서 해외에서 순국한 동지들의 유해를 봉환하는 일이었다. 1946년 일본에서 윤봉길, 이봉창 의사의 유골을 봉환, 효창원에 봉안한 백범은 1948년 중국에 묻힌 동암 차리석과 석오 이동녕의 유해를 모셔 왔다. 석오와 동암의 장례는 서울 휘문중학교에서 이시영 부통령, 이범석 국무총리, 신익희 국회의장 등 정부요인이 참석한 가운데 사회장으로 치러졌다. 장례에 앞서 3개월이 넘도록 동암의 유해는 백범의 숙소인 경교장京橋莊에 안치됐는데 그 이유는 서북 출신인 동암이 돌아갈 곳도 없었지만 백범이 누구보다 아끼는 후배 동지였기 때문이다. 백범이 중국내 독립운동가 중에서 석오 이동녕과 동암 차리석을 가장 먼저 챙겼다고 한다. 석오 이동녕은 임시정부 국무총리와 의정원 원장 등을 역임했기에 어느 정도 알려진 인물이지만 반면 동암은 많은 사람들에게 낯선 이름이다. 임시정부 시작부터 27년을 함께하면서도 내세울 만한 국무위원직에 선출된 적도 없다. 임시정부에서 그가 맡았던 직책은 임시정부 비서장과 한 차례 선출되었다가 무효가 된 국무위원 정도였다. 임시정부에서 동암의 존재는 그림자와 같았으나 그림자처럼 언제나 임시정부가 있는 곳이면 그곳에 있는 존재였다. 도산의 기념관을 생각하던 동암에겐 기념관 하나 없다. 자신의 생명을 다 바친 중국 땅에 옛 무덤 표지석 하나도 제대로 남아 있지 않다. 중국 중경시 남안구에는 백범의 어머니 곽낙원, 큰아들 김인의 묘지와 임시정부요인이었던 송병조와 차리석 등의 묘와 조선의용대 대원들의 묘가 10~20여 기 있었다. 현재는 쓰레기종합처리장이 옆에 생기면서 흔적조차 찾을 수 없게 되었다.

동암 차리석은 임시정부와 연관된 가장 많은 수식어를 가진 사람이 아닐까 싶다. 임시정부 수립에서 해방까지 27년간 임시정부의 살림을 맡았기 때문에 '임시정부의 살림꾼'이라 불렀다. 정정화가 임시정부의 안살림꾼이라면 동암은 임시정부 전체의 살림을 책임 맡은 살림꾼이었다. 그를 '임시정부의 파수꾼' '임시정부의 살림꾼' 그리고 '임시정부의 버팀목'이라고 부르는 일에 누구도 이의를 제기하지 않는 것은 그의 삶이 곧 그 증거이기 때문이다. 무명 두루마기 두 벌만으로 27년 세월을 보낸 동암 차리석. 정정화는 동암의 청렴결백한 인품이 꼭 많은 사람들에게 전해지기를 원했다. 이 글이 그런 정정화의 바람을 조금이나마 실현하게 된다면 더 바랄 것이 없다. 대의를 위해 자신을 아끼지 않는 것을 희생이라 한다. 희생은 반드시 누군가를 살아나게 한다. 그림자처럼 일하는 이들은 양지에 드러나 있는 빛을 직접적으로 받는 존재들을 위해 희생한다. 때론 아무도 기억하지 않는다. 그럼에도 불구하고 그들이 없이는 빛을 받는 존재들도 허상이다. 허상에는 그림자가 없다.

역사를 품고 곳곳에 서 있는 비석들은 그림자와 같다. 드러나지 않고 소리를 내지도 않는다. 세워진 자리에서 온갖 풍상을 맞으며 때론 깨어져 나가기도 하고 쓰러지기도 한다. 파묻혀 보이지 않는 비석도 많을 것이다. 인간은 묻혀 썩어도 비석은 묻혀도 썩지 않는다. 오랜 시간이 지난 후에도 자기 몸에 새긴 역사는 간직하고 있다. 때론 낡고 깨어져 나가고 이끼가 낀 오래된 비석 하나 앞에서 쉽게 발걸음을 떼지 못하는 이유다. 그것이 겪고 지나온 세월을 더듬어보면 시간 가는 줄 모른다. 쉽게 잊는 인간보다 낫다. '역사를 잊은 민족에게 미래는 없다'고 하지만 인간은 망각의 동물이다. 그래서 비석 하나가 소중한가보다.

한국에 모셔진 차리석 묘소와 영정이 있는 효창공원에 또 다른 비석들이 대한민국을 굽어보며 서 있다. 아직 유해를 찾지 못한 안중근 의사와 임시정부와 함께 활동했던 삼의사들인 이봉창, 윤봉길, 백정기 의사의 묘다. 그들의 비석 이야기를 들어보자.

만국공묘(송경령능원)

위치 | 상하이 창닝구 송원로21호

임시정부요인들의 무덤이 있었던 곳으로 지금도 다수의 묘지 표지석이 남아 있다. 임시정부 청사와 함께 꼭 방문해봐야 할 상해의 한국 독립운동 유적지다.

임시정부 파리위원부 청사

위치 | 38 Rue de Châteaudun, Paris, France

1919~1920년 김규식이 임시정부의 외무총장 겸 파리위원부 자격으로 활동했던 곳이다. 파리 중심부에 있으니 여행 중 방문해보면 좋다.

▼ 동암 차리석 무덤

위치 | 서울시 용산구 효창동 효창공원

백범기념관과 함께 백범 부부의 묘소와 삼의사 묘 등이 함께 있는 독립운동가들의 마음을 넘치게 느낄 수 있는 아름다우면서도 묵직한 감상을 전해주는 곳이다. 가족들이 함께 가기에도 좋은 곳이다.

백운장

위치 | 서울시 종로구 자하문로36길 16-14

현재 자하문 터널 우측 몰몬교로 알려진 예수그리스도후기성도교회와 청운벽산빌리지를 아우르는 터가 김가진 일가가 거주했던 백운장이었다. 일제시대에 집 소유권이 동양척식회사에 넘어가 사직동을 거쳐 체부동 86번지(지금의 토속촌 삼계탕)로 이사한 뒤 망명한다.

백운동 계곡에 있는 백운동천이라는 김가진의 글씨와 독립문에 새겨진 김가진의 글씨 등도 함께 보면 좋다.

수당 정정화 무덤

위치 | 대전시 유성구 갑동 산23-1 국립대전현충원

남편 성엄 김의한의 무덤은 북한 평양 애국열사릉에 있다. 시아버지의 묘는 중국 상해에 있다. 세 사람의 묘가 한 자리에 모이는 날이면 대한민국이 통일된 이후가 아닐까 기대해 보는 마음으로 걸어볼 만하다.

4장

/

비석만 세워놓아도 세상을 떨게 할 삼의사묘역

대한 의병

안중근

내 뼈를 하얼빈공원 곁에 묻었다가

하얼빈 시내 중심부에 자오린공원兆麟公園이 있다. 1900년에 조성된 하얼빈 최초의 공원이다. 원래 이름은 다오리공원道里公園이었는데 중국의 유명한 항일운동가 리자오린李兆麟 장군의 유해를 안장하며 기념하기 위해 조린공원으로 개명했다. 안중근이 남긴 유언에 자신이 죽은 뒤에 뼈를 '하얼빈공원지금의 자오린공원' 곁에 묻어두었다가 국권이 회복되면 고국으로 반장해달라는 부탁이 있었다.

그러나 이 일은 이루어지지 않았다. 하얼빈 역에서 그리 멀지 않은 곳이었고 마지막으로 의거 동지인 우덕순, 유동하와 함께 사진을 찍은 사진관이 공원 근처에 있었다고 한다. 지금 자오린공원에는 안중근 의사의 유묵을 새긴 비석 하나가 공원 입구로 들어가면 왼쪽 잔디밭 중앙에 서 있다. 그가 마지막으로 남긴 글씨인 '청초당靑草塘'과 '연지硯池'라는 글이 새겨져 있다.

안중근安重根, 1879~1910은 황해도 해주 광석동에서 안태훈과 조마리아 사이에 3남 1녀 중 장남으로 태어났다. 아버지 안태훈은 백범과 동학운동 기간에 인연을 맺어 후일 백범과 가족들이 청계동 안진사 집으로 이주해와 신세를 많이 졌다. 안중근과 백범이 개인적으로 특별한 인연을 맺은 흔적은 서로의 기록에서 보이지 않으나 안중근 의거 후 백범은 임시정부로 찾아온 안 의사의 가족들을 극진히 돌보았다. 온 가족이 독실한 천주교신자로 살았는데 거기에는 이유가 있다. 동학군과의 전투에서 얻은 전리품 가운데 군량미 1천여 포대가 있었다. 해가 지난 뒤 그 곡식의 주인이 탁지부 대신 어윤중과 전 선혜청 당상 민영준의 것이라며 돌려달라는 것이다. 안태훈이 거절하자 두 사람이 황제에게, 안태훈이 반역을 꾀하고 있다고 무고하여 군대를 파견하려 했다. 안태훈이 법에 호소하여 몇 차례 재판을 했으나 결론이 나지 않았다. 어윤중이 아관파천俄館播遷, 1896년 2월 11일 친러 세력과 러시아 공사가 공모하여 비밀리에 고종을 러시아 공사관으로 옮긴 사건으로 갑자기 죽자 민영준이 다시 안태훈을 해치려 했다. 결국 프랑스 천주교당으로 몸을 피해 몇 달간 숨어 지내게 되었는데 그곳에서 강론을 듣고 성서도 읽으며 천주교인이 되었다.

안중근은 자서전《안응칠역사安應七歷史》에 자신의 젊은 날에 즐겨하던 네 가지 일을 적어놓았다.

그때 내 나이 17, 18세쯤이라. 나이는 젊고 힘은 세고 기골이 빼어나 남에게 뒤지지 않았다. 평생 특성으로 즐겨하던 일이 네 가지가 있었으니,

첫째는 친구와 의를 맺는 것이요 親友結義

둘째는 술 마시고 노래하고 춤추는 것이요 飮酒歌舞

셋째는 총으로 사냥하는 것이요 銃砲狩獵

넷째는 날쌘 말을 타고 달리는 것이었다 騎馳駿馬

그래서 멀고 가까운 것을 가리지 않고 만일 의협심 있는, 사나이다운 사람이 어디서 산다는 말만 들으면, 언제나 총을 지니고 말을 달려 찾아갔다 그래서 과연 그가 동지가 될 만하면 의분이 복받치어 한탄스런 이야기로 토론하고 유쾌하게 실컷 술을 마시고서 취한 뒤에는 혹 노래도 하고 혹 춤도 추고 혹 기생방에서 놀기도 했다.

1897년 빌렘 신부에게 영세를 받고 천주교에 입문했고 그 후로 천주교 전도 활동에 적극 참여하며 국민을 계몽하고 교육하기 위한 대학 설립에 대한 꿈을 가지기도 했다. 아이러니하게도 안중근이 대학과 같은 교육기관에 뜻을 두게 된 원인은 황해도에 천주교의 교세는 날로 확장되는데, 교인들이 공부가 짧아 교리를 가르치는 일에 어려움이 많았기 때문이다. 홍 신부빌렘 신부와 함께 서울의 민 주교뮈텔 주교에게 학식 있는 몇 사람의 수사를 초청해서 재능 있

는 자녀들을 교육시킨다면 수십 년이 지나지 않아 큰 효과가 있을 것이라 청했다. 이때 민 주교가 대답하기를 "한국인이 학문이 있게 되면 교 믿는 일에 오히려 좋지 않을 것"이라고 거절하는 것을 보며 안중근은 결심한다. "교의 진리를 믿을지언정, 외국인의 심정은 믿을 것이 못 된다"라고 했다. 그는 더 이상 프랑스어도 배우지 않게 된다. 1905년 러일전쟁이 끝나고 이토 히로부미가 한국으로 건너와 을사조약을 강제로 체결한다. 일제의 만행에 분개한 안중근은 가족들을 해외로 옮겨놓고 항일투쟁을 하겠다는 뜻을 품고 산동성을 돌아보고 상해에 도착한다. 그러나 상해에서 여러 유력하다는 한인들을 만나 독립운동에 대해 뜻을 나누었으나 오히려 무관심만 확인해야 했다. 어느 날 천주교당에 가서 기도를 드리고 나오다 일전 황해도에서 만난 적이 있던 곽 신부라는 프랑스 신부를 만나게 된다. 대화를 나누던 중 가족들을 외국으로 이주시키고 해외 동포들과 함께 기회가 오기를 기다려 의거를 일으켜 뜻을 이루고자 한다고 하자 곽 신부는 다른 방향의 조언을 해준다. 모두가 나라를 떠나면 오히려 원수가 원하는 바를 내어주는 것과 같으니, 본국으로 돌아가 교육을 발달시키고, 사회를 확장시키고, 민심을 단합하게 하고, 실력을 양성하여 때를 기다리라고 조언한다.

이른바 한 지아비의 마음도 뺏지 못한다고 하거늘, 하물며 2천만 사람의 정신의 힘이겠는가. 그렇게 하면 강토를 빼앗겼다는 것도 형식상으로 된 것일 뿐이요. 조약을 강제로 맺었다는 것도 종이 위에 석힌 빈문서라 허사로 돌아가고 말 것이다.

_안중근, 《안응칠역사》 중에서

이 말을 옳게 여긴 안중근은 1905년 12월 상해에서 진남포로 돌아와 전 재산을 투자하여 두 곳에 삼흥학교와 돈의학교를 세운다. 사람을 키워 미래를 준비하고자 했던 것이다. 국채보상운동에도 온 가족이 참여하며 국내에서 할 수 있는 최선의 노력을 다한다. 그러나 1907년 이토 히로부미가 한국에 와서 정미7조약을 강제로 맺고 고종황제를 강제 퇴위시키고, 군대를 해산시켰다. 의병들이 곳곳에서 일어나 전국적 항쟁을 벌이는 시기에 안중근은 간도와 연해주 지역의 소식을 들은터라 국외 망명을 결심한다. 그의 나이 스물아홉 때의 일이다.

의리 없는 귀신은 되지 말라

북간도에 들어가 그곳 교민과 뜻을 모아보려 했으나 이미 그곳까지 일본 군인들이 들어와 있어 활동이 어려운 상황이었다. 결국 엔치야를 거쳐 블라디보스토크로 들어간다. 연해주로 들어간 안중근은 교민에게 조국이 어려울 때 외면해서는 안 되며 힘을 모아 의병을 일으켜 스스로 힘으로 국권을 회복해야 함을 강조했다. 안중근의 연설에는 힘이 있어 많은 사람들이 찾아오고 자금을 지원하여 수백 명의 의병을 일으킬 수 있었다. 그가 기록한 연설문은 해외에 거주하는 이민자들의 마음을 움직이기에 충분했다.

여러분! 여러분! 깊이 생각들 하십시오. 여러분이 조국을 잊었습니까, 아닙니까. 선조의 백골을 잊었습니까. 아닙니까. 친척과 일가들을 잊었습니까. 아닙니까. 만일 잊어버리지 않았다면 이같이 위급해서 죽느냐 사느냐 하는 때를 당해서 분발하고 크게 깨달으십시오. 뿌리 없는 나무가 어디서 날 것이며, 나라 없는 백성이 어디서 살 것입니까. 만일 여러분이 외국에서 산다하여 조국에 무관심하고 전혀 돌보지 않는 것을 이곳 아라사 사람들이 알면 틀림없이 "한국 사람들은 조국도 모르고 동족도 모르니 어찌 외국을 도울 리 있으며 다른 종족을 사랑할 리가 있겠는가. 이같이 무익한 인종은 쓸데가 없다" 하고 여론이 들끓어, 멀지 않아 반드시 아라사 국경 밖으로 쫓겨날 것이 분명하외다.

그렇게 모여든 의병 200여 명을 이끌고 두만강을 넘어 일본군과 여러 차례 교전하며 적을 사살하고 포로로 잡는 성과를 올렸으나 결과적으로는 참패하고 도망하는 신세가 된다. 몇 번의 전투에서 사로잡은 일본군 포로들을 국제공법에 따라 풀어주어 내부에 논란이 일었다. 정규군대 훈련을 받지 못한 부대였기에 공격을 받으면 뿔뿔이 흩어지기 바빴다. 결국 전투에서 참패하고 안중근과 몇몇 동지들은 겨우 목숨만 부지하여 연해주로 귀환한다. 부하들을 모두 잃은 패전으로 실의에 빠져 있던 안중근은 동지들에게 시한 수를 읊어주며 서로 마음을 다잡았다.

사나이 뜻을 품고 나라 밖에 나왔다가 男兒有志出洋外
큰 일을 못 이루고 몸 두기 어려워라 事不入謀難處身
바라건대 동포들아 죽기를 맹세하고 望須同抱誓流血
세상에 의리 없는 귀신은 되지 말지어다 莫作世間無義神

몸을 추스르는 시간을 가진 뒤 안중근은 동지 12인과 함께 엔치야로 돌아와 단지 동맹을 맺는다. 지금의 크라스키노라는 지역이다. 12명 모두가 왼손 약지를 끊어 그 피로 태극기 앞면에 '대한독립' 네 글자를 썼다. 대한독립만세를 함께 외치고 조국을 찾는 일에 목숨을 바치기로 다짐하고는 헤어졌다. 그 열두 명의 명단은 확실하게 파악되지 않고 있다. 여러 이유가 있겠으나 모두의 안전을 위해 안중근이 이름을 바꿔 진술하고 매번 다른 이름들을 이야기함으로써 정확한 판단이 어렵게 된 점은 아쉽다. 크라스키노 단지동맹 기념비가 있는 곳에 가면 이토 히로부미의 15개 죄목을 상징하는 15개의 돌과 약지가 잘려나간 왼손바닥이 선명하게 돌에 새겨져 있다. 집안에 세워져 있는 고구려의 기상을 상징하는 광개토대왕비처럼 발해의 옛 땅에 우뚝 서 있는 웬만한 사람 키 두 배가 넘는 단지동맹 기념비를 보게 된다. 인가人家 하나 없는 허허벌판에 세워진 비석 하나지만 이 결의 이후 이토 히로부미를 처단하는 의거를 실행하는 안중근 의사의 굳은 결의와 손가락 한 마디가 아닌 자신을 아낌없이 조국 독립의 제단에 바치려는 결기가 느껴져 마음을 다잡게 된다. 탁 트인 발해 옛 벌판만큼이나 웅대한 기상을 품었던 안중근 의사를 잘 표현해주는 역사의 현장이다.

대한국 의병 참모중장 안중근

블라디보스토크로 돌아온 안중근에게 들려온 기쁜 소식이 있었다. 이토 히로부미가 가까운 시일 내에 하얼빈을 방문한다는 것이었다. 안중근은 늙은 도적을 잡을 수 있는 기회가 왔다고 누구보다 기뻐했다. 동지 우덕순, 유동하, 조도선과 함께 치밀하게 거사를 준비해나갔다. 안중근은 당시의 심정을 〈장부가〉로 표현했다.

장부가 세상에 처함이여 그 뜻이 크도다
때가 영웅을 지음이여 영웅이 때를 지으리로다
천하를 웅시함이여 어느 날에 업을 이루고
동풍이 점점 차가운데 장사의 의기가 뜨겁도다
분개히 한번 감이여 반드시 목적을 이루리로다
쥐도적 이등이여 어찌 즐겨 목숨을 비길고
어찌 이에 이를 줄을 헤아렸으리오 사세가 고연하도다
동포 동포여 속히 대업을 이룰지어다
만세 만세여 대한 독립이로다
만세 만만세여 대한 동포로다

우덕순도 〈거의가〉를 지어 화답했다. 세 사람의 동지들이 없었으면 이뤄낼 수 없었던 거사였다. 안중근은 침착하고 세밀하게 준비 작업을 진행했다. 하얼빈 역사 내 찻집에 앉아 이토가 도착하기만을 기다리고 있었다. 1909년 10월 26일 오전 9시경 드디어 조선총독부 초대 통감을 지낸 이토 히로부미를 태운 열차가 하얼빈 역사 안으로 들어왔다. 러시아 재무대신 코코프체프의 안내를 받으며 의장부 사열을 받는 이토가 자기 앞으로 다가오자 권총을 발포했다. 이토가 쓰러졌다. 연이어 방아쇠를 당기고는 혹시 다른 이를 쏘는 실수를 했을까 염려하여 주변의 인물들에게도 각각 총알을 한 발씩 더 발사했다. 그리고 "코레아 우라!대한 만세!"를 외치는 중에 러시아 헌병대에 잡혔다. 그 후 일본 영사관으로 넘겨져 신문을 받는다. 자신이 무고한 사람을 살해한 것이 아니라 대한국 의병 참모중장으로 적국과의 전쟁 중 임무를 수행한 것임을 강조했다. 그리고 이토의 15가지 죄목을 조목조목 이야기하자 검찰관조차도 놀라 '당신은 참으로 동양의 의사'라고 말했다고 한다. 이토의 15가지 죄목을 옮겨본다.

1. 한국 명성황후를 시해한 죄요
2. 한국 황제를 폐위시킨 죄요
3. 5조약과 7조약을 강제로 체결한 죄요
4. 무고한 한국인들을 학살한 죄요
5. 정권을 강제로 뺏은 죄요
6. 철도, 광산, 산림, 천택을 마음대로 빼앗은 죄요

7. 제일은행권 지폐를 발행 마음대로 사용한 죄요
8. 군대를 해산시킨 죄요
9. 교육을 방해하고 신문 읽는 걸 금지시킨 죄요
10. 한국인들의 외국유학을 금지시킨 죄요
11. 교과서를 압수하여 불태워버린 죄요
12. 한국인이 일본인의 보호를 받고자 한다고 세계에 거짓말을 퍼뜨린 죄요
13. 현재 한국과 일본 사이에 분쟁이 쉬지 않고 살육이 끊이지 않는데, 한국이 태평무사한 것처럼 위로 천황을 속인 죄요
14. 동양평화를 깨뜨린 죄요
15. 일본 현 천황의 아버지 고메이 선제를 죽인 죄

우덕순, 조도선, 유동하, 정대호, 김성옥 등과 함께 뤼순旅順으로 옮겨진 후에도 검찰관들은 안중근을 후대했다. 심문을 마치면 담배도 태우며 서로 토론도 했고, 매주 목욕을 시켜주고 하루 두 번씩 각국의 고급 담배와 과자와 차도 넉넉히 주었다. 매 끼니에 좋은 쌀밥을 주었고 내복과 솜이불과 다양한 과일도 하루 몇 차례씩 주었다고 한다. 일본인 통역관과 검찰관도 닭과 담배 등을 사 넣어줄 정도로 특별한 대우를 받았다. 그러나 11월 즈음부터 자신을 심문하던 검찰관의 말과 태도가 완전히 바뀐 것을 보며 자신의 운명을 결정할 재판을 둘러싸고 기류의 변화가 있음을 알아챘다. 이후로 서둘러 재판이 진행되었고 그들은 사형을 언도하기 위해 안달난 사람들처럼 보였다. 안중근이 사형당하는 이유를 묻자 검

찰관의 대답은 이런 사람이 살아 있으면 많은 한국인들이 그 행동을 본뜰 것이라 일본인들이 두려워하고 겁이 나서 편안하게 살 도리가 없을 것이기 때문이라고 했다.

안중근은 개인으로 사람을 죽인 범죄자가 아니라고 분명히 답한다. "나는 대한국 의병 참모중장의 의무로 임무를 띠고 하얼빈에 이르러 전쟁을 일으켜 습격한 뒤 포로가 되어 이곳에 온 것이다. 뤼순 지방재판소와는 전연 관계가 없는 일이니, 만국공법과 국제공법으로 판결하는 것이 옳다." 그러나 결국 그들은 안중근에게 약속했던 '동양평화론' 저술을 마무리할 시간도 주지 않은 채 사형을 집행하고 만다. 그가 구상했던 서序, 전감前鑑, 현상現狀, 복선伏線, 문답問答 가운데 서와 전감까지 마친 후 사형이 집행되었다. 그럼에도 불구하고 그가 신문 및 재판과정에서 뚜렷하게 밝힌 내용들로 '동양평화론'의 전개 방향을 어느 정도 파악할 수 있다. 한중일 3국의 상설기구인 동양평화회의 설치, 동북아 3국 공동은행 설립, 동북아 3국 공동평화군 창설 등의 구체적인 구상들이 들어 있다. 현재 세계의 평화와 질서 유지를 위해 조직된 다양한 국제연합기구들보다 최소 50여 년 이상 앞선 구상이었다. 21세기가 된 지금 일본이 처한 상황을 보면 안중근이 119년 전 경고했던 동양평화론의 내용이 현실이 된 듯하다.

"슬프다. 그러므로 자연이 형세를 돌아보지 않고 같은 인종인 이웃나라를 해치는 자는 끝내 따돌림을 받아 혼자가 되는 재앙을 결코 피하지 못할 것이다."

일본인 간수들 가운데 안중근의 태도와 생각에 감동하여 그를

존경하게 된 사람들이 있었다. 1909년 10월 26일 안 의사가 이토를 저격할 당시 만주철도 이사였던 다나카 세이지로는 수행원 겸 통역사로 이토와 함께 있던 중 안 의사가 쏜 총알을 맞았다. 1984년 일본 기업인 안도 도요로쿠는《한국 내 마음의 고향韓國わが心の故里》이라는 회고록을 출간했는데 그중 '안중근은 민중의 마음'이라는 장에 다나카의 이야기가 소개되어 있다. 책에 따르면 다나카가 기억하는 안중근의 모습은 "그때의 안중근의 늠름한 모습과 유연한 언행, 달려든 헌병이나 경찰에게 총알이 아직 한 알 있음을 주의시키는 태도 등은 그의 인격의 높이를 그대로 나타내고 있었으며, 이제까지 다나카 씨가 본 것 중에 최고였다"고 회상한다. 저자가 "당신이 이제까지 만난 세계의 여러 사람 중 일본인을 포함해 누가 가장 훌륭하다고 생각하느냐"라고 묻자 다나카는 일언지하에 "안중근"이라고 말했다. "유감이지만"이란 한마디를 덧붙이고.

관동군의 상병으로 헌병이었던 치바 토시치는 안중근이 수감된 뤼순감옥의 안중근 담당 간수였다. 치바는 안중근의 인물됨을 가장 가까이서 지켜본 일본인이었다. 처음에 치바는 일본의 영웅 이토를 살해한 안중근에게 적대감을 품고 있었다. 이토는 당시 일본의 영웅과도 같았기 때문이다. 그러나 안중근의 확고한 신념과 당당한 자세, 그리고 품위 있는 언행이 치바의 마음을 점차 변화시켰다. 심지어 그는 일본을 대신하여 사과하기도 했다. 그는 사형 집행을 앞두고 안중근에게 글을 부탁한다. "위국헌신군인본분爲國獻身軍人本分". 나라가 위급할 때 헌신하는 것이 군인의 본분이라는 뜻이다. 그럼에도 불구하고 안중근을 감시하는 자리에 있음을 괴로워 하는 치바를 위로하는 글이기도 했다. 군인으로서의 본분을 다하는 그를 이해한다는 뜻이리라. 안중근의 죽음을 지켜본 치바는 군인의 신분을 버리고 고향으로 돌아가 철도원으로 평생을 보낸다. 고향집에서 1944년 사망할 때 그는 안 의사의 유묵을 가보로 삼고 조석으로 그의 위패를 모시라는 유언을 가족에게 남긴다. 그의 가족들은 그를 안중근의 위패와 함께 미야기현 다이린지사大林寺에 모시고 아침저녁으로 참배했다. 다이린지사의 사이토 다이켄 주지스님도 안중근에게 매료되어 마을 사람들을 설득하여 안중근의 휘호를 새긴 기념비를 세우고 매년 안 의사 추도식을 개최하여 안 의사의 정신과 업적을 기리고 있다. 사이토 다이켄 주지는 한국인을 숭모하는 자신을 공격하는 사람들에게 설명하기 위하여 안중근의 삶을 연구한 책 《내 마음의 안중근》1994를 출간했다.

두려움으로 시신조차 내주지 못한 일본

나는 한국 독립을 회복하고 동양평화를 유지하기 위하여 3년간 해외에서 풍찬노숙風餐露宿하다가 마침내 그 목적에 도달하지 못하고 이 땅에서 죽는다. 그러니 오직 우리 2천만 형제자매는 각자 분발하여 학문을 면려하고 실업을 진흥하며 나의 유지를 계승하여 자유 독립을 회복하면, 죽은 자가 유감이 없을 것이다.

안중근이 2천만 동포에게 남긴 유언이다. 안중근을 테러리스트로 폄하하는 일본인들이 있다. 반증은 안중근의 옥중유고와 같은 동양평화론이다. 그가 추구했던 것은 폭력이 아니라 평화였다. 한반도 전체에 테러를 가한 일본과 그 우두머리였던 이토를 제거함으로써 한민족의 평화를 다시 되찾고 싶었을 뿐 아니라 한중일이 더불어 평화롭게 사는 길을 고민했던 사람이었기 때문이다. 평화를 위협하는 존재가 테러를 행하는 자이지 평화를 지키기 위한 행동을 테러라 말하지 않는다.

안중근의 사형 집행은 그가 원한 날짜와 시간과도 다르게 1910년 3월 26일 10시에 집행되었다. 마지막 유언을 묻는 순간에도 '동양의 평화'를 강조했다. 형 집행을 지켜보는 일본인 관리와 간수들에게도 동양의 평화를 위해 마음과 힘을 합해 달라고 당부했다. 안중근의 두 동생 안정근과 안공근은 형의 시신을 수습하기 위하여 기다렸으나 시신을 내주지 않겠다는 통보를 받고 예배만 허락한다고 했다. 옳지 못한 처사에 항의하며 저항했으나 형사들에게 끌려나가 대련행 기차에 태워져 마지막 예배조차 못하고 말았다. 안중근의 시신은 오후 1시 감옥의 묘지에 매장했다고 보도되었지만 위치는 누구도 알지 못했다. '여순일아감옥구지旅順日俄監獄舊址' 안중근이 순국한 감옥의 지금 명칭이다. 많은 한국 관광객들이 방문하는 곳이다. 자신들이 밟고 다니는 땅 어딘가 안중근의 유해가 묻혀 있다는 생각에 한 걸음이라도 조심스레 딛는 마음이 필요하다.

살아 안중근의 의병 활동이 일본에 준 두려움보다, 수천의 눈동자 앞에서 이토를 향해 정의의 심판을 단행했던 용기보다, 오히려 죽음을 기다리며 보인 그의 태도와 죽음이 일본에게는 더 두려웠던 것이다. 안중근의 시신조차 내어주지 못한 극한의 공포가 그들의 가슴을 옥죄었던 것이다. 아마도 안중근의 묘가 세워진다면 그것 하나만으로도 수천수만의 안중근이 일어날까봐 두려웠을 것이다.

당시 안중근 의거 후 중국 각계각층의 인사들이 보인 반응만으로도 일본은 충분히 두려웠을 것이다. 근대 중국의 정치가요 사상가였던 량치차오梁啓超는 추도글 〈추풍에 덩굴 끊어진다秋風斷藤曲〉에서 "안중근은 해와 달처럼 빛날 것이며, 사마천이 안자를 추모하듯 그대를 경중하고 세상을 떠나면 안중근의 무덤과 나란히 있기를 원한다"고 했다. 중국의 국부 쑨원은 "공은 삼한을 덮고 이름은 만국에 떨치니 백세의 삶은 아니나 죽어서 천추에 빛나리"라고 칭송했다. 상해《민우일보民吁日報》1909년 11월 13일자에는 "일본의 모 신문은 '우리나라는 이와 같은 큰 타격을 받았다. 오늘 이토 한 사람이 죽었지만 이후 700만 이토가 재생할 것이다'라고 했다. 나는 한국인을 대신하여 이 말을 이으련다. 한국은 안중근 한 사람이 죽었지만 이후 700만 안중근이 재생할 것이다. 그렇지 않으면 700만 이토를 대항할 수 없을 것이다"라고 보도했다. 일본이 두려워했던 점이 바로 이런 일일 것이다. 700만 안중근이 재생되고 일어나는 것!

효창공원 내 의열사에 독립운동가 7인의 묘역이 있다. 임시정부요인이었던 김구, 이동녕, 조성환, 차리석과 삼의사로 이봉창, 윤봉길, 백정기의 묘가 있다. 삼의사묘와 함께 아직 가묘假墓로 남아 있는 무덤 하나가 있다. 안중근 의사의 묘다. 안중근의 삶은 무덤에 묻히기보다 우리 가슴속에 묻히기를 원했나보다. 아직 주인을 찾지 못한 무덤 앞에서 그 마음을 가슴에 담아보라. 일제는 안중근의 무덤에 묘비 하나 세워지는 일조차 다른 한국인들이 그의 삶을 모방할까봐 두려워 했다. 누군가의 삶을 기억한다는 것은 어쩌면 그런 의미가 아닐까? 우리는 일본인이 두려워 했던 그의 정신을 묘 앞에서 품을 수 있는가? 우리 스스로게 되물어야 하는 질문이다.

대한 남아

윤봉길

3 · 1운동 윤봉길을 깨우다!

안중근만큼 일본이 두려워하여 시신을 함부로 다룬 대한의 젊은이가 또 있다. 윤봉길尹奉吉, 1908~1932이다. 그는 간도를 거쳐 연해주로 망명한 안중근이 의병부대를 이끌고 함경북도를 향하고 있을 무렵 태어났다. 안중근이 이토를 쏘던 1909년 10월 26일 윤봉길은 두 살이었다. 자라는 환경이 중요하다면 윤봉길이 태어나고 자란 충청남도 예산은 이미 그 조건을 두루 갖추었다. 가까운 아산의 충무공 이순신 장군의 이야기, 이웃 동네 홍성의 매죽헌 성삼문 이야기, 아랫동네 청양의 면암 최익현 이야기, 예산 출신 추사 김정희와 대원군 이야기 등에 둘러싸여 자랄 수 있었다. 특히 매죽헌 성삼문과 동향인 어머니는 성삼문의 이야기를 자주 들려주었다고 한다.

그는 큰아버지 윤경尹坰에게 5년간 한학을 수학한 뒤 11세인 1918년 덕산공립보통학교에 입학한다. 덕산공립보통학교에서의 1년 남짓한 짧은 시간은 그에게 민족의식을 일깨우는 계기가 되었다. 2학년이 되던 1919년 1월 21일 고종 황제의 갑작스런 승하 소식으로 온 나라는 슬픔에 빠졌다. 그리고 3월 1일 만세 시위로 인해 수업을 중단하고 집으로 돌아가라는 일본인 교장의 말에 저항한다. 만세 시위에 휘말렸다 다치지 않도록 집으로 가기를 권면하는 교사의 말도 소용이 없었다. 왜 만세를 부르는지, 만세를 부르면 독립이 되는지 아이들의 질문은 끝이 없었다. 대다수 학생들의 발걸음은 장터를 향했다.

"대한독립만세"의 커다란 함성을 듣는 순간 윤봉길의 속에서 무엇인가 터져 올라왔다. 그러나 흥분도 잠시 일본 경찰이 총칼로 무자비하게 군중을 진압하는 것을 보며 일제에 대한 강력한 저항의지를 굳힌다. 그는 자신들을 일본인으로 교육하는 학교에는 더 이상 다닐 이유가 없다고 생각하여, 학교를 자퇴하고 동네 서당을 다니며 스스로 공부를 시작한다. 신지식을 익히기 위해《개벽》잡지와 창간된 지 얼마되지 않은 민족신문이었던《동아일보》등을 구해서 읽어보기도 했다. 그러던 중 매곡梅谷 성주록成周錄이라는 유학자가 연 '오치서숙烏峙書塾'을 찾아 배움을 청한다. 윤봉길의 총명함을 익히 들어 알고 있던 매곡은 학문만이 아닌 깊은 인생의 길을 찾는 공부를 열어주었다. 시문에 뛰어난 소질을 보인 윤봉길이 15세에 지은 시 한 수를 지었다. 〈길 가다가 느낌 있어 짓는다〉라고 적었다.

들의 벼 반쯤 익어서
푸르고 누른 것 연해 있는데
먹이를 찾는 여러 새들
모두 앞을 다투어 날아간다.
가장 한스러움은 메마른 땅까지도
검은 착취의 손길이여,
어찌 무슨 수로 곡식을 끊고서
저 하늘로 올라갈 것이랴.
서녘 바람 홀지에 일천 산에
내리는 비 거두어버렸고,
낮 더위 아직도 찌는 듯하여
여러 골목마다 연기일레
눈으로 보기에 산과 내여,
기이하고 고운 기운 넘치기로
이 나라의 태평스런 국권은
기필코 돌아오고야 말리라.

윤봉길은 책을 읽으면 표지가 반들반들해지도록 읽었다. 매곡이 더 이상 윤봉길에게 가르칠 것이 없으니 더 좋은 선생을 모시든지 이제 가르치는 일을 해보라고 말할 정도에 이르렀다. 매곡은 제자를 강제로 떠나보내며 호를 지어 선물한다. 매헌梅軒이었다. 매곡梅谷의 '매'자와 성삼문의 호인 매죽헌梅竹軒의 '헌'자를 합쳐 '매헌'이라는 호를 지어 내렸다. 윤봉길의 길이 성삼문의 길이 될 예언과도 같은 뜻이 담긴 호였다. 그가 걸어갈 길도 지조의 길이며 사육신의 길이었다.

훗날 매곡은 해방 후 김구가 윤봉길 생가에 마련한 윤 의사 의거 14주년 기념식에 찾아와 방명록에 "대동의열사大東義烈士 윤봉길, 동반인同伴人 매곡"이라고 적었다. 자신을 윤봉길의 스승이 아니라 동문수학한 동반인으로 생각한 것이었다. 자신 역시 그로부터 많은 것을 배웠기 때문이라 했다. 윤봉길의 짧지만 뜻을 좇은 인생에 대한 존중의 표현이기도 했겠으나 매곡의 인품을 엿볼 수 있는 일화다.

농촌 계몽의 횃불을 들다

윤봉길을 각성시키는 또 다른 사건이 일어나게 된다. 길을 가던 중 한 청년이 나무 팻말을 한아름 안고 그에게 와서 글을 아는지 물었다. 그가 안고 있는 것들은 비석 대신 무덤에 세워둔 푯말들이었다. 글을 몰라 아버지의 묘소를 찾을 수 없으니 아버지 푯말을 찾아 달라는 부탁이었다. 푯말에서 아버지 이름을 찾아주었으나 그 푯말을 어디서 뽑았는지를 기억하지 못했다. 다른 사람들의 묘소까지도 찾지 못하게 되어버린 것이었다. 자신이 한 일을 깨닫고 주저앉아 통곡하는 젊은이를 보며 무지와 무식이 한이 됨을 뼈저리게 느끼게 된다. 일본을 몰아내기 위해서는 우리 민족의 무지를 먼저 추방해야 한다고 결심한다.

그는 오치서숙에서 함께 공부하던 서생들에게 자신이 겪은 일을 설명하며 우리가 실력을 쌓아 우리 힘으로 잃어버린 나라를 찾아야 함을 역설했다. 청년들과 함께 독서회를 조직하여 다양한 책들을 함께 읽으며 신학문을 연구하는 일에도 힘을 쏟았다. 특별히 한국 역사를 공부하는 일에 많은 관심을 가졌다. 문맹 퇴치를 위한 야학을 열기도 했다. 국민의 80% 이상, 마을 주민의 90% 이상이 문맹자였다. 자신의 집 사랑채를 방 두 개를 터서 교실을 만들었다. 야학의 교재로 사용하기 위하여 윤봉길은 직접 교재를 저술했는데 《농민독본》 3권이다. 제1권은 《조선글편》, 제2권은 《계몽편》, 제3권은 《농민의 앞길편》으로 구성되어 있다. 《조선글편》은 한글을 이해하도록 돕는 설명이 들어 있고, 《계몽편》에는 인사말과 격언 등 예절과 일반상식을 담았으며, 《농민의 앞길편》에서는 자주정신과 평등사상 등 사회의식에 대한 내용이 담겨 있다.

야학을 통해 문맹을 퇴치하고 의식을 개혁하는 일을 진행했으나 암울한 현실 앞에 청년들은 무기력했다. 좀더 체계적이고 큰 그림이 필요하다고 느낀 윤봉길은 다시 한 번 친구들과 함께 문맹퇴치를 넘어 농촌 마을을 혁신하는 '부흥원復興院'을 결성한다. 단지 조직만을 결성한 것이 아니라 지금 시대에 적용해도 뒤처지지 않을 만큼 개혁적인 사업을 추진하기 시작한다. 수익성 높은 작물들을 재배하여 증산운동을 펼치고, 생산 물건의 공동 구입과 공동 판매를 위한 조합을 설립했다. 국산품 애용운동을 벌여 민족 자본을 형성하고 농사 이외 부업을 장려하여 수입을 늘려가기로 했다. 마지막으로 허례허식과 같은 구태의연한 생활을 개혁해야 한다는 것이었다. 현실적으로 난관이 많은 사업들이었으나 모두의 마음이 모아져 시작되었다.

뿐만 아니라 '수암체육회'를 결성하여 체력이 곧 국력임을 강조했다. 윤봉길의 《농민독본》 제2권 《계몽편》에도 '건강한 신체에 좋은 정신이 사느니라' '세계를 움직이려거든 내 몸을 먼저 움직이라' 등의 격언들이 있다. 마을 사람들은 협력하여 동네 냇가를 운동장으로 만들었다. 운동을 통해 바른 경쟁심과 용기를 키우고, 정정당당하게 실력을 겨루며 서로간의 화합과 친선을 도모하는 일을 추진했다. 운동 전후로 모여 시국강연도 들으며 몸도 정신도 단련하는 시간을 가졌다. 야학도, 독서모임도, 부흥원과 수암체육회도 윤봉길에게는 독립운동이었고 사회개조를 통한 나라의 미래를 준비하는 일이었다. 의식의 개혁으로 평등한 세상을 꿈꾸고 도시와 농촌이 더불어 잘사는 세상을 꿈꿨다. 민족과 민족 사이에도 평등과 평화가 있기를 꿈꿨다. 그러나 그의 마음에는 언제나 더 깊은 갈망이 자리잡고 있었다. 농촌을 개혁하고 농민들을 계몽하여도 나라를 잃은 마당에 결국 무슨 소용이 있는가라는 고민이 떠나지 않았다. 이상화의 시 〈빼앗긴 들에도 봄은 오는가〉를 읽고 가슴이 파도치며 눈물을 참을 수 없었다. 잃어버린 봄을 찾기 위한 고민으로 잠을 이루지 못하는 날이 많았다. 조국의 봄을 어떻게 찾을 것인가?

장부출가생불환丈夫出家生不還

그 무렵 윤봉길은 자신을 불쑥 찾아온 한 사람을 알게 되었다. 처음에는 낯선 사람이라 경계했으나 그는 조심스럽게 자신의 신분을 밝히며 독립운동에 투신하고 있는 사람임을 밝혔다. 국내에 잠입하여 전국 각지에서 독립운동에 참여할 동지들을 찾아내 조직을 확대하는 일을 하고 있었다. 국내 상황을 정탐도 하며 군자금을 모아 보내기도 했다. 그는 윤봉길에게 국내외에서 계속되는 독립투쟁 이야기를 들려주었다. 무장투쟁하는 의사들의 의거와 독립군들의 활약상도 들려주었다. 그는 국내외 정세도 전하며 쉬운 일은 아니지만 목숨을 바쳐 그날을 찾고자 투쟁하는 동지들이 있기에 그날이 반드시 올 것이라 확신한다고 윤봉길을 격려했다. 그를 통해 단재 신채호가 쓴 '의열단 선언'이라 불리는 〈조선혁명선언〉을 읽으며 가슴이 뜨거워졌다. 더 강력한 투쟁이 필요하다는 마음이 일어났다. 3·1운동으로 어린 시절 가슴이 뜨거워졌던 민족애가 더욱 불타올랐다.

윤봉길은 그는 부흥원과 수암체육회 등 해오던 농촌부흥운동을 국권회복운동으로 연결 짓고 확대하기 위하여 월진회月進會를 조직하게 된다. 농사보다 수익이 높은 축산을 하도록 장려하여 새끼를 얻으면 또 다른 이에게 주어 모두가 함께 잘사는 길을 모색했다. 번식력이 좋은 돼지를 길러 큰 성과를 거두고 닭을 길러 달걀을 통해 수익을 증대시켰다. 책들을 구해 새로운 축산법을 연구하는 일도 게을리 하지 않았다. 공동경작과 공동나무 심기를 통한 산림 가꾸기에도 힘썼으며 수익을 만들어낼 수 있는 밤나무와 같은 유실수도 심었다. 위생 보건사업으로 집과 도로 청소를 독려하고 지속적인 운동을 통한 체력 증진도 도모했다. 매월 정기 강연회를 통해 애국 사상과 정치의식을 고취시키는 일도 잊지 않았다. 당시 나라를 팔아먹는 일에 앞장서던 대표적인 친일단체인 일진회를 비꼬는 듯 '해日가 썩어 빛을 잃었기 때문에 이제 우리는 밤에 달月로 나아가 우리 강산을 밝힌다'는 뜻으로 '월진회'라고 지었다.

월진회가 창립하여 활동을 펼치던 1929년 연말 광주에서부터 불붙은 학생운동이 전국적인 운동으로 퍼지는 일이 발생한다. 광주에서는 학생들이 일제의 식민지 교육에 불만을 품고 간헐적 저항을 펼쳐오고 있었다. 광주고등보통학교, 광주여자고등보통학교, 광주농업학교, 광주사범학교 등이 참여하여 동맹휴교를 하며 식민지 노예교육을 반대하고 일제에 저항하는 운동으로 자리잡아 갔다. 이처럼 일본인 학생들과의 대립이 고조되던 상황에서 불에 기름을 끼얹은 사건이 발생했다. 일본인 학생 몇 명이 나주역에서 광주와 나주를 통학하는 광주여자고등보통학교 3학년 박기옥, 이금자, 이광춘 등의 댕기머리를 잡아당기며 모욕적인 발언과 조롱을 하는 일이 일어났다. 그 일을 목격한 광주고등보통학교 박준채,

최희선, 김보섭 등이 일본인 학생들과 충돌했다. 그 후 11월 1일 광주역에서 일본인 중학생 몇 명이 광주고등보통학교 학생들을 도발하면서 한일 학생들 간의 충돌이 다시 일어난다. 교사들이 통학지도를 했으나 사태는 걷잡을 수 없이 퍼져 나갔다.

일본 명치절이자 음력 개천절에 신사참배를 거부하는 학생들과 신사참배에 참여한 일본인 학생들 사이의 충돌이 폭력사태로 번지게 되면서 결국 한국 학생들의 가두시위로 이어지게 된다. 시위대가 행진할수록 다른 학교의 많은 학생들이 가담하게 되면서 학생들이 구속되는 일이 일어난다. 수백 명이 무기정학 처분을 받고 수십 명이 광주형무소에 구속 수감되었다. 학교들은 시위에 앞장서거나 참여한 학생들을 무기정학과 퇴학 등으로 징계하고 임시휴교에 들어갔다. 학부형들이 나서 중재하여 다시 개교했으나 학생들은 시험에 백지동맹으로 다시 저항하여 또 다시 각 학교마다 수십 명씩 퇴학처분을 받는 학생들이 속출한다.

광주 학생들의 항일투쟁은 다른 지역 학생들의 가슴에 항일의 불을 붙였고 신간회를 통해 전국적으로 확산되기 시작한다. 목포상업학교, 나주농업보습학교, 나주보통학교 등이 항일 시위를 벌였다. 서울에서도 경성제국대학, 경성제이고등보통학교, 경신, 보성, 중앙, 휘문, 숙명, 근화 , 배재학교 등과 이화, 동덕, 경성농업, 선린상업학교 등 대다수 서울 지역의 학교들이 시위와 동맹휴교 등을 통해 광주학생 항일시위를 지지하고 지원했다. 전국 194개 학교, 5만 4천 명의 학생들이 참여했으며 582명의 퇴학자와 2,330명의 무기정학, 피검자 1,642명으로 3·1운동 이후 학생들이 주도

한 전국적인 최대의 항일투쟁이었다. 중고등학생들의 시위 소식을 전해 듣는 윤봉길의 가슴이 요동치기 시작했다. 예산 농업학교에서도 시위운동을 벌이려 했으나 재학생들의 소극적 태도로 성사되지 못하여 월진회 회원이었던 몇 사람은 부끄러움을 느껴 고향을 떠나기도 했다. 윤봉길이 망명을 결심한 것은 이즈음이다.

그가 망명을 떠나기 하루 전 그의 모친이 공교롭게도 외출한다. 집에 돌아오면 없을 아들이 길 떠나는 어머니에게 마지막 인사를 평상시처럼 할 수밖에 없었다. 밤새워 뒤척이던 윤봉길은 벼루를 꺼내 먹을 갈아 출사표와 같은 글을 써나간다. '장부출가생불환丈夫出家生不還'. 세 살배기 아들 윤종尹淙을 한 번 안아보고는 부엌에서 일하는 아내에게 물 한 잔 달라고 하며 마지막 얼굴을 본다. 아내는 당시 임신 중이었다. 아버지께 인사를 드리고 떨어지지 않는 걸음을 옮겼다. 눈물범벅으로 행여나 뒤돌아설까 빠른 걸음으로 고향을 등졌다. 야학당, 부흥원, 수암체육회, 월진회를 통해 일구고 가꾼 그의 젊음을 바친 고향이 점점 멀어져갔다. 훗일을 부탁받은 몇 명의 동지들을 제외하고는 아무도 예측 못한 망명길이었다.

중국의 백만 대군과 4억 국민이 못한 일

굳은 결의로 떠난 걸음이었지만 국경을 건너는 일은 쉽지 않았다. 신의주로 가는 기차에서 일본 경찰의 검문에 걸려 선천경찰서에 끌려가 보름여 고문과 신문을 받고 풀려나게 된다. 갈 곳도 여

비도 없어 정주여관에 머물며 가족들과 연락하여 도움을 받기를 기다리던 중 독립운동에 투신하려는 동지들을 만나게 된다. 그곳에서 김좌진 장군 암살 소식도 듣게 되고 만주 지역의 독립운동기지들이 거의 무너져감을 알게 된다. 청도를 거쳐 상해로 가기로 방향을 정하고 청도에 도착했다. 만주에서 만난 황익성이라는 청년의 가족이 운영하는 세탁소에 임시 취직하여 다음 길을 모색하게 되었다. 정주여관에서 만났던 한일진韓一眞은 그곳에서 미국으로 가 재원을 마련하여 독립운동을 지원하기로 하고 미국행 배를 타고 떠난다. 그때 윤봉길이 자기 수중에 있는 돈을 다 털어 한일진에게 주었는데 2년여 뒤 윤 의사가 순국할 즈음 그는 미국에서 윤봉길의 예산 본가로 미화 150달러를 보냈다고 한다. 윤 의사의 소식을 듣고 가족들을 생각해서 한 처신인지는 모르나 동지를 생각하는 마음이 애틋하다.

가족들과 서신을 주고받으며 한 번이라도 고향을 방문하여 어머니와 부인, 자식들의 얼굴을 보고 가라는 간곡한 부탁을 받지만, 그는 흔들리지 않는다. 아들 윤종은 다른 아이들에게 '너는 아버지가 있어서 좋겠다'고 부러워한다는 얘기도 들었다. 그러나 오늘날과 같은 역사적 상황 속에서 일신의 안위나 개인적인 상황들에 매달려 살 수 없고 가장 중요한 한 가지를 위해 자신의 생명을 바쳐야 한다고 마음을 다잡았다.

우리 청년 세대는 부모의 사랑보다, 형제의 사랑보다, 처자의 사랑보다 일층 더 강의剛毅한 사랑이 있다는 것을 각오했다. 나의 우로雨露와 나의 강산과 나의 부모를 버리고라도 이 길을 떠난다는 결심이었다.

1931년 5월 8일 청도에서도 교민사회를 계몽하는 일을 열심히 했던 윤봉길은 최종 목적지인 상해에 도착한다. 일자리를 구해 생활을 안정시키며 독립운동의 동지들과 만남을 기대했다. 우여곡절 끝에 평소 존경하던 안중근 의사의 동생 안공근과 만남이 이루어졌다. 그의 집으로 옮겨 함께 유숙하며 독립운동의 포부를 키워나갔다. 교포사업가인 박진이 운영하는 모자공장에서 일하며 밤에는 영어를 공부하며 노동조합 활동도 펼쳐나갔다. 그러나 그에게 조국의 독립을 위해 생명을 던질 만한 기회는 쉽게 오지 않았다. 임시정부의 당시 상황도 월세도 내지 못하고 정부 요인들도 끼니조차 제대로 이어가지 못하던 상황이었다.

'장부출가생불환'이라는 출사표를 야심차게 던지고 가족도 모르는 망명길에 올랐으나 기회가 쉽게 오지 않으므로 그의 마음은 답답함으로 채워가고 있었다. 백범을 만났으나 좋은 기회를 기다리자는 것 외에 주고받을 말은 없었다. 그는 야채장수로 수레를 끌고 공동조계를 오가며 직접 정보수집에 나선다. 그러던 중 1932년 4월 20일 《상해일일신문》에 보도된 일왕 생일인 천장절 및 승전 축하 행사 안내문을 보고 김구를 찾아가 거사 계획을 의논한다. 이와 관련해 이태복의 《윤봉길 평전》2019에서 지적하는 면은 주목할 필요가 있다. 일반적으로 김구의 지시로 홍커우공원 의거가 이루어진 것으로 알려져 있으나 윤봉길 스스로가 주도한 의거라고 봐야 맞다는 것이다. 실상 이 기사를 본 윤봉길 스스로 이 기회가 자신에게 주어진 기회라 여겼기에 그는 뛰는 심장을 주체할 수 없었다. 먼저 김구를 찾아갔다. 김구도 같은 기사를 보고 의기투합하여 폭탄 제조 및 거사 전반을 지원했던 것이다. 윤봉길의 한인애국단 가입은 그 후에 이루어진 일이다.

1932년 4월 29일 거사를 실행하던 날 아침 윤봉길은 김구와 마지막 식사를 하며 자신의 시계를 김구의 시계와 바꾼다. 수중에 남은 돈조차 모두 김구에게 건넨 대한 남아 윤봉길의 마지막 뒷모습이었다. 도시락과 물통 폭탄을 가슴에 품고 그는 홍커우공원 행사장으로 걸어 들어갔다. 외빈들이 빠져나가고 일본인 고위관리들만 남게 된 단상을 향해 그는 힘껏 물통 폭탄을 던졌다. 이봉창 의거 당시에 제작되었던 폭탄의 폭발력이 미미했던 것을 고려해 강력한 폭발력을 가진 폭탄을 제조했다. 천지가 울리는 폭발음과 함께 단상에 앉아 있던 일본 요인들이 쓰러지기 시작했다.

상해거류민단장 가와바타는 그 자리에서 즉사하고, 시라카와 대장은 치명상을 입고 5월 26일 사망했으며, 노무라 중장, 우에다 중장, 시게미쓰 공사, 무라이 상해 총영사 등은 다리를 절단하거나 중상을 입었다. 윤봉길은 자폭용 도시락 폭탄을 터트리려는 순간 달려든 일본 군인들에게 잡혀 짓밟혔다. 그를 잡아 일으키는 틈에 그는 "대한 독립 만세"를 목청껏 외쳤다. 주먹과 군홧발에 맞으면서도 그는 만세를 외쳤다.

석오 이동녕의 집에 모여 소식을 기다리던 임시정부요인들은 신문 호외를 통해 의거가 성공했다는 소식을 듣고 눈물을 흘리며 감격했다. 윤봉길은 신문 과정에서 철저히 묵비권을 행사했으나 임시정부요인들에 대한 체포가 시작되었다. 불행히도 거사 소식을 전해 듣지 못한 도산이 붙잡혔고 다른 임시정부요인들도 피신해야만 했다. 2천만 한국인뿐 아니라 4억 중국인들과 재외 동포들까지 상해임시정부를 향한 시선이 하루아침에 달라졌다. 장제스 정부는 임시정부를 본격적으로 지원하기 시작했으며 국내외에서 동포들의 후원이 이어지기 시작했다. 장제스 중국 국민당 총통은 "중국의 백만 대군과 4억 국민이 하지 못한 일을 조선의 한 청년이 해냈다"고 극찬했다.

25세 대한 남아 윤봉길

윤봉길의 고향 집에는 갑자기 일본 경찰들이 들이닥쳐 쑥대밭을 만들고 본가를 둘러쌌다. 아버지와 남동생 윤남의는 경찰서에 끌려갔다. 가족은 물론 마을 사람들조차 무슨 영문인지 알지 못했다. 시간이 얼마 지나지 않아 윤봉길의 의거 소식이 알려지자 모두가 감격에 겨워했다. 특히 월진회 회원들의 감동과 흥분은 말로 표현할 수 없었다. 어머니 김씨는 "내 아들 봉길이가 이런 일을 해낼 줄 알았다. 우리 집에 이런 자식이 태어났으니 나는 지금 죽어도 여한이 없다"며 가족들을 오히려 위로했다고 한다.

윤봉길은 온갖 고문을 당하여 배후를 자백하기를 강요당했으나 끝끝내 입을 열지 않았다. 5월 25일 상해 파견군 사령부 군법회의 예심에서 사형을 선고받는다. 윤봉길이 남긴 최후 진술이다.

나는 동양의 평화와 세계 평화를 위하여 침략자를 응징하고자 전장터에 나가 싸우다 포로가 되었을 뿐 아무런 범인도 아니다. 그런 나를 재판할 자격조차 없는 그대들이 극형에 처한다는 것은 무슨 권한인지 모르나 설혹 내 목숨을 빼앗는다고 할지라도 내 정신만은 죽이지 못함을 알라. 대한 남아로서 내가 한 일은 역사가 기록할 것이며, 지금 내가 뿌리고 가는 피는 일제 패망의 날 탐스러운 꽃으로 피어날 것이다. 오늘에 있어서 파괴의 무기는 건설의 의로운 깃발이 되리라 믿기에, 나는 지하에서라도 일제가 쇠망하는 날까지 싸움을 쉬지 않으리란 말을 남기고자 한다.

윤봉길이 사형 선고를 받은 다음 날 시라카와의 사망 소식이 윤 의사에게 전해졌다. 일본의 군신軍神으로 알려진 시라카와를 죽인 것만으로도 자신의 희생이 결코 헛되다고 생각하지 않았다. 일본으로 호송되는 과정에서도 오히려 일본 군인들이 조심스레 대하고 호의를 베풀 만큼 대한 남아로서 그의 당당함과 의연함은 굳건했다. 윤봉길은 오사카에 이감된 지 한 달 후인 1932년 12월 18일 가네자와형무소로 옮겨졌고, 12월 19일 아침 그는 사형집행 준비가 되어 있는 미고우시 공병 작업장에 끌려나왔다. 마지막 남길 말을 묻는 형무소장에게 이미 김구에게 유서까지 쓴 그는 "대한 남아로서 당연히 해야 할 일을 했으니 만족할 뿐 아무런 미련도 없다"고 말한 뒤, 일제의 총알을 온몸으로 받아냈다. 임중빈은 《윤봉길 의사 일대기》2002에서 "귀를 찢는 총소리가 사형장에 울리며 윤봉길 의사는 붉은 꽃 무더기로 감싸였다"라고 표현했다.

일제는 사형수를 형틀에 묶느라 그의 두 팔을 벌리고 눈을 가려 총살형에 처했다. 총탄에 맞아 사망한 윤 의사의 사진을 보면 차라리 그가 담대하게 죽음을 받아들이기 위해 두 팔을 벌린 것처럼 보인다. 유족들이 유해를 돌려받기를 원했으나 거절당하고 유품만이 가족 품으로 돌아왔다. 피로 얼룩진 흰 손수건에 쌓인 김구의 회중시계, 중국중앙은행이 발행한 지폐 한 장과 은전 몇 개, 고향에서부터 지니고 있던 인장 등이었다.

윤 의사의 유해가 조국 땅을 밟게 된 것은 사형이 집행된 지 14년 후인 광복 다음 해였다. 김구의 주선으로 박열과 이강훈 등이 유해 봉안 작업을 진행했다. 일본에 거주하는 많은 애국 청년들의 도움으로 윤 의사의 유해를 찾을 수 있었고, 이봉창, 백정기 의사의 유해도 발견할 수 있었다. 당시 형무소 간수로 있던 사람의 안내로 천신만고 끝에 쓰레기 처리장 근처에서 그의 유해를 발견할 수 있었다. 부산을 거쳐 서울로 옮겨지는 길에 많은 시민이 몰려 눈물로 그 길을 배웅했다. 일본이 일부러 윤봉길 의사의 시신을 사람들이 밟도록 사람 다니는 길목에 매장했다든지, 쓰레기처리장에 내다 버린 것처럼 묻었다든지 하는 말의 사실 여부는 알 수 없다. 그가 묻혔던 곳이 어디든 그의 정신과 용기는 묻어버릴 수 없기 때문이다. 지금도 활동 중인 월진회에서 일본에 윤봉길 의사 매장지를 영구 임대하여 보존하는 것은 잘된 일이다.

고국산천을 떠난 지 30여 년. 젊은 시절 읽으며 눈물을 흘렸던 이상화의 시 〈빼앗긴 들에도 봄은 오는가〉의 시구처럼 그는 봄을 맞이한 조국에 돌아왔다. 1946년 6월 30일 건국 후 최초의 국민장으로 효창원 4의사 묘역에 봉안되었다. 한번 사는 인생 남아로서 후회 없는 인생을 살고 싶다면 윤봉길을 만나보자. 남아의 길이 곧 가족을 위하는 길이요, 조국을 위한 길임을 알고 25세의 영원한 대한 남아로 남아 있는 그의 길을 따라 걸어보자. 우리 시대는 '소확행'과 '각자도생'을 강요받는 시대다. 역사와 시대를 논하는 것은 뜬구름 잡는 소리라고 생각하는 사람들도 많다. 그렇지 않다. 개인의 삶도 시대적 상황 속에 내던져져 있는 것이다. 시대가 바뀌지 않는 한 개인의 삶도 역사도 바뀌지 않는다. 온몸으로 옳지 않은 시대정신에 항거하고 역사의 물줄기를 바꾸고자 하는 더 강의한 사랑에 사로잡힌 사람들이 역사 이래 어느 시대보다 더 많이 필요한 현재다. 25세 윤봉길이 4억 중국 인민도 해내지 못했고 2천만 동포들이 소망하고 꿈만 꾸던 일을 해냈다면 오늘 우리 시대의 젊은이들도 무한한 가능성 앞에 놓여 있다. 결국, 젊은이를 꿈꾸게 하는 것은 사랑이다. 무엇을 사랑하는가가 어떻게 살 것인가를 결정한다. 오늘 우리 시대는 윤봉길과 같은 꿈을 꾸는 젊은이들을 부르고 있다.

식민지 청년

이봉창

식민지 조선인으로 산다는 것

윤봉길 의사의 인생에 영향을 미친 사건들이 있다면 안중근 의사 이야기, 3·1운동의 현장에서 느꼈던 감정들, 광주학생운동 등이 있지만 이봉창李奉昌, 1901~1932 의사의 의거도 영향이 크다. 이봉창 의사 의거 이후 당시 상해에 머물고 있던 윤봉길은 구체적인 거사 기회를 본격적으로 찾기 시작했기 때문이다. 이봉창 의사의 의거로 인해 중국인들까지 놀라 한인들을 다시 보게 된 변화를 직접 본 것이다.

이봉창의 의거는 일본 전체에 가장 충격을 던진 사건이었다. 전쟁마다 승리하며 승승장구하던 일본이었기에 일본 천황은 신과 같은 존재로 추앙받고 있었다. 군대 열병식을 구경하고 돌아가던 일본 천황의 마차에 폭탄을 던져 궁내부대신의 마차가 뒤집힌 것만으로도 간담이 서늘해졌을 것이다. 이봉창의 의거 직후 블라디보스토크 방송국과 하얼빈 방송국 등은 일본 제국의 지위와 그 신성한 권위를 모두가 믿지는 않는다는 명료한 증거라며 이봉창의 의거에 대해 계속 방송을 내보냈다.

이봉창은 대한제국 말기에 태어나 을사늑약과 한일합방을 거쳐 어린 시절을 일제 치하에서 보냈다. 용산문창보통학교를 졸업했고, 계속 공부하기를 원했으나 아버지의 투병과 가계의 어려움으로 공부를 접고 14세에 일본인 과자점의 점원으로 취직한다. 그 후 일본인이 운영하는 약국에 더 나은 보수를 받고 숙식도 하며 일하게 된다. 이봉창이 자란 지금의 용산 지역은 일찍부터 일본이 만주와 중국 본토 침략에 필요한 군수품들이 모이는 곳이었다. 철도와 하수도, 전차 등 모든 편의시설이 가장 먼저 들어선 곳이다. 일본인들도 집단으로 거주했기에 이봉창은 어려서부터 일본어에 익숙했다. 이후 철도회사로 옮겨 일하며 좋은 대우를 받았으나 점차 일본인들과 차별대우를 받는 현실에 직면하게 된다.

조선에서의 삶이 더는 미래가 보이지 않자 이봉창은 일본행을 결심하게 된다. 마침 철도국에 일할 때 알고 지내던 일본인 후지하타가 일본으로 돌아가는 길에 조카와 함께 일본으로 건너가게 된다. 일본으로 가면 무엇이든 해결되리라 생각했으나 조선인인 그를 받아주는 곳은 많지 않았다. 그곳에서도 조선인은 여전히 차별받는 현실을 마주해야만 했다. 그곳에서의 삶이 이봉창의 미래에 남겨준 의미가 있다면 일본 히로히토 천황의 즉위식을 구경한 일이었다. 이 일은 이봉창에게 민족의식을 일깨워줬다. 교토로 내려가 참관식에 참석하기 위해 기다리고 있던 이봉창은 사람들을 검문하던 경찰들에게 잡혀 경찰서로 가게 된다. 별다른 수상한 행동이나 물건을 지니고 있지 않기에 금방 풀려나리라 생각했던 예상과 달리 9일 지나서야 겨우 풀려나올 수 있었다. 이봉창은 유치장에 있는 시간을 이렇게 회고했다.

나는 경찰의 지나친 차별 조치에 화가 나기도 하고 또 여러 가지 일들을 생각했습니다. 그 결과 지금까지 조금도 관심을 두고 있지 않았던 조선 독립문제에 관심을 두게 되었고, 앞으로 일본으로부터 조선을 독립시키지 않으면 우리 민족은 행복을 얻을 수 없으리라는 것을 생각하게 되어 (…)

조선 독립문제에 관심을 두게 된 것이 첫 번째라면 두 번째는 일본 천황을 죽이는 일이 생각보다 쉬운 일이라는 것을 경험으로 알게 된 것이다. 그가 임시정부를 무작정 찾아가 직원들과 어울리며 취중진담처럼 독립운동을 한다는 사람들이 아직 천황도 죽이지 못했냐고 비아냥대며 천황을 죽이는 일은 쉽다고 말했던 사건이 있다. 이봉창의 이러한 발언이 김구에게 거사를 꿈꾸게 하는 계기가 되었기 때문이다. 그러나 그 후에도 이봉창은 오사카에 돌아와 독립운동에 참여할 생각보다는 막막한 현실로 인해 방탕한 생활에 자신을 내맡기고 만다. 술과 도박에 빠져 지내다 결국 회삿돈을 가로채 도쿄로 도망가게 된다. 하지만 당시 도쿄 상황은 전 세계적인 대공황을 맞이하여 일본인들조차 취직하기 어려운 시절이었다.

그곳에서 이봉창은 친일단체인 '상애회'의 무료 숙박소 신세를 지기도 하고, '고이즈미 조'라는 야쿠자 조직에 신세를 지기도 한다. 결국 이봉창은 수금한 회삿돈을 가지고 다시 오사카로 도망치고 만다. 그 무렵 상해에 가면 임시정부도 있고 교민들도 있어 조선인들을 잘 돌봐준다는 소식을 듣게 되었다.

특히 영국 전차회사나 버스회사 검표원으로 취직하면 안정적인 생활도 할 수 있다는 말에 이봉창은 마음이 움직이게 된다. 돈을 벌고 싶은 마음도 있었으나 이 시기의 이봉창은 조선인으로 떳떳하게 생활할 수 있다는 사실만으로도 일본을 떠나야 할 이유는 충분했다.

변절자인가? 애국자인가?

윤봉길 의사보다 이봉창 의사의 삶이 많이 조명받지 못한 이유가 있다면 그가 실행한 거사가 실패로 돌아갔기 때문만은 아닐 것이다. 비록 실패했지만, 이 거사가 미친 영향은 컸다. 중국과 일본의 본격적인 전쟁의 서막이었고, 임시정부에 새로운 활력을 불러 일으키는 쾌거였다. 오히려 31세 미혼 청년의 몸으로 거사를 실행하고 형장의 이슬로 사라졌기에 후손이 없는 것이 더 큰 이유라 하겠다. 윤봉길 의사의 후손들이 이봉창 의사의 삶을 재조명하고 알리는 일에 발 벗고 나서 함께한다는 사실은 가슴 뭉클한 이야기다. 서로의 뜻과 처지를 가장 잘 이해하기 때문일 것이다.

이봉창의 삶을 더듬어보면 그가 어렸을 때부터 일본에 반감을 갖고 자란 항일의식이 있는 사람으로 미화하기는 어렵다. 그 자신은 3·1운동 당시에도 별다른 감흥을 느끼지 못했다고 말했다. 어려서는 부유한 집안에서 걱정 없이 자랐고 집안이 어려워진 후에는 먹고사는 일 외에는 다른 생각을 할 겨를이 없었다. 일본에 살며 조선인으로 차별을 받았기에 더욱 철저히 일본인 행세를 하려고 이름까지 일본 이름으로 바꾸고 살았다. 그가 남긴 몇 장 되지 않는 사진 중 유곽에서 만나 밤을 함께 보낸 여자들의 사진도 세 장이나 있다. 그에게는 나라를 빼앗긴 서러움보다 조선인이라는 이유로 자신이 받는 차별이 더 억울했다.

배경식은 역사 인물 연구의 비판적 성찰에 대해 다음과 같이 이야기한다.

> 어떤 경우든 불편한 진실을 드러내는 일은 유쾌하지 않다. 그것이 국가와 공동체의 집단 기억과 관계된 것이면 더욱 그렇다. (…) 실제로 이봉창뿐만 아니라 독립운동과 임시정부는 점차 성역화되었고, 반대로 그에 관한 비판적인 성찰과 연구는 점점 더 어려워지고 있다.

불편한 진실을 밝히는 역사가도 필요하지만, 불편한 진실에 마음을 열고 귀 기울여줄 수 있는 용기 있는 독자도 절실하다. 필자의 이런 마음이 독자들에게 전달되었으면 한다. 당장은 어렵겠지만 극단의 역사 인식을 넘어서서 일제강점기의 역사상을 재구성하는 데 이 책이 미력하나마 디딤돌이 될 수 있기를 바란다.

_배경식, 《식민지 청년 이봉창의 고백》중에서

역사 인물을 연구하다 보면 대다수 기록이 객관적이지 않다는 사실을 발견하게 된다. 한두 사람의 책만 읽어서는 잘 보이지 않는다. 미화된 이야기에 오히려 흥분하고 감동한다. 그러나 여러 연구자의 책들을 읽다 보면 서로 일치하지 않는 내용도 많으며 누가 기록하느냐에 따라 관점의 차이가 큰 것을 알 수 있다. 어떤 인물의 평전이냐에 따라 모든 일을 그 인물 중심으로 기술하기에 부풀려지기도 하고 과장되기도 한다. 역사 연구를 함에 있어 객관적 사실에 입각한 기술이 중요한 이유다. 이봉창 의사에 대한 기록은 여러 경로를 통해 연구 발표되어왔다. 특히 논란을 일으킨 부분은 이봉창 의사의 제9회 신문조서 내용이다.

나는 형무소에 수용된 후 불교 이야기를 듣거나 불교 책을 읽거나 하여 여러 가지 생각을 한 결과 나의 사상은 내가 사바 세계에 있을 때와 아주 다르게 변했습니다. 나는 김구로부터 부추김을 받아 결국 그런 마음이 생겨 천황 폐하에 대해 난폭한 짓을 했습니다만 오늘에는 군이 김구를 원망하지는 않으나 그 사람의 부추김에 놀아난 나 자신의 어리석음을 원망하고 있습니다. 나의 어리석음으로 엄청난 짓을 해 참으로 변명의 여지가 없다고 생각하고 있습니다.

이 내용을 토대로 김구에 대한 폄하와 이봉창에 대해 변절자로 단정 짓는 사람들도 생겨나고 있다. 이봉창의 마지막 진술과 같은 이 글은 다른 몇 가지 해석이 가능할 것 같다. 이봉창은 대다수 독립운동가들처럼 어려서부터 사상의 뿌리가 될 만한 교육을 받았거나 민족의식을 배우고 자라지 못한 사람이다. 먹고 살아야 했고 생존해야 했다. 누군가의 말처럼 이봉창의 의거가 깊은 민족의식과 고귀한 사상에서 비롯된 희생적 행위가 아니라 식민지 청년의 울분을 토한 사건이라 볼 수도 있다. 그러나 그가 조국을 위해 자신의 생명을 아끼지 않았다는 사실과 마지막 길을 결단하고 가기까지 남긴 고백들조차 거짓으로 볼 수는 없다.

신문조서를 자세히 살펴본다면 그 앞까지의 조서의 내용과 다른 이상한 점을 발견할 수 있다. 이봉창은 1932년 1월 8일 체포된 이래로 6월 27일까지 아홉 차례에 걸쳐 예심판사의 신문을 받았다. 1회 신문은 통상적인 개인신상 정보들을 조사했고, 2회 신문에서 이봉창은 일왕에게 폭탄을 던질 당시의 정황과 상해에서의 준비 과정을 진술했다. 3회 신문에서는 상해에서 일본에 도착하여 거사 당일까지의 행적을 진술했다. 4회 신문에서는 별 중요한 언급을 찾기 어렵고, 5회 신문에서는 어린 시절 이야기부터 일하면서 조선인으로 차별받은 내용들까지를 진술했다. 6~8회 신문에서는 일본을 떠나 상해에서의 시간 중에 독립운동에 대한 그의 결의가 어느 정도였는지, 백정선김구과의 만남 속에서 어떤 대화와 준비를 했는지, 폭탄을 손에 넣게 된 과정과 일본으로 들여오는 과정 등을 진술했다. 그러다 9회 신문에서 위와 같은 내용이 갑자기 튀어나온다. 이 신문조서의 사실 여부가 의심되는 이유는 이봉창은 그 이전 신문까지 김구라는 이름을 직접적으로 쓰지 않고 백정선이라는 가명을 항상 썼으며 김구와 임시정부가 배후에 있음을 철저히 숨겨왔기 때문이다.

일제에 의해 작성된 신문조서 내용을 문자 그대로 믿는 것 자체가 무리다. 일본이 그것을 악의적으로 편집하지 않았다 할지라도 동지들의 이름을 밝힐 수 없고, 소속되어 활동하던 단체의 이름조차 밝힐 수 없는 것은 상식이다. 누군가와의 관계에 대한 질문을 받아도 아는 척할 수 없고 부모 형제까지도 모른 척해야 모두가 안전할 수 있기 때문이다. 얼마든지 조작될 수도 있는 일제의 문서 한 장을 놓고 자신을 던져 조국의 독립을 앞당기려 했던 한 젊은 투사의 삶을 깎아내리거나 부정적으로 단정 지을 수 없는 것이다.

혈육이 없는 이봉창의 삶에 남은 것은 효창동에 세워진 비석 하나다. 그것조차 제대로 된 자리에 세워져 있지 않다. '이봉창 의사 생가터 비석'이라고 세우고 '용산구 효창동 118-1번지'라 적었다. 이봉창 의사 생가터는 원효로 2가 1번지다. 역사 바로 세우기 전에 비석 바로 세우기부터 해야 하지 않을까? 이 땅에 남은 이봉창의 흔적은 이 작은 표지석 하나다. 이봉창의 면면을 생각할 때 조국이 그를 기억해주지 않는다고 서운해할 것 같지는 않다. 그는 그렇게 자기답게 살다 갔다. 우리가 그를 어떻게 기억할 것인가만 남았다.

청년 아나키스트
백정기

윤봉길 이봉창은 알아도 백정기는 누구?

서울 용산구 효창원에는 '효창원 7위'라 불리는 애국선열들이 모셔져 있다. 효창원 7위란 대한민국 임시정부요인인 김구, 이동녕, 조성환, 차리석과 이봉창, 윤봉길, 백정기 등 세 의사를 가리킨다. 광복 후 1946년 7월 6일 이봉창, 윤봉길, 백정기 세 의사의 유해를 일본에서 모셔와 이곳에 안장했다. 효창원 7위 가운데 익숙한 이름들도 많지만 생소한 이름들도 있다. 특히 세 의사 묘와 안중근 의사 가묘 중에 이봉창, 윤봉길, 안중근은 대한민국 사람이라면 누구나 알 만큼 알려진 이름이지만, 백정기 의사는 모르는 사람들이 많다. 역사는 기록하는 자의 편이라는 말이 있다. 엉터리 기록이라도 기록으로 남아 있는 역사가 신빙성이 있다고 보기 때문이다. 역사는 승자의 기록이라는 말도 있다. 승패를 떠나 독립운동사를 공부하다보면 해방 후까지 생존한 분들과 그렇지 못한 분들에 관한 연구나 서훈이 확실히 차이가 크다. 그리고 임시정부나 독립운동 단체의 대표적 위치에 있었느냐 그렇지 못하느냐에 따라서도 차이가 크게 난다. 한 사람 한 사람의 희생의 가치를 훈장이나 책으로 논하기에는 죄송하다 여겨야 한다. 모든 의로운 희생은 귀하다. 의로움에 가격을 매길 수 없다. 훈장의 품격을 매기는 것이 조심스러운 이유다. 그리고 훈장이 그들의 삶에 자랑거리가 될 수 없다. 때론 훈장 품격 상향 조정 논란이나 서훈 취소 논란 자체가 무의미하게 들리는 이유다.

누구도 국립묘지에 묻히기 위해, 훈장을 받기 위해 독립운동을 한 사람은 없다. 작위를 받기 위해 친일을 한 사람들은 있다. 하사금과 땅을 차지하기 위해 친일을 한 사람들도 부지기수다. 자신의 안위를 보장받기 위해 밀정 노릇을 한 사람도 많다. 해방 후 독립운동하다 망명지에서 순국한 자신의 부모가 살던 집조차 되찾지 못한 독립운동가들도 많다. 그러나 해방 후 지금까지 친일파 선조들의 땅 찾아 먹지 못한 친일파 후손은 거의 없으며 국가에 재산이 몰수된 친일파도 극소수다.

구파鷗波 백정기白貞基, 1896~1934는 이른바 아나키스트로 알려진 무정부주의 계열이다. 해방 후 정국을 누가 주도하느냐에 따라 무정부주의 계열과 특히 사회주의, 공산주의 계열 독립운동가들의 삶이 제대로 조명되지 못한 점은 우리 역사 연구에 있어서 아쉬운 점이다. 그리고 냉전 시대를 지나며 공산국가에 있던 독립운동 유적지조차 제대로 보존이 되지 못한 채 방치되어 역사의 뒤안길로 사라져버린 것도 안타까운 일이다.

구파 백정기는 전라북도 부안군 동진면 하장리지금의 부안읍 신운리에서 장남으로 태어났다. 일찍 아버지를 여의고 어렵게 성장했으나 공부를 포기하지 않았다. 23세가 되던 1919년 3·1운동이 일어나자 〈독립선언문〉과 전단을 가지고 고향 정읍에 내려가 만세 시위를 이끌기도 했다. 그 후 서울과 인천 등지에서 일제의 군사시설과 기관 파괴 활동을 하다가 경찰에 체포되었으나 나이와 본적지를 속이고 빠져나온다. 국내 활동에 어려움을 느끼고 중국 봉천지금의 심양으로 망명한다.

중국에서 백정기는 단재 신채호와 교류하면서 〈조선혁명선언〉을 통해 주창된 아나키즘에 영향을 받는다. 1924년에는 우당 이회영, 화암 정현섭, 우근 유자명, 회관 이을규, 우관 이정규 등과 함께 '재중국조선무정부주의자연맹'에 참여하는데 화암 정현섭과는 지속적으로 함께 항일투쟁을 펼쳐가는 동지가 된다. 1928년 5월 말에는 동방무정부주의자연맹에 참여하여 기관지 《동방》 편집위원으로 활약한다. 1929년에는 김좌진 장군을 중심으로 만주 지역의 아나키스트들과 함께 한족총연합회에도 가담한다. 1932년 상해에서 '흑색공포단Black Terrorist Party'에 참여하여 악질 일본 관료들과 친일파들을 처단하는 일에도 앞장섰다.

흑색공포단은 우당 이회영과 화암 정현섭이 지휘하고 백정기와 여러 동지들이 적극적으로 활동했다. 이름 그대로 흑색공포단은 친일하는 자들에게 공포의 대상이었다. 일본 기선과 일본 영사관을 폭파하고 옥관빈이라는 대표적인 친일파를 처단하는 일을 성공시켰다. 우당 이회영을 밀고하여 대련에서 체포되어 순국하게 한 밀정들을 찾아내어 처단하는 일도 흑색공포단의 몫이었다. 백정기는 육삼정 의거 실패 후 체포되었을 때도 자신이 죄를 뒤집어쓰기 위해 최선을 다했다고 한다. 젊은 동지들이 가벼운 형을 받아 출옥하여 계속 활동할 수 있게 하려고 모든 것을 자기가 주도했다고 계속 주장했다.

백정기도 1932년 상해 홍커우공원에서 열리는 전승 축하식과 일왕 생일인 천장절 행사에 거사를 계획했으나, 출입증을 구하지 못해 실행에 옮기지 못한다. 윤봉길과 교차되는 지점이기도 하다. 윤봉길의 의거 소식을 듣고 또 다른 기회를 찾던 중 입수하게 된 정보가 육삼정 의거였다. 상해 공동조계에 있던 고급요정 육삼정에서 일본공사 아리요시 아키, 육군 대장 아라키 사다오 등 일본 정관계의 요인들과 중국 국민당의 고관들이 만난다는 정보였다. 국민당 내 친일 인사들과 일본 고위관리들이 만나는 자리였다.

이 정보를 입수한 '남화한인청년연맹'은 육삼정에서 거사를 결행키로 한다. 거사에 참가할 지원자가 너무 많아 제비뽑기로 결정하여 백정기와 이강훈이 뽑힌다. 정화암이 김구가 윤봉길 의사의 의거 이후 상해를 떠나면서 넘겨준 폭탄 두 개와 권총 두 자루와 탄환 20발, 수류탄 1개 등을 준비하여 거사를 도왔다. 육삼정 회합이 예정된 일시인 1933년 3월 17일 밤 정화암이 마련해준 폭탄과 총을 소지한 채 육삼정에서 가까운 음식점에서 연락책인 일본인 오키를 기다리다 체포되고 만다. 일본인 오키가 일본 경찰에 거사 정보를 알리는 바람에 음식점에 잠복해 있던 형사들에게 체포된 것이다. 백정기와 함께 거사하려던 이강훈과 거사 상황을 지켜보던 원심창 역시 함께 체포되었다. 나가사키로 압송당하여 백정기와 원심창은 무기징역을, 이강훈은 징역 15년형을 선고받았다. 백정기는 복역 중 1934년 6월 5일에 지병으로 옥사했다.

조국 독립을 보지 못하고 옥사한 백정기의 유해는 광복 후 국내에서는 백범 김구, 일본에서는 육삼정에서의 동지 이강훈의 노력으로 이봉창, 윤봉길의 유해와 함께 국내로 봉환되어 지금의 효창공원 삼의사 묘역에 안장되어 있다. 옥중에서 이강훈과 원심창에게 유언하기를, "나는 몇 달을 더 못살겠다. 그러나 동지들은 서러워 말라. 내가 죽어도 사상은 죽지 않을 것이며 열매를 맺는 날이 올 것이다. 형들은 자중자애하여 출옥한 후, 조국의 자주독립과 겨레의 영예를 위해서 지금 가진 그 의지, 그 심경으로 매진하기를 바란다. 평생 죄스럽고 한 되는 것은 노모에 대한 불효가 막심하다는 것이 잊히지 않을 뿐이고 조국의 자주독립이 오거든 나의 유골을 동지들의 손으로 가져다가 해방된 조국 땅 어디라고 좋으니 묻어주고 무궁화 꽃 한 송이를 무덤 위에 놓아주기 바란다"고 했다.

아직까지 백정기 의사에 대한 제대로 된 평전 한 권이 없다. 앞서 말했듯이 훈장이나 국립묘지에 묻히기 위해 독립운동을 한 사람들은 없다. 그러나 나라를 위해 희생하신 분들의 작은 소원인 '조국 땅에 묻히고 싶다' 또는 '무덤에 꽃 한 송이 놓아달라' 정도는 들어줄 수 있지 않을까? 희생의 무게를 달아보는 일은 어려운 일이다. 누구의 희생이 더 크고 작은가를 논하는 것 자체가 불가능한 일이다. 어쩌면 지금 같은 시대적 상황 속에서는 오히려 많이 알려지지 않은 사람들의 역사를 찾아내는 일이 더 필요하다. 역사의 연구조차도 성공주의와 영웅주의에 물들어 특정인들을 지나치게 영웅시하고 잘 드러나지 않는 자리에서 죽어가고 희생한 사람들의 삶을 제대로 조명하지 않는다면 시대정신조차 그렇게 왜곡되고 말 것이기 때문이다. 이름 없는 영웅들을 찾아 재조명하는 일이 이름 없이 빛도 없이 우리 시대를 살아내고 지키고 있는 문지기와 같은 소시민들의 삶에 작은 격려라도 되리라 믿는다. 백정기 의사의 무덤을 찾아 무궁화 꽃 한 송이 놓아드려야겠다.

효창공원 삼의사 묘역

위치 | 서울시 용산구 효창동 효창공원

안중근 의사의 가묘와 윤봉길, 이봉창, 백정기 의사의 묘가 나란히 있는 묘역이다. 한 사람 한 사람 삶을 떠올려보며 걷기에 좋다. 인근 백범 부부의 묘와 다른 독립운동가들의 묘도 함께 돌아볼 수 있으며 백범기념관도 방문할 수 있다.

효창공원 의열사와 임시정부요인 묘역

위치 | 서울시 용산구 효창동 효창공원

의열사는 효창공원에 모셔진 김구와 임시정부요인들, 안중근과 삼의사의 영정이 모셔진 추모관이다. 뒷편 언덕에 임시정부요인들의 무덤이 따로 모여 있다.

안중근의사기념관

위치 | 서울시 중구 남대문로5가 471-2 소월로 91

남산에 위치한 안중근의사기념관은 안중근 의사의 일대기를 자세히 볼 수 있는 좋은 장소다. 기념관 앞 광장에 늘어선 거대한 비석에 새겨진 안중근 의사의 유언이나 즐겨 쓰던 휘호들을 하나씩 읽어보는 것도 의미 있다.

매헌기념관

위치 | 서울시 서초구 매헌로 99 양재시민의숲

양재시민의숲에 위치한 매헌기념관은 산책하다 들릴 수 있는 좋은 곳이다. 한때 운영에 어려움을 겪기도 했으나 지금은 정상화되고 활성화된 것으로 보인다.

상해 훙커우공원 매헌기념관

위치 | 상하이시 훙커우구 스위트로 280호

윤봉길 의사가 의거한 훙커우공원 내에 위치한 기념관이다. 작고 아담하나 윤봉길 의사의 의거지에 세워진 기념관이라 더 의미가 있다. 의거 현장을 알려주는 표지석도 있다.

자오린공원 내 청초당 비석

위치 | 헤이룽장성 하얼빈시 송북구 숲가 377번지

하얼빈 자오린공원 내에 있는 안중근 의사 유묵을 새긴 돌비석이다. 푸른 풀이 자라는 언덕을 뜻하는 청초당이라는 글이 새겨져 있고 뒷면에는 연지라는 글이 새겨져 있다. 하얼빈 역에 새롭게 개관한 안중근 의사 기념관과 하얼빈 역내 플랫폼의 의거 자리와 함께 돌아볼 만한 곳이다.

5장

/

양화진
언덕 위에 선
역사의 증인들

한국을 사랑한
이방인

익숙한 이름 낯선 이름

연세대학교, 이화여자대학교, 세브란스병원, 배재대학교, 숭실대학교 등의 이름은 익숙한 반면 알렌Horace Newton Allen, 언더우드Horace Grant Underwood, 스크랜턴Mary Fletcher Scranton, 애비슨Oliver R. Avison, 아펜젤러H. G. Appenzeller, 베어드William Martyn Baird 등의 이름은 낯설다. 단지 외국인이어서 낯설다기보다는 역사 속의 인물들이기도 하고, 이름을 알리는 일이 중요하지 않은 사람들일 수도 있다. 어쩌면 이들이 세운 학교와 병원이 사람들에게 널리 알려질 때 이들은 이미 이 세상 사람들이 아니었기에 그럴 수도 있다. 서울 지역에 이름이 널리 알려진 학교와 병원뿐만 아니라 각 시도에 가면 외국인 선교사들이 세운 학교와 병원은 어디서나 쉽게 만나볼 수 있다.

서울 마포구 합정동 144번지에 가면 수백 개의 비석이 서 있는 묘지가 있다. 양화진외국인선교사묘원이다. 현재 파악된 바로는 417명의 묘가 있고 그중 145명의 묘가 외국인 선교사들과 그 가족들의 묘다. 일반적으로 '양화진'으로 불리는 묘원에는 선교사들뿐만 아니라 사업가, 정치가, 군인, 언론인, 교육자, 외교관, 음악가 등 다양한 사람들이 묻혀 있으며 기독교 안에서도 특정 교파만이 아닌 성공회, 가톨릭, 정교회, 감리교, 장로교, 침례교, 구세군, 성결교 등 다양한 교파의 선교사들이 잠들어 있는 곳이다.

최초로 안장된 사람은 최초의 근대식 병원인 제중원濟衆院 원장으로 의료 활동 중 이질에 걸려 1890년 7월 26일에 사망한 헤론John W. Heron이었다. 주한 외국인들에 의해 외국인묘지협회가 구성되어 영국, 미국, 러시아, 독일, 프랑스 5개국의 공사들이 관리에 관여했다. 1913년 경성구미인묘지회 소유로 등록되었다가 1941년 태평양전쟁 발발로 외국인들이 철수한 뒤 1942년 일제가 압류했다. 해방 후 다시 구미인묘지회의 관리로 이관되었다가 2005년 한국기독교백주년기념사업회가 한국기독교선교 백주년기념교회를 설립하여 묘원 관리에 관한 일체의 사항을 위임하여 오늘에 이르고 있다.

오백 년 도읍지를 필마匹馬로 돌아드니
산천은 의구依舊하되 인걸은 간데 없네
어즈버 태평연월太平烟月이 꿈이런가 하노라

고려 말 삼은三隱의 한 사람이었던 야은冶隱 길재吉再가 고려의 옛 도읍 개성을 보며 읊은 시다. 10년이면 강산도 변한다고 서울만 해도 많은 풍경이 바뀌었지만, 오랫동안 시간이 멈춘 듯한 곳이 바로 양화진이다. 시간이 멈춘 인생들이 머무는 장소가 묘지이기에 더 그렇다. 사람들의 시간은 멈추었으나 그들의 영향력은 멈추지 않고 계속 남아 있다. 묘비 곳곳에는 총탄의 흔적들도 남아 있다. 이들의 삶을 품은 묘비는 양화진 언덕 위에 선 채 한민족의 역사를 고스란히 함께 겪었다. 일제강점기의 아픔도 한국전쟁의 포화도 함께 견뎌낸 묘원은 단지 종교가 주는 경건함을 넘어선 역사의 무게가 느껴진다. 양화진 언덕에 서서 조선 후기부터 근현대사를 함께 지켜본 비석이 품은 이야기들을 소개해보려 한다. 특히 일제강점기에 대한민국 땅에 머물며 우리 민족의 아픔을 함께한 사람들의 이야기다.

양화진에 묻힌 유일한 일본인 소다 가이치

소다 가이치1867~1962는 양화진에 안장된 유일한 일본인이다. 또한 한국 정부로부터 처음으로 문화훈장을 받은 일본인이기도 하다. 해방 후 한일 간에 국교가 정상화되기도 전에 대한민국 정부가 일본인에게 훈장을 수여하게 된 것에는 그만한 이유가 있었다. 자신을 드러내는 일을 극도로 꺼려해 그에 관한 기록이 거의 남아 있지 않을 정도지만 YMCA에서 만나 서로 교류하던 고故 오리 전택부 선생이 그의 짧은 일대기를 남겨주어 오늘까지 전한다.

소다 가이치는 일본 야마구치 현에서 태어나, 21세에 고향을 떠나 교사 생활을 하다가 노르웨이 화물선 선원이 되어 홍콩으로 가서 영어를 배운다. 청일전쟁 후 대만이 일본 식민지가 되자 대만에 있는 독일인 공장에서 일하기도 했다. 한때는 중국 본토에 건너가 쑨원을 만나 혁명에 참여하기도 했다. 젊은 날의 방황으로 여러 곳을 떠돌던 중 대만에서 술에 취해 길거리에 쓰러져 사경을 헤매던 그를 한 조선인 청년이 여관에 데려다 치료까지 받게 하고 모든 비용을 지불해주었다.

그가 누군지는 알지 못했지만 은인의 나라에 은혜를 갚겠다는 마음으로 1905년 6월 서울YMCA 전신 황성기독교청년회 학관에 일본어 선생으로 취직하여 한국으로 온다. 그는 감옥에서 기독교인이 되어 출옥한 월남 이상재를 만나 깊이 감화를 받고 기독교인이 된다. 이후 월남을 평생 스승으로 모셨다. 부인 우에노 다키를 만난 것도 그가 기독교인이 되는 데 영향을 미쳤다. 일본에서 미션스쿨을 다녔고 한국으로 건너와 숙명여학교와 이화여학교에서 영어 교사를 하던 기독교인 부인을 만나게 되었기 때문이다.

이후 월남 이상재와 함께 기독교 활동에 전념하던 중 1911년 105인 사건이 터져 월남 이상재를 비롯한 많은 애국지사들이 체포된다. 소다 가이치는 대법원장 와타나베를 찾아가 석방을 호소하며, 일본이 조선 땅에서 행하는 불의와 만행을 맹렬하게 비난하여 총독부에서 '배신자' '한국인 앞잡이' 등으로 불리기도 했다. 한편 한국인들에게도 오해를 받아 일본의 스파이라는 비난을 받기도 했으나 그는 묵묵히 자기의 길을 갔다. 일본인이었기에 한국인의 편에 서도 오해와 의심의 눈초리는 사라지지 않았다. 그는 누구의 눈치를 보기보다는 자신의 양심을 따라 사는 사람이었기에 자신의 마음에 정한 길을 묵묵히 걸어갔다.

1896년 일본에서 사다케가 세운 가마쿠라보육원 경성지부가 1913년 설치되는데 1921년 소다 가이치가 경성지부장으로 취임하게 된다. 그때부터 그는 한국의 고아들을 위한 삶을 살게 된다. 한국 최초의 근대식 고아원이었던 그곳에 그의 부인 우에노 다키도 교사를 그만두고 합류하여 고아들을 돌봤다. 1939년에는 총독부로부터 1천여 평의 부지와 건물을 무상 대여 받아 해방이 될 때까지 1천여 명의 고아들과 함께 살았다. 고아원 출신 청년들이 반일 투쟁을 하다 잡혀 그도 끌려가 항일 교육 혐의로 심문과 탄압을 받았으나 자신의 잘못이라고 인정하여 청년들을 빼내주었다. 고아원조차 폐원 위기에 내몰렸을 때 한 조선인이 망명하며 큰 재물을 정문 앞에 편지와 함께 놓고 떠나 위기를 넘긴 일도 있다.

해방이 되자 보육원을 아내에게 맡기고 소다 가이치는 일본으로 건너간다. 세계평화라는 띠를 두르고 한 손에는 성경을 들고 일본 전역을 다니며 다른 나라를 침략하고 탄압한 일본의 회개를 촉구했다. 그는 늘 한일 친선이 이루어져야 하고 반드시 이루어질 것이라 믿는다고 했다.

소다 가이치는 일본에서 활동하면서도 늘 한국에 가고 싶어 했으나 한일수교가 단절된 상황이라 갈 수 없었다. 그 소식을 전해들은 한경직 목사가 재정보증서와 초청장을 준비하여 보내 1960년 5월 6일 94세로 김포공항으로 돌아온다. 옛 YMCA 친구들의 환영을 받으며 감격에 벅찬 귀환이었다. 즉시 고아원으로 달려간 그는 고아들을 품에 안고 행복한 시간을 보냈으나 한국에 온 지 채 1년이 되지 않은 1962년 3월 28일 96세로 세상을 떠났다.

해방 후 영락교회 한경직 목사가 신의주에서 운영하던 신의주 보린원 아이들을 이끌고 월남하여 이전 가마쿠라 보육원 터를 이어받아 지금까지 이어지는 서울 후암동 영락보린원을 설립한다. 한경직 목사가 소다 가이치를 잊지 않고 영락보린원에 그를 초청한 것은 참으로 감동적인 이야기다.

소다 가이치 사후 한 달 뒤인 4월 28일 대한민국 정부에서는 최초로 일본인에게 문화훈장을 추서했다. 당시 YMCA에서 사회장으로 거행되는 소다 가이치의 장례를 두고서도 한경직 목사에게 반일감정을 가진 이들의 협박 편지와 전화가 있었으나 아무리 일본인이라도 우리 민족에게 은혜를 끼친 사람에게 보답하는 것이 당연하다고 그대로 진행했다고 한다.

한국 사람들에게 반일 정서는 자연스러운 일이 되었다. 일제 식민지를 경험해보지 못한 세대조차도 일본에 대한 반감은 크다. 최근까지 일본이 공식적으로 사과하지 않고 협의하지 않고 있는 위안부 문제의 영향이 크다. 또한 독도 영유권 문제를 포함한 역사 왜곡 문제가 아직도 진행 중이다. 가장 가깝고도 먼 나라가 되어 버린 일본과 미래를 함께 그려나간다는 것은 어려운 문제다.

그럼에도 불구하고 함께 나아갈 길을 모색할 시작점을 찾는다면 양심적인 일본인들이 그 시작일 것이다. 위안부 문제를 직접 찾아와 사과하는 일본인들, 윤동주의 시를 읽고 윤동주의 아픔을 이해하는 일본인들, 안중근 의사를 존경하여 수십 년간 추모하는 일본인들, 일본이 저지른 역사의 과오를 전해 들을 때마다 눈물로 사과하며 고개 숙이는 일본인들이 여전히 적지 않다.

소다 가이치는 한 조선인 청년이 베푼 자비 때문에 본국을 등지고 조선의 아픔과 함께하는 길을 택해 1천여 명의 한국 아이들이 그들 부부를 통해 양육되었다. 진실과 정의를 민족애보다 국가에 대한 충성보다 앞세우는 것이 바른 역사의식이다. 민족적 감정으로 역사를 왜곡하여서도 안 되며 국가에 대한 충성심으로 역사에 과오를 남겨서도 안 된다. 불의와 거짓을 거부할 수 있는 역사의 양심이 살아 있는 존재만이 왜곡되고 잘못된 역사의 흐름을 거스를 수 있다. 양화진 언덕에 세워진 소다 가이치 부부의 묘비는 조용히 길을 말해주는 듯하다. 감정이 아닌 사랑을 따라 살라고. 그 길만이 모두가 함께 사는 길이라고.

죽으면서도 대한의 독립만을 소원한 영국인 베델

"나는 죽을지라도 신보《대한매일신보》는 영생케 하여 한국 동포를 구하라."

서른일곱이라는 젊은 나이에 사망하여 양화진에 묻힌 어니스트 베델Ernest Thomas Bethell, 裵說, 1872~1909의 유언이다. 그는 영국의 항구 도시인 브리스톨에서 태어났다. 머천트 벤처러스 스쿨에서 공부하고 일본으로 건너가 고베에서 동생과 함께 '베델 브라더스Bethell Brothers'라는 무역상을 했다. 1900년 메리 모드 게일과 결혼하여 외아들 허버트 오웬을 낳았다. 일본에서 사업을 확장하고자 했으나 일본인들의 집요한 방해로 실패하게 된다.

그는 1904년 영국 《더 데일리 크로니클The Daily Chronicle》의 특파원으로 러일전쟁을 취재하기 위해 한국으로 왔다. 그러나 한국에 들어와 그가 목격한 현실은 러일전쟁에서 승리한 일본에 의해 노골적으로 침탈당하는 대한제국의 모습이었다. 당시 베델의 조국인 영국은 러시아를 견제하기 위해 일본과 동맹을 맺고 있는 상태였기에 언론을 통해 공개적으로 일본을 비난하기가 쉽지 않은 상황이었다. 그러나 베델도 자신의 조국이 침략전쟁을 한 것을 비판하고 역사 앞에 사죄를 촉구하던 소다 가이치와 같이 역사 앞에 양심이 살아 있는 사람이었다.

그가 《더 데일리 크로니클》에 송고한 첫 기사는 〈대한제국 궁중의 폐허화〉였다. 그러나 이 기사는 곧 마지막 기사가 되고 말았다. 《더 데일리 크로니클》은 일본에 우호적인 언론이었기 때문에 기사도 친일적인 방향을 추구했다. 그러나 당시 한반도의 사정을 직접 겪은 베델의 입장에서는 신문사의 지시를 그대로 따르는 일이 양심에 허락되지 않았다. 그래서 그는 통신원 직책에 사의를 표했고 회사도 그를 해고했다. 그 후 다시 특파원으로 임명하겠다고 제안했으나 베델은 이를 거절했다.

베델은 1904년 7월 14일 국한문《대한매일신보》를 창간한다. 양기탁, 박은식, 신채호 등과 함께 한글판과 영어판《코리아 데일리 뉴스》도 발행했다. 의병 활동을 보도하며 일본군의 무자비한 보복과 민간인 학살 행위를 폭로했다. 일본 통감부의 눈엣가시 같은 존재였기에 폐간시키기 위한 온갖 책략을 부렸다. 그러나 영국인인 베델을 처벌하는 일이 그리 쉽지는 않았다. 한국민들의 애국심을 고취시키고 일제의 만행을 고발했다. 영어신문을 통해 많은 외국인들과 외국기자들에게도 한국의 소식을 알릴 수 있었다. 특히 양기탁, 신채호, 박은식 등이 강력한 논조와 다양한 기사들로 일제의 만행을 규탄하고 한민족을 계몽하고 깨우는 일을 했기에 일본의 방해는 더 집요해졌다.

1905년 베델은 고종의 친서를 실어 을사늑약의 부당함을 폭로했다. 1906년에는 일본의 불법 독도 영유 문제를 기사화했다. 토지경계와 인구조사 하는 일까지는 이해한다 하더라도 독도가 일본에 속했다 운운하는 것은 아연실색할 일이었다. 그러자 일제가 대항 언론사를 설립해 언론 전쟁에 나섰다. 한글신문《대한일보》와 영자신문《서울프레스Seoul Press》를 발간하여 베델을 공격하기 시작했다. 결국 일본정부는《대한매일신보》의 논설을 문제 삼아 영국 정부를 통해 베델을 압박했다. 1907년에도 극단적인 토벌을 행하는 일본군의 만행을 소개하며, 이토 히로부미의 유화정책과 수자군사령관 하세가와의 무자비한 토벌정책의 모순을 비판했다.

이토 히로부미는 외국의 인정을 받으려는 속셈으로 일본의 정책이 매우 유화적이라는 점을 이해시키려는 방법을 모색했다. 하세가와는 이번의 고시를 통해 그의 항해에 순풍을 불어넣어주었다. 하지만 하세가와는 이토 후작의 완전한 승인을 거친 다음 그에게 전달된 본국 정부의 훈령을 이행하고 있는 것이다. 이토 후작이 공공연하게 유화의 복음을 설교하고 있는 동안에 통감대리인 하세가와 장군은 불평 혐의가 있는 한국인들을 모조리 처단하겠다고 말하고 있다. 지금 한국에는 2명의 웅변가와 2개의 정강이 있다. 이토 후작은 문명국가에게 자신의 입장을 부드럽게 천명하고 있으며 장군은 무장한 일본군으로서 한국인을 위협하고 있다.

베델은 1907년 시작된 국채보상운동에 적극 앞장서기도 한다. 애연가였던 단재도 금연을 선언하고 국채보상운동에 적극 앞장선다. 당시 한국 정부가 일제로부터 도입한 차관 1,300만 원을 갚자는 운동이었다. 《대한매일신보》는 다음과 같은 기사를 실어 국민들의 모금을 독려했다.

지금은 우리들이 정신을 새로이 하고 충의를 떨칠 때이니, 국채 1,300만 원은 바로 우리 한韓 제국의 존망에 직결된 것이다. 그러나 이것을 갚으면 나라가 존재하고, 갚지 못하면 나라가 망할 것은 필연적인 사실이다. 그러나 지금 국고는 도저히 상환할 능력이 없으며, 만일 나라에서 갚는다면 그때는 이미 3천 리 강토는 내 나라, 내 민족의 소유가 못 될 것이다. 국토란 한 번 잃어버리면 다시 찾을 길이 없는 것이다. 일반 국민들은 의무라는 점에서 보더라도 이 국채를 모르겠다고는 할 수 없는 것이다. 그러므로 이 국채를 갚는 방법으로 2천만 인민들이 3개월 동안 흡연을 금하고, 그 대금으로 한 사람이 매달 20전씩 거둔다면 1,300만 원을 모을 수 있으며, 만일 그 액수가 미달할 때는 1환, 10환, 100환의 특별 모금을 해도 될 것이다.

《대한매일신보》사에 국채보상지원금총합소를 설치하여 한규설과 양기탁 등이 관리 책임을 맡았다. 전국 각지에서 금연, 금주 운동과 패물 기증이 이어졌으며 모금 운동이 전국 각지에서 실행되었다. 그러나 매국단체 일진회의 공격과 간사인 양기탁을 공금 횡령이라는 거짓 죄목을 만들어 구속하는 등 방해로 인하여 좌절되고 말았다. 그러나 《대한매일신보》는 1만 부가 넘는 발행부수를 가진 국내 최대 신문사로 발돋움했다.

계속되는 일본 정부의 항의로 1907년 10월 14일과 15일 주한 영국공사 헨리 코번이 약식재판을 열어 베델에게 6개월 근신 판결을 내린다. 근신을 마친 베델은 오히려 더욱 강력한 항일 언론투쟁을 전개했다. 통감이었던 이토 히로부미가 자신의 말보다 신문기사가 미치는 영향이 더 크다고 힘들어했을 정도였다. 결국 일본 정부의 강력한 항의로 1908년 6월 15일부터 19일까지 영국 총영사관에서 두 번째 재판이 이루어졌다. 상해 주재 영국고등법원 판검사가 서울로 와 정식재판이 열렸다. 치열한 법정공방 끝에 베델은 금고 3주와 근신 6개월 판결을 받고 상해감옥에 수감된다. 4천만 환의 벌금형도 받았으나 한국인들이 모금하여 대납했다.

건강이 좋지 않았던 베델은 3주 금고형을 마치고 돌아온 이듬해인 1909년 5월 1일 심장확장증으로 숨을 거두었고 5월 2일 양화진에 안장되었다. "나는 죽을지라도 《대한매일신보》는 영생케 하여 한국 동포를 구하라"는 유언을 남겼으나 그의 유언조차도 일본은 지키지 못하게 방해했다.

베델이 37세에 안타깝게 사망하자 전국 각지에서 만사輓詞를 보내왔다. 251인이 보내온 만사 259편을 모아서 엮은 《배설만사집裵說輓詞集》이 전한다. 전국 각지의 다양한 인사들이 보내온 만사들만 보아도 젊고 푸른 눈의 한 영국 젊은이가 이 민족을 위해 자신의 목숨도 아끼지 않고 싸운 힘겨운 싸움을 기억하고 추도하는 사람들이 많다는 것을 말해준다. 베델의 부인이 소지하고 본국으로 돌아가 후손들이 보관하던 것을 한국에 기증했다. 대한민국 등록문화재 제482호다.

만사 중 양기탁의 칠언절구 〈배곡배공拜哭裵公〉이 《배설만사집》에 실렸다.

대영제국의 남아가 대한의 서울에 와서 大英男子大韓衷
대한매일신보로 그 까만 밤을 밝히셨네 一紙光明黑夜中
우연 아닌 오심을 어찌 급히 뺏어 가사 來不偶然何遽奪
하늘이시여, 그 깊은 뜻 묻잡자 하놋다! 欲將此意問蒼穹

_양기탁, 〈배곡배공〉 전문

베델 사망 이후 부인 메리 몬드는 모든 재산을 그대로 두고 관을 덮었던 태극기와 영국기, 베델이 그토록 사랑했던 한국인들이 전국에서 보내온 만사와 조문弔文, 신문들만 가지고 영국으로 돌아갔다. 그리고 아들과 손자에게 베델의 항일투쟁기를 전하며 평생을 '한국사랑'으로 살았다 한다. 메리 몬드는 1965년 7월 2일, 90세로 별세했다.

미국 작가인 로버트 웰스 리치가 100여 년 전 베델을 주인공으로 쓴 소설 두 편이 있다. 첩보소설《황제 납치 프로젝트The cat and the king》1912와《황제의 옥새The Great Cardinal Seal》1914가 그것이다.《대한매일신보》의 후신인《서울신문》에서 연재한 적이 있다. 2018년 12월에는 대한민국 국가보훈처장이 베델의 손녀 수전 제인 블랙의 자택에 독립유공자의 집 명패를 전달했다. 해외 독립유공자 명패 기증으로는 첫 번째다. 수전 제인 블랙은 할머니인 베델의 부인 메리 몬드가 남편 사망 후 보관하던 유품들을 대한민국에 기증했다. 손자 손녀가 기억하는 할머니는 한국에 살았던 시간을 추억하며 좋아했고, 할아버지를 죽음에 이르게 한 일본을 용서하지 못했다고 한다. 유품들은 현재《동아일보》신문박물관에 소장되어 있다.

양화진에 안장된 베델의 묘비에는 '大韓每日申報社長 大英國人 裵說之墓대한매일신보사장 대영국인 베델의 묘'라고 적혀 있다. 뒷면에 장지연이 쓴 비문은 일제가 망치와 정으로 쪼아버렸다. 지금도 베델의 묘비에는 그 흔적이 선명하게 남아 있다. 해방 후 1964년 언론인들이 기금을 모아 장지연의 원래 비문을 새긴 작은 비석을 원래 묘비 곁에 따로 세웠다.

고종은 "하늘은 무심하게도 왜 그를 이다지도 급히 데려갔단 말인가天下 薄情之 如斯乎"라고 탄식했다. 한 영국 젊은이의 짧은 인생이 한 나라의 황제로부터 수많은 지식인들과 각계각층 인사들과 국민들의 탄식을 자아내게 할 만한 삶이라는 것인 놀랍다. 짧은 안목으로 길게 사는 것보다 긴 안목으로 짧게 사는 것이 더 중요함을 보여주는 것이다. 1968년 3월 1일 대한민국 정부는 베델에게 대한민국 건국훈장 대통령장을 추서했다. 누구도 이의를 제기하지 않았을 것이다. 그의 삶이 웅변 그 자체였으며 일제가 그의 인생에 가했던 압박의 흔적 같은 묘비의 흔적이 고스란히 남아 있기 때문이다. 상처 난 한 영국 남자의 묘비가 오늘의 대한민국이 있기까지 어떤 역사를 품고 서 있는지 이제 조금 더 알려졌으면 한다. 자신은 사라져도 자신의 분신 같은《대한매일신보》는 남아 조선 동포를 구하기를 원했던 베델의 애절한 조선 사랑이 오늘의 우리가 존재하는 밑거름이 되었음을 틀림이 없다.

한국 사람보다 한국을 더 사랑한 미국인 헐버트

구전으로만 전해오던 '민족의 노래'에서 '세계인의 노래'가 된 〈아리랑〉을 최초로 악보로 옮긴 사람이 누구일까? 호머 헐버트Homer B. Hulbert, 1862~1949 박사다. 그는 "〈아리랑〉은 한국인들에게 쌀과 같은 것"이라고 했다. 밥심으로 살았던 한국인들이 〈아리랑〉을 부르며 역사의 고개를 넘어왔다는 뜻으로 해석된다. 2015년 제

1회 〈서울아리랑상〉 수상자로 선정되어 손자 브루스 헐버트가 방한하여 수상했다. 문경새재 입구에 있는 옛길박물관에는 '문경새재 아리랑비'를 건립하여 헐버트의 〈아리랑〉 사랑과 한국 사랑을 기념하고 있다. 우리나라 음악에 최초의 서양 악보를 사용한 예가 되었다.

헐버트는 미국 버몬트주에서 회중교회 목사의 가정에 3남 1녀 중 둘째 아들로 태어났다. 1880년 다트마우스Dartmouth 대학에 입학하여 1884년 졸업한다. 대학 시절 문학과 역사에 관심이 많아 독서에 심취했다. 다양한 고전들을 읽었고 운동과 봉사활동에도 열심이었다. 졸업 후 진학한 유니온신학교 재학 중 1884년 조선 최초의 서양식 교육기관인 육영공원에서 교사를 모집한다는 소식을 듣고 학교를 그만두고 조선으로 향하게 된다. 23세인 1886년 7월 4일 육영공원 교사로 내한했다.

조선에 도착한 그의 눈에 보인 것은 조선인들이 학문을 숭상하는 민족이라는 것과 선진교육이 필요하다는 것이었다. 신분이 높은 집안의 자녀들뿐 아니라 국민 전체를 대상으로 하는 교육 활동이 필요하다는 생각을 했다. 1886년부터 1891년까지 5년 동안 육영공원에서 학생들을 가르쳤다. 모든 학비는 무료였으며 큰 액수의 담뱃값도 지급되었다고 한다. 젊은 관리들의 교육과 명문가 자녀들을 대상으로 하는 귀족학교였기에 애로사항이 많았다. 처음에는 신학문에 호기심을 가지고 공부에 임하던 젊은이들이 점차 나태해지면서 이런저런 핑계로 수업을 빠지기도 했다. 출세를 위한 공부 외에는 관심이 없는 것도 큰 문제였다. 결국 정부의 재정

악화와 관리 부실, 학생들의 태만함 등이 이유가 되어 계약 기간을 마친 교사들이 미국으로 돌아가게 되면서 자연스럽게 문을 닫게 되었다. 교사였던 헐버트는 1891년 미국으로 돌아갔다 2년 후인 1893년 미국 감리교 선교사가 되어 다시 한국으로 돌아온다.

한국으로 돌아온 그는 배재학당 안에 있던 삼문출판사三文出版社의 책임을 맡게 된다. '삼문'은 한글, 한문, 영어 세 언어로 인쇄와 출판이 이루어졌기에 붙은 이름이다. 1887년 중국에 있던 올링거 목사가 한국으로 초빙되어 시작한 출판사였다. 배재학당 학생들이 일하면서 학비를 벌 수 있는 장이 되기도 했다. 한글학자 주시경이 배재학당 시절 이곳에서 일하며 학비를 벌었다. 그가 후일 한글학자로 성장하게 되어, 과학적이고 편리한 한글의 우수성을 발견한 계기가 되었다. 삼문출판사는 기독교출판사였으나 기독교 신문과 잡지뿐만 아니라 일반서적과 교과서도 출판했다. 성경과 찬송가 등도 출판했으나 후에는 《독립신문》을 이곳에서 인쇄하게 된다.

헐버트의 한글 사랑은 특별했다. 한글 전용 운동을 최초로 주창한 사람이었다. 한국 근대 최초의 교과서라 할 수 있는 《사민필지士民必知》를 저술했는데 서문에서 "중국 글인 한문으로는 모든 사람이 빨리 알지 못하고 널리 볼 수 없으며, 조선 언문은 본국 글일뿐더러 알기 쉬우니 슬프다! 조선 언문이 중국 글자에 비해 크게 요긴하건만 사람들이 요긴한 줄도 알지 아니하고 오히려 업신여기니 어찌 아깝지 아니하리오"라고 적었다. 한문 꽤나 읽는 것이 지식과 신분의 상징이었던 시대라 그러고도 남았을 것이다. 헐버트는 한글이 조선을 문명국가로 끌어올릴 비책이라고까지 생각했다. 《사민필지》는 제목 그대로 양반뿐만 아니라 모든 백성들이 알아야 하는 세계 지리와 문화를 소개하는 최초의 한글 교과서다. 헐버트는 한글로 이 책을 저술하여 육영공원의 교재로 사용했다. 한글을 무시하는 식자층의 욕구를 채워주기 위해 오히려 한글로 저술된 교재를 한문으로 번역하여 사용한 경우였다. 그는 한국역사에도 관심이 많아 800여 페이지에 달하는 《한국사History of Korea》1905를 펴내기도 했다.

그는 선교사였으나 한글학자요, 출판인이었으며, 교사요 계몽운동가요 심지어 독립운동가였다. 한국YMCA 창립에 의장으로 중요한 기여를 했으며, 《독립신문》 발행도 헐버트가 삼문출판사를 맡고 있었기에 가능했다. 한글을 사랑하고 한글이 영어보다 더 우수한 문자라고 판단했다. 한글 기사와 소식을 영어로 번역하여 《한국소식The Korean Repository》의 공동 편집인을 맡았고, 1901년에는 항일언론 역할을 했던 영문월간지 《한국평론The Korea Review》를 창간했다. 언론을 통한 독립운동 지원에 가장 크게 이바지했다. 1905년 을사늑약 이후에는 한국의 역사, 문화, 전통, 풍습 등 한국 사회의 거의 모든 것을 집대성했다 해도 과언이 아닐 《대한제국멸망사The Passing of Korea》를 펴냈다. 한민족의 역사를 총체적으로 집약하여 국제 사회에 알린 최초의 저작물이라 할 수 있다.

비방이 극에 달하고 정의가 빛을 잃은 이때 나의 큰 존경의 표시와 변함없는 충성의 맹세로서 대한제국 황제 폐하에게 그리고 지금은 옛 한국이 낯선 한국에게 자리를 내주는 모습을 목격하고 있으나 민족정신이 어둠에서 깨어나면 '잠은 죽음의 모습을 하지만' 죽음 그 자체는 아니라는 것을 증명하게 될 대한제국 국민들에 이 책을 바친다.

_헐버트, 〈헌사〉, 《대한제국멸망사》 중에서

외국인인 그를 한국의 '독립운동가'라고 부를 수 있는 이유를 살펴보자. 그는 1895년 일제의 민비 시해사건 이후에는 시해 위협에 시달리던 고종을 위해 언더우드 등과 함께 권총을 품고 고종의 침전寢殿 불침번을 섰다. 근대 한민족에게 가장 수치스러운 두 사건이 1905년 을사늑약과 1910년 한일합방이다. 고종은 을사늑약을 저지하기 위해 헐버트를 자신의 특사로 임명하여 미국 대통령 루스벨트에게 친서를 보낸다. 이미 일본과 태프트-가츠라 밀약으로 친일노선을 정한 상황이기에 그는 대통령을 만나지도 못한다. 조미수호통상 조약에 따라 일본의 침략을 막아달라고 호소했으나 뜻을 이루지 못한다. 헐버트는 이후 지속적으로 '미국이 한국을 일본에 넘겼다'고 자국을 비난했다. 국제사회에 계속적으로 일본의 만행을 규탄하는 기사를 내보내는 헐버트는 일본 조선통감부 통감이었던 이토에게 가장 큰 두려움이자 골칫거리였다. 일본 통감부를 찾아가 이토 히로부미에게 한국인들에게 공정한 재판을 보장하면 국제 사회에 일본을 비난하는 일을 중지하겠다고 했다. 일본이 저지르는 만행의 일거수일투족을 기사화하여 국내외에 알리는 일에 앞장섰다.

1907년 일본 궁내성 대신 다나카 미스야키가 고려 시대 유적인 개성 인근 경천사 10층 석탑을 일본으로 무단 반출해가는 사건이 있었다. 고종 황제가 국가의 유적임을 강조하며 반대했으나 군대를 동원하여 막무가내로 강탈한 사건이었다. 베델이 발간했던 《대한매일신보》에도 10여 차례 이상 기사가 보도되었고, 헐버트는 현장으로 달려가 사진을 찍고 《한국평론》에 석탑 강탈과 밀반출 과정을 폭로했다. 베델이 발행하는 《대한매일신보》와 《코리아 데일리 뉴스Korea Daily News》와 헐버트가 발행하던 《한국평론》의 지속적인 보도와 반환 요구 등의 노력으로 이 석탑은 1918년 11월 15일 돌아오게 되었다. 일제의 문화재 수탈의 상징적인 사건이 되었다. 현재는 용산에 있는 국립중앙박물관에 우리 문화재의 소중함을 알리는 상징으로 우뚝 서 있다.

경천사 10층 석탑 밀반출 사건이 일어난 같은 해인 1907년 고종황제는 이상설, 이준, 이위종을 헤이그에서 열리는 만국평화회의 특사로 임명하기에 앞서 헐버트를 조약 상대국 국가 원수들을 만나는 특사로 임명했다. 각국 원수들을 만나 한국의 독립을 위한 지원을 끌어내고 헤이그 특사들의 활동을 지원하기 위함이었다. 1907년 7월 10일 헤이그 평화클럽Peace Club에서 일본의 제국주의 침략을 비난하는 연설까지 했다. 헤이그 특사는 3인이 아니라 4인이 되어야 맞다고 볼 수 있다. 헐버트는 이 사건이 빌미가 되어 일제에 의해 한국에서 추방당하게 된다. 추방 후에도 그는 미국에서 활동 중이던 서재필, 이승만 등과 협력하며 한국인들의 독립운동을 끊임없이 도왔다.

헐버트는 세 차례에 걸쳐 고종의 특사 역할을 했다. 루스벨트 대통령에게 을사늑약의 부당함을 호소하기 위해 파견된 일이 처음이었다. 두 번째는 헤이그 만국평화회의에 파견된 일이었다. 세 번째는 고종황제의 내탕금과 관련된 일이었다. 왕의 비자금 같은 성격의 내탕금은 격려금이나 왕실에 들어가는 비용 등으로 쓰였고 흉년기에 구호자금으로 쓰이기도 했다. 고종이 독일계 은행에 맡긴 내탕금의 규모는 약 51만 마르크 정도였다. 현재 가치로 약 250억에 달하는 금액으로 지금까지 보관된 기간만큼 이자를 더하면 수조 단위에 가까울 것으로 추측된다. 고종은 이 돈을 비밀리에 이루어지는 독립운동을 지원하는 일에 사용하기도 했다. 1909년 잠시 한국을 방문한 헐버트를 만난 자리에서 고종은 상해에 있는 독일계 은행에 맡긴 내탕금을 찾는 일을 부탁한다. 그러나 헐버트가 상해에 도착했을 때는 일본이 이미 이 돈을 찾아간 후였다. 이후 40년 이상 헐버트는 이 돈을 찾기 위해 사방으로 노력했으며, 해방 후 이승만 대통령에게 보낸 편지에서도 이 돈을 꼭 찾아야 한다고 강조했으나 정부 차원에서의 어떤 노력도 없었다.

헐버트 박사 기념사업회 회장 김동진은 헐버트의 손자 집에서 자료들을 살펴보던 중 고종 황제가 내탕금을 예치할 때 상해 덕화은행장이 써준 예치금 영수증과 통감부 외무총장이 은행으로부터 돈을 받고 써준 영수증 등을 찾아냈다. 영수증 하단에는 황제 폐하의 지시에 의해서만 처분될 것이라 적혀 있었다. 일본에게 이 돈을 내준 독일은행도 이 일을 방조했다는 책임을 면하기 어렵다. 그가 이 일을 위임받은 것이 세 번째 특사로서의 임무였다. 고종이 헐버트를 얼마나 신임했는지 알 수 있는 대목이다. 헐버트의 생전 두 가지 소원은 한국의 통일을 보는 것과 고종 황제의 내탕금을 찾는 일이라고 했다.

헤이그 특사 사건 이후 고종 황제가 강제 퇴위되고 헐버트는 미국으로 추방되어 정착한다. 1907년부터 1945년 해방이 되기까지 그는 한국에서 발행되는 신문과 잡지에도 계속 글을 기고하여 한국의 독립운동을 지지했다. 1919년 3·1운동이 일어난 소식을 들은 헐버트는 〈한국을 어찌할 것입니까?What about Korea?〉라는 진술서를 미국 상원에 제출하고 상원 외교위원회에 참석하여 일제의 만행을 폭로하는 연설을 했다. 그는 미국이 대한민국 임시정부를 승인하도록 촉구하는 캠페인에도 적극 참여했다.

평소 〈아리랑〉을 즐겨 불렀던 헐버트. 자신이 졸업한 다트머스 대학에 제출한 '졸업 후 신상기록부'에 "나는 1,800만 한국인의 권리와 자유를 위해 싸워왔으며 한국인에 대한 사랑은 내 인생의 가장 소중한 가치다. 결과가 어떻게 되든 나의 그러한 행동은 가치 있는 일이라고 생각한다"고 썼다. 아직 대한제국이 일제치하에 있던 1934년 어쩌면 한국 사람은 한 명도 볼 가능성이 없는 학교에 제출하는 신상기록부에 적은 그의 글이 한국인을 향한 그의 진심이 아닐까. 한국인보다 한국을 더 사랑한 파란 눈의 한국의 독립운동가 헐버트라는 호칭이 어색하지 않은 삶이다.

1949년 7월 29일 좋지 않은 건강상태로 너무나 한국을 오고 싶어 하던 헐버트가 인천항에 도착했다. 23세에 처음 제물포항에 도착했던 청년은 86세의 노인이 되어 같은 장소 다른 이름의 항구에 도착했다. 자신의 죽음을 예견이라도 한듯 기자에게 전한 그의 소감은 "나는 웨스트민스터 사원보다 한국 땅에 묻히기를 원합니다I would rather be buried in Korea than in Westminster Abbey"였다. 한국에 있을 때나 한국 땅을 떠나 있을 때나 그의 가슴속에 한국과 한국인이 남아 있었기 때문이다. 그렇게 오기를 원했던 한국 땅에 도착한 지 일주일만에 그는 이 땅에서 눈을 감아 아름다운 한강이 내려다 보이는 양화진에 안장되었다. 이미 한 살 때 한국에서 태어나 1년 만에 사망한 그의 아들 셸던 헐버트Sheldon Hulburt, 1896~1897의 곁에 묻혔다. 그의 묘비에도 총탄의 흔적이 남아 그가 생전 그렇게 사랑했던 한민족의 역사와 사후에도 함께한 마음을 느낄 수 있다.

한국정부는 1950년 외국인에게는 최초로 건국공로훈장 독립장을 추서했으며, 2014년 한글날에는 한글 보전과 보급에 헌신한 공을 높이 평가하여 대한민국 금관문화훈장을 추서했다. 한국인보다 한국을 더 사랑했던 사람이라는 묘비 앞에 설 때마다 부끄러움을 느낀다. 오늘날 한국인들은 전 세계에 흩어져 살아가는 민족이 되었다. 약 750만이 180여 개 국가에 흩어져 살아간다. 한국 사람들에 대한 그 민족의 정서가 어떨지 생각해본다. 그의 삶을 가장 잘 아는 사람이 요약해서 기록한다. 내 묘비에 이름과 함께 기록될 한 문장은 무엇일까? "나는 웨스트민스터 묘지에 묻히는 것보다 한국에 묻히기를 더 원한다"에 필적할 만한 문구가 떠오르는 인생이면 위대한 인생이기보다 사명에 충실하고 사랑하는 것을 위해 모든 것을 내어준 삶이라 할 수 있겠다.

3대에 걸친 한국 사랑 캐나다인 윌리엄 제임스 홀 가족

지금도 결핵에 걸리는 사람들이 있나 생각할 수 있겠지만 우리나라는 OECD 가입국 중 결핵 발병 및 사망률 1위 국가다. 2017년 기준 결핵환자 수 3만 6,044명, 신규 결핵 환자 2만 8,161명, 결핵으로 인한 사망자 수는 1,816명이라고 한다. 대한민국의 경제 수준에 비교해 많은 숫자다.

'크리스마스 씰Christmas Seal'은 19세기 말 덴마크 코펜하겐의 우체국 직원이었던 아이날 홀벨Einal Hollbelle이 많은 어린아이들이 결핵으로 죽어가는 것을 안타깝게 여겨 동전 한 닢짜리 씰을 우편물에 붙여 기금을 마련하려는 생각을 하게 되었다. 국왕의 지원을 받아 1904년 12월 10일 세계 최초로 크리스마스 씰을 발행하게 되었고, 1907년 미국을 시작으로 전 세계로 확산되기 시작했다.

우리나라에서는 1932년 12월 캐나다 출신의 선교사인 셔우드 홀Sherwood Hall, 1893~1991이 처음 도입했다. 셔우드 홀이 크리스마스 씰을 발행하게 된 동기는 첫째는 한국 사람들에게 결핵을 올바르게 인식시키고, 둘째는 만인을 항결핵 운동에 참여시키는 것, 셋째는 재정적 뒷받침을 필요로 하는 결핵퇴치사업의 기금을 모으기 위함이었다. 1932년부터 1940년까지 아홉 차례에 걸쳐 크리스마스 씰이 발행되었으나 1941년 셔우드 홀이 일제에 의해 간첩 누명을 쓰고 강제 추방됨에 따라 발행이 중단되었다. 해방 후 셔우드 홀과 함께 크리스마스 씰 발행에 참여했던 문창모 박사가 다시 시작했다. 1953년 대한결핵협회가 창립되면서 크리스마스 씰을 통한 본격적인 모금 활동이 시작되었다.

셔우드 홀은 서울에서 태어났다. 1900년 6월 평양외국인학교 첫 입학생으로 입학하여 1908년까지 공부했다. 셔우드 홀의 부모가 그가 태어나기 전 한국에 선교사로 오게 되면서 그의 한국생활이 시작되었다. '닥터 홀 패밀리'라 불리는 가족의 조선 사랑은 그렇게 시작되었다. 셔우드 홀의 어머니 로제타 홀의 이야기부터 먼저 해보자.

로제타 홀은 뉴욕 리버티에서 영국계 이민자 가정의 큰 딸로 태어났다. 리버티보통학교와 오즈웨고학교에서 공부한 후 교사가 된다. 교사로 일하던 중 참여한 컨퍼런스에서 인도의 결핵환자들에 대한 이야기를 듣고 펜실베이니아 여자의과대학에 입학한다. 뉴욕 스태튼 아일랜드 간호병원 소아과에서 인턴과정을 거친 후 맨해튼 빈민진료소에서 일을 시작한다. 자신의 건강도 좋지 않았으나 그녀는 "만일 당신이 인류를 위해 봉사하고자 한다면 아무도 가지 않으려 하는 곳에서 아무도 하지 않으려는 일을 하십시오"라는 마리 라이온스Mary Lyons의 연설을 늘 기억했다. 그녀가 후에 자신의 남편이 되는 윌리엄 제임스 홀을 만난 것도 뉴욕시의 빈민진료소였다.

윌리엄 제임스 홀은 1860년 캐나다 온타리오주 글렌 뷰엘에서 태어났다. 한때 목공 일을 했으나 폐가 나빠져 죽음의 위기에 처하게 된다. 기적적으로 회복된 이후 인생의 방향을 전환하여 의과대학에 진학한다. 졸업을 하고 의사가 되자 의료봉사와 다름없는 빈민진료소에서 활동한다. 함께 봉사하며 만난 로제타와 서로에게 호감을 가지게 되고 로제타가 홀의 청혼을 받아들여 약혼하게 된다. 로제타가 먼저 조선으로 떠나게 되었고 두 사람은 각기 다른 나라로 파견될 상황도 있었으나 약 1년 후 조선에서 다시 만나 결혼하여 가정을 이루게 된다.

로제타는 조선 최초의 여성병원이라 할 수 있는 보구여관普救女館의 책임자가 된다. 남편과 함께 평양으로 일하는 곳을 옮길 때까지 이 병원에 근무하며 환자들을 돌보게 된다. 이 병원은 동대문부인병원으로 되었다가, 지금의 이화여대병원이 되었다.

1894년 청일전쟁 발발에 대한 우려로 모든 선교사들이 서울로 철수할 수밖에 없었다. 청일전쟁의 격전지였던 평양은 폐허가 되었고 방치된 시신들과 전염병이 돌고 있었다. 선교본부에서 평양으로 가는 일을 만류했으나 윌리엄 홀은 어려움 가운데 있는 사람들을 방치할 수 없다고 평양으로 가서 계속 머물며 환자들을 치료했다. 결국 격무에 시달리던 그는 1894년 11월 24일 발진티푸스에 걸려 운명하고 만다. 만 34세, 결혼한 지 2년 5개월 만이었다. 이때 셔우드 홀은 두 살이었으며 로제타의 배 속에는 7개월 된 딸이 있었다. 로제타는 일기를 꾸준히 쓰던 사람인데 남편의 마지막 말은 자신이 평양으로 간 것을 후회하지 말기를 부탁했다고 한다.

1894년 겨울 남편의 갑작스런 죽음과 딸의 출산을 앞두고 로제타는 미국으로 돌아간다. 보구여관에서 자신을 도와 성실하게 일했던 조선인 부부를 함께 데려가는데 박유산과 김점동이었다. '박에스더'라고도 불리는 조선인 처녀 김점동은 로제타를 도와 환자들을 돌보는 일에 진정과 열심을 다하던 사람이었다. 그녀를 아켰던 홀 부부는 결혼도 중매했다. 로제타 홀은 미국으로 돌아가는 길에 그녀를 지금의 존스합킨스 의대가 된 볼티모어 여자의과대학에 입학시켜 의학을 공부하게 했다. 1900년에 공부를 마치고 조선에 돌아와 로제타와 함께 광혜여원廣惠女院에서 환자들을 진료하는 조선 최초의 여의사가 되었다. 닥터 홀 부부의 삶을 닮아서인지 매일 찾아오는 환자들을 마다하지 않고 하루에도 수백 명의 환자를 진료하던 박에스더는 1910년 폐결핵에 걸려 갑작스러운 죽음을 맞는다. 사망 당시 그녀의 나이도 닥터 홀처럼 만 34세였다. 그녀의 유학생활 동안 일을 하며 아내 뒷바라지를 하던 남편 박유산도 폐결핵으로 미국에서 생을 마쳤다. 이들의 죽음은 로제타의 아들 셔우드 홀이 의사가 되어 결핵 퇴치에 힘을 쏟는 이유가 되기도 한다.

1897년 평양에 닥터 홀을 기념하는 '기홀병원'이 세워진다. 로제타 가족과 조선인들이 함께 힘을 모아 건립한 병원이었다. 조선은 여전히 도움이 절실하다는 것을 깨닫고, 로제타는 어린 아들과 딸을 데리고 다시 평양으로 향한다. 그녀는 광혜여원이라는 여성병원을 개원하여 공부를 마치고 돌아온 박에스더와 함께 환자들을 돌보는 일에 전념한다.

로제타 홀은 평양에 도착한 지 얼마 되지 않아 또 한 번의 아픔을 겪게 되는데 미국에서 태어난 어린 딸 이디스 마거릿Edith Margaret Hall이 1898년 5월 21일 이질로 사망한다. 어린 딸의 시신은 양화진에 묻힌 남편의 곁에 묻었다. 그녀는 딸의 죽음을 일기에 다음과 같이 기록했다.

남편 죽음 이후에 얻었던 이디스는 다섯 살 풍토병으로 죽고 만다. 의사였던 엄마로서도 어쩔 수 없었다. 체온 41도 숨이 가쁘고 힘들어 했다. 잠시 후 호흡의 간격이 점점 길어졌다. 눈을 크게 뜨고 엄마를 바라본 채 작은 영혼이 서서히 떠나갔다. 그렇게 그 아이는 세상에 보내주신 그분에게로 다시 돌아갔다.

_〈1899년 1월 18일 일기〉 중에서

남편을 젊은 나이에 양화진에 묻고 몇 년 지나지 않아 아빠의 얼굴도 보지 못하고 태어난 딸을 남편의 곁에 묻은 마음을 지금 우리가 다 이해할 수는 없다. 딸을 묻은 지 얼마 되지 않은 1900년에 그렇게 아꼈던 조선 최초의 여의사 박에스더도 떠나보내야 했던 로제타 홀의 심정을 어떻게 표현해야 할까? 그럼에도 불구하고 로제타 홀은 포기하지 않고 계속 조선 사람들을 위해 일했다. 딸의 죽음을 추모하여 세운 '이디스 마가렛 기념병원'이 한국 최초의 어린이 전문 병원이 되었다. 그 병원에서 로제타 홀은 우리나라 최초의 맹아교육을 시작한다. 해외에서 사용하는 점자들을 연구하여 한국 사람에게 적합한 점자를 만들어 맹아들을 교육하는 일에 앞장섰다. 한국 최초의 점자책과 점자교과서도 그녀의 손에서 만들어졌다. 로제타 홀은 맹아들과 농아들을 위한 최초의 학교를 설립하여 학업과 직업 교육을 실행한 최초의 사례라 볼 수 있다. 그녀에게 최초로 점자를 배운 오봉래는 졸업 후에 평양맹아학교의 교사로 일하게 된다.

1928년에는 경성여자의학강습소를 열어 여자 의사를 양성하는 일도 시작했다. 로제타 홀이 1933년 은퇴하여 미국으로 돌아간 후에 수도여자의과대학, 우석의과대학을 거쳐 고려대학교 의과대학으로 이어져 내려오게 되었다. 어머니가 떠난 뒤에는 아들 셔우드 홀이 병원을 이끌었다.

최초의 맹아교육, 최초의 농아교육, 최초의 여의사 양성기관, 최초의 점자교과서 등 그녀의 손에 탄생한 최초의 기록은 놀랍기만 하다. 그러나 그 배후에는 남편의 죽음, 어린 딸의 죽음, 젊은 여제자의 죽음 등이 있었다. 그럼에도 불구하고 한국인을 향한 그녀의 사랑이 43년이라는 시간 동안 식지 않고 불타올랐기에 오늘의 많은 의료기관들과 장애인 교육기관들이 존재하는 것이다. 그녀는 1951년 4월 미국에서 세상을 떠났으나 사랑하는 남편과 딸의 곁인 양화진에 묻혔다.

아들 셔우드 홀은 1893년 11월 10일 조선 땅에서 태어났다. 사업가가 되려는 꿈을 품고 자랐으나 가족처럼 지냈던 박유산과 박에스더가 결핵으로 죽고 많은 한국인들이 결핵으로 죽는 것을 보며 의사가 된다. 토론토 의대를 졸업하고 부인 마리안 버텀리Marian Bottomly와 함께 1926년 다시 한국으로 돌아온다. 그는 특히 폐결핵 치료를 깊이 연구하여 전문가가 되었다. 해주에 최초의 결핵요양병원인 해주구세병원海州救世病院을 세웠다. 결핵요양원을 세우는 일을 반대하는 사람들로 인해 어려움을 많이 겪었으나 '결핵환자의 위생학교'라는 이름으로 개원하게 된다. 그는 한국 최초로 크리스마스 씰을 발행하면서 도안에 거북선을 넣었으나 일제가 반대하여 남대문으로 바꿨다고 한다.

"나의 청진기로 조선 사람들의 심장을 진찰할 때면 내 심장도 조선과 함께 뜁니다."

조선과 함께 심장이 뛰던 의사 셔우드 홀. 14년여를 봉사하던 조선에서 그는 결국 쫓겨난다. 1940년 태평양전쟁을 앞둔 일제의 의해 크리스마스 씰로 독립자금을 모았다는 간첩혐의로 체포되었다가 겨우 풀려나 한국에서 추방당하게 된다. 한국을 떠나 인도로 가서 의료선교사로 결핵 퇴치에 앞장섰다. 1991년 사망한 그의 유해도 양화진 언덕 부모님과 여동생 곁에 묻혔다. 일가족이 이룬 일이라고 하기엔 한국 사회에 미친 영향이 크고 깊다. 양화진외국인선교사묘원 안에 있는 '양화진 홀'이라는 전시관에 셔우드 홀이 조선 사람들의 심장을 진찰할 때 사용했던 청진기와 들고 다니던 왕진 가방이 전시되어 있다. 청진기에서 그의 심장박동 소리가 들리는 듯하다. 그의 어머니 로제타 홀의 일기도 전시되어 읽는 이들의 마음을 뭉클하게 한다. 가족이 소중하지 않은 사람이 어디 있겠는가? 자식 잃은 슬픔은 누가 쉽게 이해할 수 있겠는가? 그러나 그것을 뛰어넘은 무엇이 그들에게는 있었다. 그것은 사랑이었다. 윤봉길이 조국을 향해 품었던 사랑과는 다른 사랑이었을까? 조선인을 향한 사랑이 그들을 움직이게 했다. 사랑이 움직이게 해야 희망이 있다. 사랑의 희생은 사람을 살게 하고 나라를 살게 하기에. 욕망은 희망을 낳지 못한다. 욕망은 탐욕스런 국가와 인생을 탄생시킬 뿐이다. 자신을 온전히 내어주는 사랑만이 희망을 낳는다. 오늘 나를 움직이게 하는 힘의 근원은 무엇인가 고민해본다.

이해할 수 없는 사랑

일본인, 영국인, 미국인, 캐나다인 등 다양한 국적의 사람들이 한국의 고아들을 위해 식민지배로 신음하는 한민족을 위해 병들고 장애가 있는 사람들을 위해 자신과 자신들의 가족들 어린 자녀들까지 머나 먼 이국땅에 묻을 수 있는 이유는 도대체 어디에 있는 것일까? 정의감이 넘쳐서일까? 정의감만으로 남을 위해 죽을 수 있는 힘이 생길까? 그들의 한결같은 대답은 이 민족을 향한 사랑이라 한다.

If I had a thousand lives to give, Korea should have them all.

만약 내게 줄 수 있는 천 개의 생명이 있다면 한국이 그 모두를 가져야 한다.

조선 땅에 온 지 9개월 만에 병으로 사망한 25세의 여성 루비 켄드릭의 묘비에 적혀 있는 비문이다. 1천 개의 생명이 있어도 전부 한국에게 주고싶다는 마음이다. 사랑은 희생과 맞닿아 있다. 희생이 없는 사랑은 이미 사랑이 아니다. 사랑이라는 단어 자체가 오염된 시대를 살고 있다. 그러나 우리와는 다른 한 시대를 이 땅에서 살아갔던 사람들에게 사랑이란 목숨까지도 내어주는 것이었다. 심지어 그것은 내 민족, 내 나라를 뛰어넘는 사랑이었다. 종교가 이 세상에 줄 수 있는 가장 큰 선물이라면 죽어서 가지는 천국이 아니라 살아서 받는 사랑일 것이다. 사랑이 천국이니까.

DALZELLA BUNKER

HOMER B. HULBERT
MAN OF VISION AND
FRIEND OF KOREA

양화진외국인선교사묘원

위치 | 서울시 마포구 합정동 114-3

마포구 합정동에 위치한 개신교 선교사들의 묘지다. 선교사 아닌 외국인들의 묘지도 많이 있지만 선교사들의 묘지에는 그들의 삶에 대한 간략한 개요를 볼 수 있는 팻말이 세워져 있다. 중간에 공원으로 연결되어 있는 절두산 순교성지도 함께 방문해볼 만하다.

신문박물관

위치 | 서울시 종로구 세종대로 152 일민미술관 5, 6층

우리나라 130년 신문의 역사를 한눈에 볼 수 있는 곳이다. 특히 베델의 유품들을 소장하고 있는 곳이기에 광화문에 나가는 길에 들러볼 만한 곳이다.

문경새재 아리랑 기념비

위치 | 경북 문경시 문경읍 상초리 옛길박물관 야외전시장

〈아리랑〉을 최초로 서양악보로 채보한 헐버트를 기념하기 위해 문경시에서 설립한 기념비다. 문경새재를 둘러보는 길에 들러볼 수 있는 옛길박물관과 함께 방문하면 좋다.

영락보린원

위치 | 서울시 용산구 후암로 4길 70번지

소다 가이치가 원장으로 있던 가마쿠라 보육원의 옛 터에 한경직 목사가 세운 고아원이다. 두 사람의 우정과 소다 가이치의 삶을 생각해볼 수 있는 유일한 곳이다.

6장

/

글자 하나 없고 세울 수도 없는 백비

비극을 넘어 평화로

제주 4·3사건

핀 채로 떨어지는 꽃

나는 저 가혹한 확신주의자가 두렵다

가장 눈부신 순간에
스스로 목을 꺾는
동백꽃을 보라

지상의 어떤 꽃도
그의 아름다움 속에다
저토록 분명한 순간의 소멸을
함께 꽃 피우지는 않았다

모든 언어를 버리고
오직 붉은 감탄사 하나로
허공에 한 획을 긋는
단호한 참수

나는 차마 발을 내딛지 못하겠다

전 존재로 내지르는
피 묻은 외마디의 시 앞에서
나는 점자를 더듬듯이
절망처럼
난해한 생의 음표를 더듬고 있다.

문정희 시인의 시 〈동백꽃〉이다. 동백꽃은 핀 채로 지는 꽃으로 유명하다. 대부분의 꽃은 피었다 진다. 동백꽃은 핀 채로 진다. 시인의 표현처럼 "가장 눈부신 순간"에 떨어지는 생명이다. "전 존재로 내지르는/피 묻은 외마디의 시 앞에서/나는 점자를 더듬듯이/절망처럼/난해한 생의 음표를 더듬고 있다"는 마지막 문장은 마치 갈 길을 잃고 표류하는 우리 현실을 대변하는 듯하다. 세계 유일의 분단국가. 동서와 남북으로, 보수와 진보로, 좌파와 우파로 쪼개져 이념적 대립을 계속해오는 우리 모습이 생의 음표를 점자처럼 더듬는 시의 화자와 같다.

더는 무엇이 맞는지 확신을 할 수 없는 순간이 있다. 사실 삶의 시간 대부분은 그런 시간이다. 제주 4 · 3사건이 그렇다. 4 · 3평화공원 기념관에 전시된 비석 하나를 보았을 때 그 혼란은 오히려 가라앉았다. 전시관 입구인 '역사의 동굴'을 지나면 천장이 하늘을 향해 열린 둥근 전시실에 차가운 느낌으로 누워 있는 하얀 비석이 하나 있다. 이름은 '백비白碑'다. 제주 4 · 3사건의 진상 규명이 제대로 이루어지지 않은 미완의 역사를 상징하는 비석이다. 비석 이야기로 가득한 이 책의 모티프가 된 것이 제주 4 · 3 기념관에 누워 있는 글자 하나 없는 '백비'였다.

4 · 3을 바라보는 다양한 시각들이 있다. 북한 지령을 받은 '빨갱이들의 폭동'이라는 시각과 무고한 제주도민 수만 명이 국가 공권력에 학살당한 민간인 학살사건이라 보는 관점까지 다양하다. 4 · 3을 둘러싼 공방은 정치인들의 이해관계와 이념 논쟁까지 가세해 더 복잡해지는 모양새다. 역사는 사람 사는 이야기다. 사람 사는 이야기를 가만히 들어보면 역사의 음성이 들린다. 역사는 지식인들이 문서를 뒤적거려 정리한 글로 완성되지 않는다. 역사는 현장에 있던 현실을 살았던 사람들이 현재에 들려주는 이야기다.

4 · 3을 이해하기 위해 자료들을 접하고 사람들의 이야기에 귀를 기울이면 기울일수록 4 · 3이라는 날짜가 오히려 논란의 소지가

된다는 생각을 하게 되었다. 이 모든 일은 1948년 4월 3일에 시작된 일이 아니다. 4 · 3이라 불리는 풀뿌리 항쟁을 제대로 이해하기 위해서는 제주 역사와 해방 전후의 한반도 상황과 미군정의 역할, 그리고 대한민국 초대 정부의 사상적 배경 등을 이해해야 한다.

비껴가지 않는 시련의 바람

제주는 한반도와 떨어진 섬이지만 역사의 시련이 한 번도 비껴간 적 없는 땅이다. 한반도는 지리적으로 북쪽이 대륙과 연결되어 남쪽 바다 건너에서는 일본이, 북쪽에서는 북방민족들이 끊임없이 침략했던 땅이다. 한반도를 침략한 북방민족 가운데 가장 멀리 있는 몽골족이 세운 원나라의 지배까지 받았다. 고려 시대 삼별초가 최후까지 항전했던 기지가 제주도였으며 조선 시대에는 가장 멀고 험한 유배지로 활용되었다. 말과 해산물, 귤 등 공물을 바치는 일로도 괴로움이 많았던 땅이다. 제주로 내려오는 수령들마다 거의 탐관오리였는데 지역적 특성이 한몫을 했다. 중앙정부와 가장 멀리 있어 간섭과 감독이 소홀하여 부정축재를 일삼고 경치 좋고 놀고 먹기에 좋은 곳으로 인식되었다 한다. 왜구가 자주 출몰하는 곳이었으나 중앙정부에서 대처하지 않아 스스로를 지켜야 하는 현실 속에 살아왔다. 관리들이 수탈이 심하고 농사도 잘되지 않는데다 왜구조차 수시로 출몰하니 섬을 떠나려는 사람들이 많았다. 강제로 출륙금지령이 내려지면 감옥에 갇힌 듯한 세월을 보내야 했다. 인구가 줄어들어도 너무 많아져도 문제는 생겨났다. 제주민들은 굳은 결속력으로 스스로를 지키지 않으면 살 수 없는 환경 속에 수천 년을 살아왔다. 외세와 외부에 대한 저항정신이 뼛속 깊이 새겨져 있을 수밖에 없다.

제주 역사 가운데 특히 근현대사에 속하는 일제강점기로부터 해방으로 이어지는 시기는 4·3사건을 이해하는 데 중요한 기초가 된다. 태평양전쟁 말기 일본은 결7호작전에 따라 제주 전역을 요새화하여 미군과 마지막 결전을 준비했다. 오키나와가 미군에 점령당하자 일본 본토를 지키기 위해 제주를 희생양으로 삼아 최후의 결전을 준비한 것이었다. 제주도민들은 땅굴과 진지 구축을 위한 강제노역에 수년간 시달렸다. 미군이 상륙할 경우 제주도민 20만을 방패 삼아 마지막 항전을 하려는 작전이었다. 그러나 일본 본토에 떨어진 원자폭탄으로 일본은 무조건 항복을 하게 되었고 제주는 잠시 해방의 기쁨을 만끽할 수 있었다.

일본은 항복했으나 아직 미군은 들어오지 않았고 대한민국은 정식 정부가 수립되지 않았던 정치적 공백기였다. 여운형이 중심이 되어 조직한 건국준비위원회이하 '건준'가 나름 전국 조직을 구성하여 시국 수습에 나섰지만 좌우 진영 인사들의 협력 협상이 결렬되었고, 미군정이 건준을 기반으로 설립된 조선인민공화국을 인정하지 않음으로써 자연적으로 해체된다. 건준에 대해 실패했다는 비판이 있다. 좌우를 아우르는 일에도 실패했다. 임시정부나 이승만 진영 등 다른 독립운동 단체들과 연계성이 없었던 것도 실패의 요인이다. 그러나 미군정의 인정을 받지 못했지만 친일 인사들을 배제하고 항일운동가들이 앞장서서 많은 국민의 호응으로 구성된 최초의 독립적이고 주체적인 정부조직이었다는 의미조차 버려서는 안 된다.

제주에서도 건준이 먼저 조직된 후 '인민위원회'로 개편된다. 항일운동에 참여했던 인사들 중심으로 지역민의 신망을 얻은 사람들이 주로 활동했다. 악질적 친일파가 아니면 포용하며 함께 제주를 일으켜 세우는 일에 힘썼다. 마을마다 야학도 열어 글을 가르치고, 학교를 다시 열어 아이들을 가르치는 일도 시작했다. 그러나 미군정이 관여하면서부터 분위기는 달라지기 시작했다.

1945년 8월 15일 광복 후 미군이 한반도 남단에 진주한 것은 약 3주 뒤인 9월 8일이었다. 여운형이 이끄는 건준은 해방 후 국가적 혼란을 방지하고 연합국과 자주적 협력관계를 구축하기 위한 준비를 진행했다. 조선총독부와 협의하여 통치권을 이양받고 일본군과 일본인들의 한반도 철수에 관한 사항들을 협의했다. 남쪽에서는 여운형이, 북쪽에서는 조만식이 일본으로부터 일체의 행정을 이양받았다. 그러나 남쪽에는 미군이, 북쪽에는 소련군이 들어오면서 우리 민족이 주체적으로 진행한 모든 일은 무시당하고 부정되었다. 미군정이 조선총독부에 '미군이 진주하기 전까지 모든 체제를 변경하지 말고 계속 유지하되, 정식 항복할 때 일본 통치기구를 그대로 미군에게 인계하라'고 통보했다. 조선총독부는 즉시 여운형에게 행정권 이양을 취소한다고 통보했다. 이후 9월 9일 존 하지John R. Hodge 중장을 비롯한 미군이 조선총독부 제1회의실에서 항복 조인식을 열고 아베 조선 총독이 항복 문서에 서명했다.

그러나 조선총독부 건물 앞에 휘날리던 일장기를 대체한 것은 태극기가 아닌 성조기였다.

해방 후 한국사의 다양한 비극적인 일들은, 한국의 역사와 문화에 대한 이해가 없는 미군정의 오락가락하는 정책에 그 이유가 있다 해도 과언이 아니다. 미국은 조선이나 대한제국, 대한민국임시정부 등에 대해 전혀 이해가 없었다. 한국을 사랑하고 한국 편에서 서서 활동하던 선교사들마저 1940년 태평양전쟁을 앞두고 모두 추방된 상황이었다. 대다수 기득권이나 엘리트 계층의 사람들을 통해 한국 상황을 파악하는 정도였다. 당시 미군정관을 지낸 리처드 로빈슨도 MBC와의 인터뷰에서 "우리가 이곳에 도착했을 때, 이 지도에서 보듯이 전국에서 위원회가 활동 중이었고 수백 개의 지부가 있었다. 일본인은 여운형에게 항복했다. 당시 다른 사람은 없었고, 그에게 권력을 넘겨주고자 했다. 그래서 이 위원회가 설립돼 전국에서 지방정부 역할을 했다. 우리가 도착했을 때 들은 얘기는 이 위원회는 공산주의 조직망이며 따라서 파괴해야 한다는 것이었다. 하지만 사실이 아님이 드러났다"고 고백했다. 또한 미군정은 인민위원회를 배제한 자신들의 수족처럼 움직일 행정 조직을 구축하기 위해 일제강점기 공무원과 경찰 조직을 그대로 넘겨받아 실제적으로는 식민통치가 단절되지 않는 엄청난 역사의 과오를 범했다. 미 국무성에서 파견된 정치고문 베닝호프Merrell H. Benninghoff가 쓴 보고서에는 일제 치하에서 저항 운동을 벌여온 대다수의 한국인들과 운동 단체를 급진적 혹은 공산주의적 집단으로 규정했다. 미군정 주변을 둘러싼 친일 성향의 부유층이나 엘리트들로 인해 민족 정서를 제대로 파악하지 못한 실수가 한반도 전체를 다시금 신음하게 하는 역사의 역류 현상이 나타난 것이다.

제주는 전국 상황의 축소판과 같았다. 당시 제주에 주둔 중이던 일본군대의 규모는 서울보다 컸다. 미군정은 1945년 9월부터 제주의 행정 및 치안상태를 점검하며 행정조직을 정비하기 위해 방문했다. 10월에는 일본군의 무장해제와 철수 등을 위한 부대 진주, 11월에는 제59군정 중대와 전술부대가 들어오며 본격적인 군정 업무를 시작했다. 일제 경찰 조직이 다시 복구되고 미군정의 집권이 장기화될 조짐이 보이자 제주도민의 반발이 곳곳에서 일어났다. 경제적인 어려움까지 더해져 도민들의 불만은 더 확산되기 시작했다. 해외로 이주했던 도민 6만여 명이 귀환하면서 식량 문제는 더 심각해졌다. 이 와중에 미군은 식량 위기를 돌파하기 위한 정책으로 1946년 1월 '미곡 수집령'을 시행한다. 그렇지 않아도 어려웠던 시기에 시중 가격의 1/5에도 못 미치는 가격으로 미곡을 강제로 수집해갔다. 전후 식량 문제를 고스란히 농민 부담으로 떠넘긴 비합리적인 정책이었다. 일제에 의한 강제 공출에 진절머리가 난 사람들에게 재차 가해진 폭력과 다름없었다. 돌과 바람과 여자가 많아 삼다도라 불리는 제주. 남자들이 많이 희생되어 여자가 많아졌을 것이고, 많은 돌을 쌓아 4·3 기간에 해안 성벽을 쌓느라 힘들었을 것이고, 바람 많이 부는 제주답게 어떤 시련의 바람도 비껴가지 않는 땅이 되었다. 제주의 아름다움은 그냥 만들어진 것이 아니다. 고통 속에 진주를 빚어내는 아픔의 대가

다. 그래서 그 아름다움을 함부로 훼손할 수 없는 것이다.

비극의 서막을 열었던 총소리

1947년 3월 1일 제주북국민학교 운동장으로 사람들이 모여들고 있었다. 대략 2만 5천~3만여 명이라 했으니 당시 제주 인구의 10분의 1이 넘는 숫자였다. 이 행사를 주도했던 조직이 남로당남조선노동당 제주도위원회라는 사실부터 '빨갱이 논란'을 불러일으키는 일이라는 것을 이해한다. 하지만 그런 논란은 지금 우리 시대 독재국가인 북한으로 인하여 생겨난 공산당에 대한 선입견을 시간을 거슬러 적용하는 오류라 볼 수 있다. 해방 전후에 사용되던 단어들도 우리 시대와는 다른 개념으로 일반화되어 사용되던 것들이 많았다. '인민' '동무' 등은 반세기 가까이 남한에서는 금지어처럼 취급됐다. 그러나 당시는 일상적으로 사람들, 친구들을 일컫던 단어들이었다. 당시 사회가 가지고 있던 사회주의와 공산주의 역시 독재국가로의 개념보다는 오랜 시간 봉건제도와 식민지 하에서 억압과 수탈 속에 살아왔던 사람들이 충분히 매력을 느낄 만한 혁명적 이념이었다. 당시 사람들의 이해로는 사회주의나 공산주의는 1인 독재나 자유 억압과 인민 착취 등과는 거리가 멀었다. 공산주의나 사회주의가 제대로 정착된 나라도 없었다. 그 실험이 실패로 돌아가리라고는 누구도 예측할 수 없는 시대였다.

사회주의와 공산주의가 곧 빨갱이, 독재라는 이해는 왜곡된 개념이다. 민주주의의 반대말은 공산주의가 아니다. 민주주의의 반대말은 봉건제나 국민 주권이 인정되지 않는 모든 종류의 통치 체제를 의미한다. 공산주의의 반대말은 자본주의다. 공산주의는 자본주의의 폐해에 반대하는 사람들이 추구하는 경제체제의 반대편에 위치해 있다. 사회주의는 그중간 즈음에 위치해 있다. 문자적 의미의 공산주의는 이 세상에 존재하지 않으며 존재할 수 없는 이상에 불과하다.

제국주의라는 용어가 오늘날 우리가 이해하는 개념으로 자리잡은 것도 1800년대 후반이다. 그 이전부터 존재하던 제국들의 역사가 있었지만 18세기 후반 식민지 확장과 함께 나타난 용어다. 18세기 산업혁명으로 자본주의가 발달하면서 촉발된 식민지 개척의 필요성이 그 배경이다. 수세기 기득권에 의한 지배와 억압에 시달렸으며 한 세기 가까운 시간을 서구 열강의 식민지로 전락했던 국가들에서 사회주의와 공산주의 혁명에 관한 관심이 높아지는 것이 그렇게 이상한 일은 아니다.

제주의 상황도 다르지 않았다. 역사 이래 왜적의 침략에 시달렸으며 관리들의 부정부패는 크고 작은 민란들이 일어나게 된 이유가 되었다. 일본에 의해 전 제주가 군사기지화되었고 그 일을 위한 강제노역으로 수백 수천의 사람들이 희생되었다. 최악의 경우 태평양전쟁의 마지막 희생양으로 원폭의 피해자가 되었을 수도 있었다. 그런 역사적 배경에서 볼 때 제주민들에게 해방이 주는 의미는 남달랐을 것이다. 즉각적으로 건준과 인민위원회 등 인민자치조직이 구성되었고 적극적인 친일청산과 반외세운동을 펼쳐나갔다. 당시 남로당 제주도당이 내걸었던 슬로건들을 보면 이 말들이 이해된다. 1947년 3월 1일 오전에 거행된 3·1절 기념행사에 제주 남로당 제주도위원회 위원장이었던 안세훈의 연설은 3·1운동의 정신을 계승하여 외세를 물리치고 조국의 자주통일 민주국가를 세우자는 내용이었다. 남로당이 주도한 행사였으나 좌우익의 구분이 없는 제주도민들의 하나로 모아진 열망이 표출된 장이었다. 친일파를 처단하고, 부패 경찰을 추방하고, 양과자, 양담배 불매를 촉구하며 진정한 독립국가 건설을 위한 열망에 사로잡혀 있었다.

3·1절 28주년 기념대회는 마치 독립운동이 지속되는 것처럼 뜨거웠다. 집회 후 군중들이 관덕정 광장으로 함께 구호를 외치며 움직이기 시작했다. 이날 기념식에는 제주 경찰 330여 명과 충남북에서 동원된 '응원경찰' 100여 명이 미군정의 지시로 내려와 있었다. 제주 사람들에게는 외지의 병력이 들어오는 일이 낯선 일이 아니었고 썩 기분 좋은 일도 아니었다. 폭정과 착취로 크고 작은 소요와 민란이 잦았던 제주에는 어김없이 중앙에서 보낸 군인들이 들이닥쳐 전후사정 따지지 않고 진압하고 학살하기 바빴던 역사가 있기 때문이다. 일제 식민지 하에서도 1919년 조천 3·1운동이나 1931년 제주농업학교 동맹휴학사건, 1932년 제주해녀항일투쟁에 전라지역 무장 경관들이 제주에 파견되어 진압했던 역사가 있다. 1947년 응원경찰의 특이점은 행사 전에 미리 제주에 들어와 있었다는 점이다. 한반도 전체에 걸쳐 미군정에 저항하는 움직임을 모두 공산당의 소행이라 보는 견해에서는 남로당

이 주도하는 3·1 기념식에 만약을 대비해서 취한 조치라 볼 수는 있다. 그러나 그 만약이 전혀 엉뚱한 이유로 예측불허의 방향으로 삽시간에 퍼질 것이라는 것을 누가 알 수 있을까? 역사는 특정 개인이나 권력 집단, 한 국가의 의지대로 움직이지 않는다. 역사는 스스로 움직이며 길을 만든다.

그날, 행진하던 군중들과 함께 움직이던 기마경찰의 말발굽에 한 어린아이가 차여 쓰러지는 일이 발생했다. 미처 알지 못했던 경찰이 계속 움직이자 군중들이 쫓아갔고 도망가는 경찰을 향해 돌을 던지는 사람도 생겨났다. 당황한 경찰이 경찰서 쪽으로 말을 몰아 달려갔고 군중들은 뒤를 쫓았다. 그 순간 상상할 수 없었던 일이 벌어진 것이다. 어쩌면 3·1 만세운동 운동 당시 일제 군경에 의해 발포된 총성과 같이 들렸을 법한 총성이 울려 퍼졌다. 구경하던 마을주민들을 포함한 군중들 가운데 6명이 비명과 함께 쓰러졌고, 8명이 중상을 입었다. 제주 4·3사건이라 불리는 비극의 첫 희생자들이었다. 어린 젖먹이를 안고 총에 맞아 쓰러진 주부 박재옥21세, 제주북초등학교 5학년 허두용15세, 오문수34세, 김태진38세, 양무봉49세, 송덕수49세 등 6명이다. 도립병원의 부검 결과 1명을 제외한 5명의 총상은 등 뒤에서 총을 맞았다. 그리고 이들은 시위에 가담한 군중도 아닌 가두에서 관람하던 주민들이었다는 사실도 밝혀졌다.

지금 시점에서 보아도 경찰의 과잉진압이라 할 수 있다. 공포탄도 아닌 실탄을 군중들을 향해 직접 발사하는 대담성은 일제 경찰에게 배운 것일까? 동족의 가슴에 총을 겨누는 일이 당시는 비일

비재했을 것이다. 지금 같았으면 경찰청장이 경질되고 해당 경찰관들도 해임되거나 재판에 회부되어 실형을 살아야 할 수도 있는 범죄다. 전 국민의 분노를 불러일으키고도 남을 일이었다. 그러나 미군정과 경찰의 대응은 전혀 예상 밖이었다. 마치 이런 일이 일어나기를 기다리기라도 했던 것처럼 움직이기 시작했다. 사과나 대책 수습과 피해자들을 만나는 일은 없었다. 제주 경찰은 이날 저녁부터 통행금지령을 내리고 제주 읍내에 50미터 간격으로 경찰을 배치했다. 그리고 시위 주동자들을 색출한다며 대대적인 체포 작전이 시작됐다. 3·1절 기념식 준비위원들을 구속하고 중학생들까지 무작위로 잡아들였다. 이 시기까지도 제주도 인민위원회와 미군정의 관계는 그리 나쁘지 않았다. 그러나 3·1만세 총격 사건 이후 미군정과 군경찰과 제주민들의 관계는 급격하게 악화되기 시작했다. 중국이 공산화되는 과정에서 장제스의 국민당 군대와 마오쩌둥의 인민군의 차이가 있었다면 인민해방군이 지나간 뒤에 인민들의 삶에 피해는 없었지만 국민당 군대가 지나간 자리에는 인민들의 사유재산이 남아나지 않았다. 마오쩌둥은 대장정을 하며 도망가는 길마다 인민의 마음을 얻었고 장제스는 쫓아가며 전쟁에서 이기는 듯 보였으나 인민들의 마음을 잃자 그 넓은 대륙에 설 자리가 없었던 것을 생각하게 된다. 마오쩌둥이 세운 인민해방군 삼대기율 중 하나가 '군중의 바늘 하나, 실오라기 하나도 취하지 않는다不拿群眾一針一線'였다. 민심을 다스리지 못하는 이가 나라를 어찌 다스릴 수 있을까. 물론 중국 인민해방군도 이런 문제로부터 완전히 자유롭지는 못했다. 그럼에도 그들이 지향하는 가치가 뚜렷하게 제시되었다는 점에서 인민들의 큰 호응을 얻었을 것이다.

제국시대와 냉전시대의 축소판 제주

3·1사건 대책투쟁위원회가 결성되어 발포책임자를 처벌하고 경찰 수뇌부의 퇴진을 요구했다. 위원회는 피해자들에 대한 충분한 보상과 위로를 요구하고 무고히 체포된 사람들에 대한 석방을 요구했다. 경찰관들의 무장해제와 친일파, 민족반역자들을 색출해내기를 요구했으나, 미군정은 이를 묵살했다. 1947년 3월 10일, 미군정의 강경대응에 분노한 제주민들은 총파업을 결정한다. 제주도청이 파업을 시작으로 은행, 회사, 학교, 교통기관, 통신기관 등 도내 156개 단체가 파업에 동참했다. 상점들도 문을 닫았고 학생들도 동맹휴업에 들어갔다. 미군정의 통역을 담당하던 사람들까지도 동참했고, 제주경찰들도 가담하여 경찰관 65명이 이 일로 파면되는 일도 일어났다. 제주읍을 넘어 제주 전역으로 파업이 확산되어 미 군정청의 업무까지 마비되는 지경이 되자 제주도 감찰청장 강인수가 "도립병원 앞의 2차 발포는 유감"이라는 성명을 발표한다. 그러나 3월 14일 경무부장 조병옥이 진상조사차 제주땅을 밟았다. 제주로 와서 진상 조사와 함께 총파업에 강경대응을 지시하자 육지로부터 수백 명의 경찰병력이 증파되고 파업 주모자를 색출한다는 명목으로 한 달여 만에 500여 명이 구속 수감되

었다. 이들 가운데 328명이 재판에 회부되고 대부분 실형을 선고 받고 목포형무소로 이감되어 옥살이를 해야만 했다. 조병옥은 건국에 방해가 된다면 제주도민을 싹 쓸어버릴 수도 있다는 생각을 가진 사람이었다.

한국 정세 파악에 어두운 미군정은 해방 후 정국 장악에 성공한 편향된 우익 출신의 정치인들과 자신의 입지확보에 혈안이 된 친일파들에 둘러싸여 있었다. 미군정 보고서에 의하면 이 시기에 이미 미군정은 경찰이 제공하는 정보에 따라 제주도를 '붉은 섬Red Island'으로 인식하고 "제주도는 70%가 좌익정당에 동조자이거나 혹은 좌익정당에 가입해 있을 정도로 좌익의 본거지"라고 규정했다. 결국 '빨갱이'라는 색깔을 덧입혀 자신들의 폭정을 정당화시키는 수순을 밟기 시작한 것이다. 미군정은 3월 20일 담화문을 발표했다. "제1구 경찰서에서 발포한 행위는 당시에 존재한 여러 사정으로 보아 치안 유지의 대국에 입각한 정당방위"라고 발표했고, 다만 "도립병원 앞의 2차 발포는 사려 깊지 못한 행위였다"고 말했다. 3·1 발포를 정당화시키는 발언이었다. 또한 그는 어떤 근거도 없이 "제주도 사건은 북조선의 세력과 통모하고 미군정을 전복하여 사회적 혼란을 유치하려는 책동으로 말미암아 발생된 것"이라고 단정 지어 말했다.

말이 되지 않는 발표였다. 떠도는 이야기만으로 현실과 역사를 판단하는 사람들이 많다. 시대적 배경을 자세히 연구하지 않는 일반 시민들은 교묘한 정치적 술수에 쉽게 조종당한다. 공화국은 봉건체제를 벗어난 모든 근대국가들이 꿈꾸던 민주적인 정치제도다. 김일성의 북조선노동당이나 박헌영의 남조선노동당이 같은 것으로 보고, 김일성이 수립한 조선민주주의인민공화국이나 여운형이 중심이 되어 수립한 조선인민공화국도 무조건 공산당 빨갱이 좌파로 보는 것은 큰 착각이다. 김일성의 1당 독재를 위한 발판이 된 조선민주주의인민공화국과는 추구하는 방향성과 가치 자체가 다르다. 어떤 이들은 제주 4·3사건이 남로당 또는 좌익과 아무 관계가 없는 것으로 평가하여 빨갱이와 종북 논쟁을 피하려고 생각하는 것 같다. 사실이 아니며 좋은 방법도 아니다. 오히려 남로당의 당시 입지와 노선을 정확하게 밝히는 것이 훨씬 사실 확인에 적합하다. 남로당이 곧 북한 공산당이나 김일성의 하수인이라는 공식 자체가 사실이 아니라는 것을 밝히는 것이 더 나은 접근법이다. 또한 제주 4·3은 남로당 중앙조직의 지령으로 시작된 것이 아니라는 것은 이미 여러 사람들의 증언과 조사를 통해 밝혀졌다. 남로당 제주도당의 자발적 봉기였으며, 당시 제주의 시대적 상황에서 제주도민들의 반미 반일 정서와 부합되는 면에서 호응을 얻었을 뿐이었다. 남로당에서 활동하던 인사들이 4·3에 참여했다는 이유로 이 사건이 북한의 지령에 의해 획책된 반란 음모라고 주장하는 것도 억측이다. 남로당은 4·3사건 발생 전 해인 1946년 11월 23일 창당되었다. 김일성은 북한에서 북로당북조선노동당을 창당했다. 박헌영은 오히려 스탈린에 의해 김일성에게 한반도에서의 주도권을 빼앗기고 만다. 결국 박헌영은 스탈린의 결정을 받아들여 북한에서 김일성에게 협력하며 한때 요직에 있었으나 한국전쟁 실패 책임과 간첩 혐의를 떠안고 숙청당하고 만다.

박헌영이 걸었던 길에 대해서는 깊이 재조명해야겠지만, 김일성과 정치적 라이벌 관계로 입지가 좁아져 해방정국에 남북한에서 남로당은 실제로 할 수 있는 일이 거의 없었다. 한국전쟁이 시작되면 남조선에 있는 남로당 20만이 들고 일어나 승리할 것이라 했던 말도 현실화되지 않았다. 전쟁 실패 책임을 떠안고 박헌영이 숙청당한 것이 북한에 마르크스-레닌식 공산주의가 아닌 김일성 우상화와 김씨 일가 독재 체제의 문이 열리게 된 계기라고 볼 수 있다. 누가 어떤 방식으로 했든 공산주의 실험이 실패로 돌아갔다는 사실은 변하지 않는다.

제주 총파업을 어느 정도 해체한 미군정은 제주도의 수뇌부를 육지 출신들과 강경 우익인사들로 전면 교체한다. 제주경찰 감찰청장에는 서울 출신 김영배가, 군정장관에는 베로스 중령이 임명됐다. 제주도지사는 한독당 출신의 극우파로 분류되는 유해진이 임명되었고, 경찰서장은 평안남도 출신이며 일본 만주군 대위 출신 문용채가 임명된다. 이들의 비호 아래 서북청년단을 비롯한 반공 우익 단체들의 폭력행위가 묵인되고 도민들이나 좌파들의 반란 공작으로 왜곡된다. 남한에 연고지가 없는 서청단원들은 경찰과 경비대의 옷을 입고 탈취한 물건이 곧 자신들의 소유가 되었다. 이러한 반공 우익 단체들의 테러와 식량난에 시달리는 상황에서 미군정의 무리하고 강제적인 미곡수집정책은 도민들의 미군정에 대한 반감을 점점 고조시켰다.

1947년 3·1 기념식 발포 사건으로부터 1948년 4월 3일 최초의 무장봉기가 일어나기까지 1년 남짓한 시간 동안 제주도민들은 일제치하로 돌아간 듯한 생활을 경험했다. 일제보다 더 심하다고 생각할 만큼 쌀, 보리, 밀의 공출을 여름에도 실시한 것이 미군정이었다. 제주도는 한반도 전체에서 제국주의 피해를 가장 크게 입은 땅이라 할 수 있다. 천혜의 자연환경으로 세계인이 찾는 관광지로 인식되는 지금도 일제의 잔재는 어디서나 쉽게 찾아볼 수 있다. 제국주의 식민지배의 상처와 아픔이 채 아물기도 전에 냉전시대의 서리와 폭설을 맞은 땅이 제주였다. 그런 상황에서 도민들의 분노가 폭발한 것은 당연한 결과다. 4월 3일 몇십 명의 무장대가 항거한 것이 그렇게도 큰 일이었을까? 소수의 남로당 소속 무장대만이 아니라 다수의 제주도민들이 낫과 쇠스랑을 들고 일어났어도 정당할 수밖에 없는 당시 상황이었다. 여전히 멀고 먼, 이른바 중앙정부에서는 상황이 어떻게 돌아가는지 제대로 파악하지 못하고 있었기에 적절한 대처를 하지 못하고 있었다.

서북청년단과 4 · 3 무장봉기

해방 후 1980년대까지 북한이 남한보다 훨씬 잘살았다는 것은 상식이다. 북한은 해방 후 10년간 연평균 25%의 경제성장률을 보였고 1965년부터 1978년 사이에도 약 14%씩 성장했다. 브루스 커밍스는 "한국전쟁 이후 20년 동안 북한의 경제성장은 남한의 성장을 훨씬 능가했고, 남한이 도대체 경제성장을 시작할 수 있을지 걱정하던 미국 관리들의 마음에 두려움을 안겨주었다"고 했다.

1946년 초 북한을 장악한 김일성은 사회주의 개혁에 박차를 가했다. 토지개혁이 그 첫 순서였다. 북한은 해방이 되자마자 인민위원회에 의해 소작제 비율이 3대 7로 바뀌었다. 농민들에게는 엄청난 혜택이며 개혁이었다. 김일성은 북조선토지개혁에 관한 법령 17개조를 발표하여 정도전과 역사 속의 인물들이 꿈꾸었으나 이루지 못한 개혁을 이끌어냈다. "무상몰수 무상분배"의 원칙에 따라 1가호 당 평균 1만 5천 평의 땅을 분배했다. 1만 5천 평 이상의 땅을 지닌 자는 부농으로 간주하여 재산을 몰수하고 소작인들과의 갈등을 방지하기 위해 아예 타 지역으로 이주시켰다. 교회나 절 등 종교단체가 소유한 땅도 1만 5천 평 이상의 토지는 몰수했다. 노동법을 제정하여 하루 8시간 노동을 확정하고, 여성들에게는 산전 35일 산후 42일의 출산 휴가가 보장되었다. 남녀평등법이 제정되어 첩, 성차별, 매춘, 유아살해는 법으로 금지하고 엄하게 처벌했다. 친일파, 일본인 기업 등 중요 산업들은 국유화했다. 문맹 퇴치와 교육에 엄청난 재원을 투자하여 1년 안에 1,100여 개의 인민학교를 새로 개교하고, 1946년에 이미 2,482개의 인민학교로 늘어나게 되었다. 김일성종합대학이 개교했고 만경대 혁명학원이나 평양학원 같은 정치지도자들과 군 사관학교들도 개교했다.

1980년대 북한의 의료혜택도 남한보다 월등히 나았으며 평균수명도 길었다. 1990년을 전후로 북한의 경제는 몰락하기 시작했다. 자연재해 등이 겹치면서 회복 불가능한 상태가 됐다. 원인은 다양하겠으나 구소련의 붕괴가 가장 큰 이유일 것이며, 주체사상과 김일성 사후 김일성 부자 신격화로 인한 부작용이 크다고 볼 수 있다. 결국 북한식 사회주의 실험도 실패한 것이다. 주 북한 소련민정국이 작성한 통계에 의하면 1946년부터 1948년 8월까지 북한에서 남한으로 내려간 사람들의 숫자는 84,369명이며 이들 중 상당수가 친일파와 지주 계급, 종교인들로 추산된다. 고무줄 같은 통계이기는 하지만 한국전쟁 시기를 포함하여 남한으로 이주한 북쪽 사람들을 대략 40만에서 60만까지로 추산하기도 한다.

특별히 1946년 이후 북쪽에서 내려온 사람들은 사회주의 개혁이 싫어 내려온 사람들이 대다수였다. 김일성은 남쪽의 문을 열어 놓고 싫으면 떠나라는 식으로 개혁을 실시했다. 남으로 내려온 수만 명의 사람은 대다수 북한식 사회주의 혁명에 피해를 입은 사람들이었다. 그들 가운데 반공의식이 투철하고 특히 종교탄압을 피해 내려왔던 개신교 청년들이 주축이 되어 서북청년회를 구성했다. 남쪽에 아무 연고가 없었기에 그들에게 숙소를 제공하고 후원금을 제공하는 이들의 지시를 따라 움직였다. 주로 친일기업의 후원과 우익 정치인들의 사무실에 일하며 좌익 계열 단체를 습격하는 일도 맡았다. 그들이 제주도에 빨갱이 좌파들을 청산하라는 임무를 받고 내려왔으니 결과는 뻔히 예견되는 일이었다.

미군보고서에 따르면, "우익 서북청년회 제주도 위원장 안철은 제주도는 '한국의 작은 모스크바'이며, 자신은 이러한 주장을 미군 방첩대에 입증해 보일 작정이라고 말했다"는 기록이 있다. 또한 "당시 대부분의 폭력 행위가 우익청년단에 의해 저질러졌고, 새로 결성된 대동청년단 또한 다른 우익 단체처럼 테러단체가 될 가능성이 많다"고도 지적했다. 미군 방첩대 정보 요약에도 서청의 폭력에 대한 우려가 종종 등장한다. "우익 서북청년회 순회 조직에 의해 제주도 주민들에게 가해진 테러 소동에 대해 서북청년회 지도자는 11월 18일 방첩대에 사과하고, 단원들이 더는 테러 소동을 일으키지 않도록 하겠다"고 약속했다.

서북청년단과 경찰에 의해 4월 무장봉기에 직접적 자극이 된 고문 사건이 잇달아 자행되었다. 1948년 3월 6일 조천중학원생 김용철이 경찰의 혹독한 고문으로 사망했으며, 3월 14일 대정면 영락리 출신 양은하가 모슬포지서에서 경찰의 고문으로 사망했다. 3월 29일에는 한림면 금릉리를 습격한 서청 중심의 경찰대가 청년 박행구를 곤봉과 돌로 찍어 죽어가던 그를 총살하는 사건이 잇달아 일어났다. 양은하와 함께 유치장에 갇혔던 청년 김시병은 다음과 같이 증언했다.

지서에서 취조할 때는 매질부터 시작했습니다. 주로 몽둥이로 때리거나 각목을 다리 사이에 끼워 무릎을 꿇게 하고 위에서 밟기도 했습니다. 또 물고문을 했고 유도하는 것처럼 내던지기도 했지요. 특히 수감자들이 더욱 울분을 느꼈던 것은 경찰관들이 심심하면 한 사람씩 밖으로 불러내 장난삼아 고문했던 일입니다. 양은하 씨는 고문을 받던 중 급소를 맞아 숨지게 되었습니다.

실제 의사의 부검 결과 고환이 터져 급사한 것으로 판명되었다. 양은하의 동생 양덕하 씨는 말했다.

난 이렇게도 생각해집니다. 그때 해방이 안 됐으면 제주도 사람들은 그렇게 죽지는 않았을 겁니다. 난 해방된 것을 원망 해져마씸. 제주도민만 죽이는 그런 식의 해방은 안 하느니 못한 해방이라고.

형을 고문해 죽인 경찰 두 사람은 징역형을 받았으나 1948년 8월 15일 이승만 정부 수립과 함께 사면되었다. 그리고 몇 달이 안 되어 형수가 경찰에 붙잡혀가고 한 살 난 조카는 제대로 먹지 못해 얼마 되지 않아 죽었다.

제주도민이 증언한 서북청년단의 만행은 차마 입에 담기 어렵다. 특히 여성들에게 가해진 성고문과 성폭력 증언은 글로 옮길 용기가 나지 않는다. 제주도 남로당원들이 빨갱이들로 북한 정권의 하수인이라 인정하고 서북청년단도 투철한 반공정신에 따라 행동했다고 인정해주자. 그러면 모든 것이 정당화될 수 있을까? 만삭인 여성을 죽창으로 찔러 아이와 함께 죽인 이유도 그녀가 빨갱이였기 때문인가? 여성을 강간하고 성적 노리개로 삼은 것도 그들이 빨갱이였기 때문인가? 이미 고인이 된 이북에서 내려온 이들이 중심이 되어 세운 한 대형교회의 목사가 서북청년단에 교회 청년들도 적극적으로 참여해서 반공 활동을 열심히 했다고 했다. 그들에게 묻고 싶다. 빨갱이라면 무자비하게 죽여도 상관없다는 것이 기독교의 가르침인가? 빨갱이면 강간해도 되며, 빨갱이라면 어린아이도 이유 없이 죽여야 하는 것이 기독교의 가르침인가? 그것이 당신들이 믿는 종교인가? 제주 4 · 3사건과 관계가 깊은 여순사건 때 자신의 두 아들을 좌익청년들에게 잃고도 자식을 죽인 청년을 위해 구명 활동을 하며 결국 자신의 양자로 삼은 손양원 목사와 서북청년단원들이 믿었던 예수는 다른 사람인가? 결국, 그 자신도 한국전쟁 시기 인민군의 손에 죽임당하고만 '사랑의 원자탄'이라는 이름이 붙은 손양원 목사가 믿던 기독교는 다른 종교인가? 무엇보다 중요한 역사적 사실은 그들이 빨갱이가 아니었다는 것이다. 서북청년단에 대해 아쉬운 사실은 그들이 가진 사회주의에 대한 피해의식이 또 다른 이들에게 피해를 가함으로써 해소되는 모양새를 띤 것이다. 거기에 종교적 신념까지 더해져 죄의식마저 상실한 행동을 서슴지 않고 저지른 것이다.

1948년 4월 3일 새벽 2시 한라산과 여러 오름에 일제히 봉화가 오르며 4·3사건이 시작되었다. 무장 500여 명 비무장 1천여 명으로 추산되는 인민자위대가 도내 11개 경찰지서와 서북청년회 숙소, 독립촉성국민회, 대동청년단 등 우익단체 거점을 습격했다. 앉아서 죽느니 싸우자는 선택이었다. 이들이 왜 무장봉기를 할 수밖에 없었는지는 그들이 보낸 경고문과 호소문에 잘 나타나 있다. 3·1 기념식에서 선언된 내용과 크게 다르지 않다. 무장대가 경찰과 공무원, 대동청년단 단원들에게 보낸 경고문이다.

친애하는 경찰관들이여! 탄압이면 항쟁이다. 제주도 유격대는 인민들을 수호하며 동시에 인민과 같이 서고 있다. 양심 있는 경찰원들이여! 항쟁을 원치 않거든 인민의 편에 서라. 양심적인 공무원들이여! 하루 빨리 선을 타서 소여된 임무를 수행하고 직장을 지키며 악질 동료들과 끝까지 싸우라. 양심적인 경찰원, 대청원들이여! 당신들은 누구를 위하여 싸우는가? 조선사람이라면 우리 강토를 짓밟는 외적을 물리쳐야 한다. 나라와 인민을 팔아먹고 애국자들을 학살하는 매국 배족노들을 거꾸러뜨려야 한다. 경찰원들이여! 총부리란 놈들에게 돌려라. 당신들의 부모 형제들에게 총부리란 돌리지 말라. 양심적인 경찰원, 청년, 민주인사들이여! 어서 빨리 인민의 편에 서라, 반미 구국투쟁에 호응 궐기하라.

다음은 무장대가 도민들에게 보내는 호소문 내용이다.

시민 동포들이여! 경애하는 부모 형제들이여! '4 · 3' 오늘은 당신님의 아들 딸 동생이 무기를 들고 일어섰습니다. 매국 단선단정을 결사적으로 반대하고 조국의 통일독립과 완전한 민족해방을 위하여! 당신들의 고난과 불행을 강요하는 미제 식인종과 주구들의 학살 만행을 제거하기 위하여! 오늘 당신님들의 뼈에 사무친 원한을 풀기 위하여! 우리들은 무기를 들고 궐기했습니다. 당신님들은 종국의 승리를 위하여 싸우는 우리들을 보위하고 우리와 함께 조국과 인민의 부르는 길에 궐기하여야 하겠습니다.

다소 과격하게 들리는 용어들이라고 생각할 수 있겠으나 당시 제주도민들이 직면했던 현실은 제국의 횡포였으며 식민지보다 더 한 탄압에 시달렸다. 일제 식민지 하에서는 다른 민족이 식민지 통치로 그럴 수 있으나 동족들에 의해 저질러지는 잔악한 행위와 배후의 미군정에 대한 적개심은 당연한 결과라 볼 수 있다.

왜 그래야만 했을까? 해방 전후로 국내 상황은 우파와 좌파 그리고 좌우합작의 세 진영이 각기 활동하던 시기다. 당시 좌파라고 해서 지금 우리에게 각인된 김일성식 공산당 1인 1당 독재와 인민을 착취하는 공산주의는 아니였음은 기억해두자. 독립 쟁취도 사회주의 혁명의 방식이 훨씬 더 효과적이라고 믿었기 때문이고 해방 후 친일 청산과 국민 정서를 고려할 때 이상적으로 다가오는 논리들이 있었다. 지식인들부터 그 사상에 매료되었고 노동자들과 농민계층은 자신들의 현실을 당장 개혁할 어떤 주체가 필요했을 뿐이다. 분명한 것은 그들이 당시 원했던 것은 독립된 조국과 통일된 조국이었다는 것이다. 일제 청산을 통한 완전한 독립을 원했고, 미군정과 소련의 간섭이 없는 남북이 합의된 하나의 통일정부를 세우는 것이었다. 물론 그 또한 시대적 상황을 제대로 읽지 못한 이상에 그쳤으며 동상이몽에 그치고만 안타까운 현실도 고려해야 한다.

미군정청은 4 · 3사건이 발생하자 4월 5일 아침 전남에서 약 100여 명의 응원 경찰을 제주에 급파한다. 제주경찰 감찰청 내에 '제주비상경비사령부'도 설치했다. 서청단원들도 증파되었다. 4월 17일, 모슬포에 주둔하고 있는 국방경비대 9연대에 강경 진압 명령이 하달됐다. 그러나 당시 9연대장 김익렬 중령은 경찰과 서청 등 극우 세력의 횡포를 알고 있었기에 '선선무 후토벌'을 원칙으로 정하고 평화적인 해결 방안을 모색했다. 그 결과 1948년 4월

말 9연대장 김익렬 중령과 연대 정보참모 이윤락 중위, 그리고 무장대 대장 김달삼이 만나, "72시간 안에 전투를 완전히 중지하되 산발적인 충돌이 있으면 연락 미달로 간주하고 5일 이후의 전투는 약속위반의 배신행위로 본다. 무장해제는 단계적으로 하되 약속을 위반하면 즉각 전투를 재개한다. 그리고 하산하면 책임을 묻지 않는다" 등의 내용을 골자로 하는 평화협상을 성사시켰다. 그러나 김익렬과 김달삼의 평화협상은 미군정 수뇌부에 의해 무시되었다.

평화협상 직후인 5월 1일, 오라리 마을 방화사건이 발생하면서 협상을 파기하게 되는 원인을 제공했다. 우익 청년들이 폭도를 가장해 방화를 저지른 사건을 경찰과 미군정이 "폭도들이 한 행위"로 조작했다. 미군은 불타는 마을을 촬영하여 〈제주도의 메이데이May Day on Cheju-Do〉라는 영상 기록물을 제작하여 강경토벌의 정당성을 알리는 홍보용으로 사용했다. 갑작스런 기습이 영상으로 고스란히 촬영되었다는 점도 미심쩍은 부분이다. 영상에 마을 주민으로 등장하여 무장대의 공격을 받은 것을 설명하는 여인이나 공산반도들에게 살해되었다는 남자 등도 오라리 연미 마을 주민이 아닌 것으로 밝혀졌다. 사건 발생 후 5월 5일 미군정 수뇌부가 참석한 가운데 긴급대책회의가 열렸다. 사건의 진상을 조사하여 우익 청년들의 소행을 밝힌 김익렬 연대장은 문책을 받아 해임되고, 다음 날 9연대장은 박진경 중령으로 교체되었다. 본격적인 강경진압의 시작이었다.

그즈음 한반도는 5·10 단독선거를 놓고 전국이 들끓고 있었다. 신탁통치에 대해 찬탁과 반탁으로 나뉘어져 해방 이후 가장 격렬한 시위와 갈등이 조장되고 있었다. 잘못 알려진 사실은 신탁통치를 소련이 주장하여 38선으로 나라를 반토막내려 한다는 것이었다. 사실이 아니다. 모스크바 3상회의의 결정은 최대 5년여 정도의 신탁통치를 거치면서 하나의 민주주의 정부 수립을 돕는 역할을 미소공동위원회를 통해서 하겠다는 것이었다. 물론 미소공동위원회의 협의도 무의미한 일이 되고 말았지만, 한반도를 두 쪽으로 쪼개지게 하는 중요한 역사적 결정이 정확하지 않은 선동문구 하나에 휘둘려 극렬한 반탁 시위를 전개하여 오히려 분단을 자초한 책임은 민족주의 진영도 피해갈 수 없는 역사적 과실이다.

1945년 12월 27일자 《동아일보》 1면에는 "외상회의에 논의된 조선 독립문제, 소련은 신탁통치 주장, 소련의 구실은 삼팔선 분할 점령. 미국은 즉시 독립 주장"이라는 기사가 대문짝만하게 보도되었다. 그리고 곧 오보였음이 드러났다. 사실 신탁통치를 더 강하게 주장한 쪽은 미국이었으며 기간도 소련이 5년을 제안한 것에 비해 미국은 최소 10년 이상을 주장했다. 1943년 카이로 회담에서 보인 루즈벨트 대통령의 태도에서 달라진 것이 없었다. 그는 한국을 잘 몰랐고 당시 한국은 자치능력이 없는 국가로 최소 몇십 년 이상 신탁이 필요한 국가라 인식하고 있었다. 스페인에게 수백 년 식민지배를 받다가 미국에게 팔아넘겨진 필리핀과 같은 상황으로 이해했는지 모른다. 이 오보 하나가 한국사에 가져온 결과는 참담했다. 국론 분열과 진영이 갈라지고 분단의 단초가 되었다.

실제 모스크바 3상회의 결정의 핵심은 조선의 독립민주정부 수립이었고, 이를 후견하기 위한 과도기적 신탁통치가 논의됐다. 다만 3상회의 결정에 신탁통치 내용이 들어 있었기 때문에 자세한 협의내용이 바르게 전달되어야 했다. 신탁통치를 더 주도적으로 추진한 쪽은 소련이 아니라 미국이었다는 사실과 신탁통치의 목적이 식민통치가 아닌 독립적이고 민주적인 정부구성에 있다는 사실까지 제대로 보도되어야 했다. 합의문 1항이 "조선을 독립국가로 재건하고 민주적 원칙에 바탕을 둔 발전"을 위한 "임시적인 조선민주정부 수립"이다. 이를 위해 2항에서 "남조선의 미군사령부와 북조선의 소련군사령부의 대표들로 공동위원회를 설립"하고 "그 위원회는 조선의 정당 · 사회단체와 협의해야 한다"라고 했다. 신탁통치 내용이 담긴 3항 "조선 독립의 달성을 위해 협력 · 원조할 수 있는 방책 작성"은 부수적인 사항이었다.

모스크바 3상회의의 결정을 지지하는 것은 '조선의 민주적 독립정부 건립'을 지지하는 뜻에 더 가까웠다. 하지만 《동아일보》가 3상회의 결정을 '소련에 의한 신탁통치'로 왜곡하면서 '3상회의 결정 지지'가 '찬탁'이며 찬탁은 곧 공산주의자라는 공식으로 왜곡되었다. 박헌영이 소련 위주의 신탁통치 지지에 가까웠다면 여운형은 이미 사실관계를 파악하고 신탁통치 지지가 아닌 민주적 독립정부 수립을 지지했고, 이승만 진영은 끝까지 반탁 논리를 고수하며 찬탁을 공산당과 결탁한 무리들로 단정지었다. 박헌영의 찬탁은 소련이 당시 한반도에서 우세한 좌익 세력을 염두에 두고 내건 전략이었으나 여운형을 위시한 사회주의 계열은 생각이 달랐다. 공산주의, 사회주의, 민족주의 진영 가운데 당시 여운형을 중심으로 한 사회주의 계열이 가장 많은 인민의 지지를 받고 있었다.

김구를 위시한 임시정부요인들은 반탁 시위를 극렬히 전개하다 남한만의 단독선거가 시행된다고 할 때는 단독선거 반대를 주장하는 모순적 행보를 보인다. 물론 이 모든 혼란의 배후에는 미군정이 자신들에게 유리한 입장대로 특정 그룹을 지지했다 철회하는 방식의 조종도 혼란을 일으키는 데 크게 한몫했다고 볼 수 있다. 제주도민들의 5·10선거 반대운동이 빨갱이들의 전략이라고 몰아간다면 김구 진영의 단독선거 반대도 같은 비판을 받아야 할 것이다. 물론 김구가 단독선거를 반대한 실제적 이유는 분단에 대한 우려 때문이었지만 시기적으로 늦었다는 점에서 아쉽다.

제주는 남한만의 단독선거를 반대하고 통일정부를 수립하는 방안을 지지하여 5 · 10 단독선거 반대운동을 펼쳤다. 다수의 주민들을 5월 10일 산으로 올라가 선거를 거부하도록 독려했고, 5월 7일부터 10일까지 선거사무소 공격, 선거관계 공무원 납치 · 살해와 선거인명부 탈취 등 선거 방해 공작을 펼쳤다. 5월 10일 선거 당일에도 중문 · 표선 · 조천 등지의 투표소를 공격했다. 결과적으로 전국 200개 선거구 중 제주도만 유일하게 2개 선거구가 투표수 과반수 미달로 무효 처리되었다. 미군정은 북제주군 2개 지역의 선거 무효화를 공표하고 6월 23일에 재선거를 실시한다고 발표했으나 결국 재선거는 무기한 연기되고 말았다. 이러한 무장대의 5 · 10선거 거부 공작은 미군정에 대한 심각한 도전으로 받아들여져, 제주도민들에 대한 대탄압을 촉발시킨 이유가 되었다.

11연대장에 취임한 박진경은 본격적인 토벌 작전에 나섰다. 조병옥 경무부장도 '강경 진압 방침'을 분명히 밝히고, 경찰 특수부대와 서청단원을 계속 증파했다. 토벌작전을 통해 5월 27일까지 붙잡힌 입산자는 3,126명에 달했고, 6월 중순에는 무려 6천여 명 가까이 되었다. 무리한 토벌이 지속되자 경비대의 강경 진압에 반대하는 분위기가 군내에서도 일어나기 시작했다. 5월 20일 밤 9연대 병사 41명이 탈출하는 사건이 일어났다. 이들은 무기와 탄약 5,600발을 소지하고 모슬포 주둔지를 빠져나가 대정지서를 공격하고 일부는 입산하여 무장대에 가담했다. 이후로도 몇 명씩 경비대에서 탈출하는 일은 자주 발생했다. 6월 18일에는 연대장 박진경이 부하들에게 사살되는 사건이 발생한다. 문상길 중위와 양회천 이등상사, 손선호 · 배경용 · 강승규 · 황주복 · 신상우 · 김정도 하사 등이 체포되고, 군법회의를 거쳐 문상길 중위와 손선호 · 배경용 · 신상우 하사는 총살형되었고 양휘찬 이등상사는 무기, 강승규 하사는 징역 5년을 선고받았다. 당시 문상길 중위22세는 총살형 집행 전 최후진술에서, "스물둘의 나이를 마지막으로 나 문상길은 저세상으로 떠납니다. 여러분은 한국의 군대입니다. 매국노의 단독정부 아래서 미국의 지휘하에 한국민족을 학살하는 한국군대가 되지 말라는 것이 저의 마지막 염원입니다. 이제 여러분과 헤어져 떠나갈 사람의 마지막 바람을 잊지 말아주십시오"라고 유언했다. 문상길, 손선호 등은 독실한 기독교인으로 알려져 있는 동시에 남로당 조직에 속한 군인들이었다. 이 둘이 어떻게 공존하는가에 대한 의문은 당시의 시대 상황을 들여다보면 이해할 수 있다.

통일정부의 건설을 바라는 여러 진영의 반대에도 불구하고 미군정과 이승만 세력은 1948년 5월 남한 단독정부를 세우기 위한 총선거를 실시한다. 김구와 김규식을 비롯한 남북합작 세력과 중도계 인사들은 선거에 불참했고, 이승만과 한국민주당, 그리고 일부 중도세력만 출마한 선거였다. 무소속으로 가장 많은 사람들이 당선되었고 이승만은 그들 중 우익 성향의 의원들을 포섭하여 국회에서 다수의 세력을 확보하는 데 성공한다. 국회의 간접선거에 의해 이승만을 대통령으로 선출하여 마침내 1948년 8월 15일 대한민국 정부가 출범했다.

그 당시 북한에서는 조선민주주의인민공화국 수립을 위한 최고인민회의를 개최하기 위해 대의원을 선출하는 전국 선거가 있었다. 1948년 7월 중순경부터 남한 전역에서 이른바 '지하선거'를 통해 1,080명의 인민대표들이 선출되고 그 가운데 360명이 월북하여 최고인민회의에 참석했다. 4·3사건이 한창 진행 중이던 제주도에서의 지하선거는 주로 백지에 이름을 쓰거나 손도장을 받아가는 형식으로 진행됐다. 무장대의 강요에 마지못해 가명으로 이름을 쓰고 손도장을 누르는 경우도 많았고, 무슨 영문인지도 모르고 찍어주고 써준 이름이 후환이 될 줄은 꿈에도 몰랐다. '백지날인'한 결과는 총살이었다. '남조선인민대표자회의' 참석자 1,002명 중에는 김달삼을 비롯한 제주 대표 6명도 포함되어 있었다. 김달삼은 이 자리에서 4·3사건의 정당성과 성과를 정리한 연설을 했다. 김달삼을 비롯한 무장대 지도부가 북한 정권을 지지하고 북한정권도 제주 4·3사건을 지지함으로 제주도는 더욱 강력한 진압 작전이 펼쳐지게 되었다. 무장대 총책이던 김달삼이 제주도를 떠남에 따라 무장대 조직은 제2대 무장대 사령관이 된 이덕구를 중심으로 재편되었다. 시기적으로 북한이 4·3을 공식적으로 지지한 시기는 이미 4·3봉기가 시작된 몇 개월 후였다. 또한 김달삼 등 남로당 제주도당 무장대 지도부의 의견이 제주도민의 전체 의견을 대변한다고 볼 수도 없다.

이승만 정부는 10월 11일 '제주도경비사령부'를 설치하고 군 병력을 제주에 증파시켰다. 10월 19일 제주 파견이 결정된 여수의 14연대가 반기를 들고 일어나는 여순사건이 벌어짐으로써 사태는 걷잡을 수 없는 소용돌이에 휘말리게 되었다. 11월 17일에는 제주도에 계엄령이 선포되었다. 이에 앞서 9연대 송요찬 연대장은 해안선으로부터 5km 이상 들어간 중산간지대를 통행하는 자는 폭도배로 간주하여 총살하겠다는 포고문을 발표했다. 미군정보보고서는 "9연대는 중산간지대에 위치한 마을의 모든 주민들이 명백히 게릴라부대에 도움과 편의를 제공하고 있다는 가정 아래 마을 주민에 대한 '대량학살계획program of mass slaughter'을 채택했다"고 기록하고 있다. 당시 이승만의 생각은 '제주4·3사건을 완전히 진압해야 한국의 중요성을 인식하고 있는 미국의 원조가 가능하다'는 것이었다. 제주도에 대한 '가혹한 탄압'을 지시했던 이유였다. 미국과 서로 간에 양해가 없이는 이런 '초토화작전'이 감행됐을 이유가 없다. 미국으로서는 냉전체제가 굳어져가는 상황에 아시아 지역에 중국과 소련 공산주의를 견제할 수 있는 장벽 같은 역할을 할 나라로 한국을 염두에 두었다고 볼 수 있다.

1948년 1월 21일 이승만 대통령의 국무회의 발언인 〈유시문諭示文〉을 보면 그 생각을 엿볼 수 있다.

> 미국 측에서 한국의 중요성을 인식하고 많은 동정을 표하나 제주도, 전남사건의 여파를 완전히 발근색원拔根塞源하여야 그들의 원조는 적극화할 것이며 지방 토색討索 반도 및 절도 등 악당을 가혹한 방법으로 탄압하여 법의 존엄을 표시할 것이 요청된다.

'죽음의 섬' 제주도 끝나지 않는 시련

'초토화작전'이 본격적으로 전개된 1948년 10월 말부터 1949년 3월까지 약 5개월 동안, 집중적인 집단 살상이 진행되었다. 4 · 3 사건 전 기간 동안의 희생자 수는 2만 5천~3만여 명으로 추정되고 있다. '초토화작전'이 시작되기 전인 1948년 9월말까지의 사망자 수는 대략 1천 명 미만이었음을 기억해야 한다. 군경 토벌대는 무장대와 제주민들과의 연계를 막기 위해 중산간 마을 주민들을 해안마을로 강제 소개疏開시키고 100여 곳의 중산간 마을을 불태웠다. 소개령이 내려졌으나 환자들과 노인, 그리고 어린이를 포함한 일부 주민들 가운데 마을에 남아 있었던 사람들은 거의 대부분 학살되었다. 어떤 마을에는 소개령을 전달하지도 않고 무조건 방화와 학살을 자행한 곳도 많았다. 중산간 마을에서 해변 마을로 내려온 사람들 가운데서도 가족 중 한 명이라도 사라지면 '도피자

가족'으로 찍혀 총살했다.

제주민들의 어려움과 아픔을 쉽게 이해하기 어려운 것은 무장대의 습격도 당해야 했던 것이다. 무차별 토벌작전이 시작된 이후에는 군경 토벌대 편에 섰다고 생각되는 일부 마을 주민들을 무차별 살해하기도 했다. 구좌면 세화리, 표선면 성읍리, 남원면 남원리 · 위미리 등은 '토벌대 진영'이라 하여 무장대로부터 큰 피해를 당했다. 주로 군 · 경 주둔지인데다 이들 마을에서 '도피자 가족' 총살이 벌어지는 데 대한 보복이었다.

1949년 4월 1일 미군 정보보고서에는 "1948년 한 해 동안 1만 5천여 명의 주민이 희생되었다. 그중 80%가 토벌군에 의해 사살됐다"고 기록되어 있다. 대한민국 정부가 수립된 1948년 8월부터 1949년 봄까지 겨우 몇 달 사이에 군 · 경 토벌대의 진압작전과 무장대의 보복 살상으로 수천 명의 인명이 동백꽃과 같이 떨어져 버렸다. 130여 마을이 소개령 등으로 초토화됨으로써 제주공동체는 완전히 파괴되어버렸다. 12월 말 진압부대가 9연대에서 2연대로 교체됐다. 군 수뇌부는 2연대의 강경작전을 위해 과격한 서청 단원들을 2연대의 3개 대대 중 3대대에 편성했다. 토벌대는 별도의 재판 절차도 없이 주민들을 무작위로 집단 사살했다.

1949년 1월 17일 북촌리 어귀에서 무장대의 기습으로 군인 2명이 전사한 것에 대한 보복으로 북촌마을 주민들을 북촌초등학교 운동장에 집결시켜 350여 명을 집단 총살한 '북촌사건'도 서청단원들로 구성된 2연대 3대대에 의해 집행되었다.

무장대를 진압한 결과만 보아도 무고한 제주도민의 희생은 명백히 드러난다. 무장대 토벌 결과 사상자 숫자가 수백 명에 달할 때 수집된 총기의 숫자는 몇십 정에 지나지 않았기 때문이다. 무장하지 않은 사람들까지 무장대로 몰아 무조건 학살한 정황은 많은 곳에 드러나 있다.

1949년 3월 제주도지구전투사령부의 선무공작에 따라 많은 입산자들이 천 조각을 찢어 백기를 만들어 들고 삼삼오오 귀순하여 왔다. 귀순자들은 제주읍내와 서귀포의 임시수용소에 갇혀 있다가, 일부는 석방되었으나 상당수는 군법회의에 회부되었다. 민간인들을 형식적인 군법회의를 열어 1,650여 명을 형무소로 이송시켰다. 1949년 6월 7일 무장대 총책 이덕구가 사살됐다. 경찰은 이덕구의 사체를 나무 십자가에 묶어 하루 동안 제주경찰서 정문 앞에 전시했다가 화장 처리했다. 이로써 1948년 4월 3일 시작된 4·3사건은 마무리되는가 했으나 끝이 아니었다.

1950년 한국전쟁이 발발하면서 제주는 또 다시 비극의 소용돌이에 휘말리게 된다. '예비검속'이라는 명분하에 전국 각지 형무소에 수감되었던 4·3사건 관련자들이 즉결처분되었다. 보도연맹 가입자, 입산자 가족 등이 예비검속되어 영문도 모른채 처형되었다. 예비검속으로 희생된 사람들과 형무소 재소자 희생자의 합계는 3천여 명을 넘어선다. 아직도 대부분 시신조차 찾지 못하고 있다. 경찰 공문에 따르면, 1950년 8월 17일 당시 제주도 내 4개 경찰서에 예비검속된 자의 수는 1,120명이었다. 이들 대부분은 7월 29일, 8월 4일, 8월 20일에 각각 서귀포, 제주항 앞 바다, 제주읍 비행장, 송악산 섯알오름 등지에서 집단 수장되거나 총살당한 뒤

암매장되었다. 모슬포 양곡창고에 갇혀 있던 250여 명의 검속자들은 8월 20일 밤중에 끌려나와 모슬포 섯알오름 기슭 탄약고 터에서 총살 암매장되었다. 대정 지역 유가족들은 132구의 유골을 수습하여 안덕면 사계리에 묘역을 조성했다. 이 묘역은 1960년 유족들이 성금을 모아서 '백조일손지지百祖一孫之地'라고 이름을 붙였다. 서로 다른 132명의 조상들이 한날 한시 한곳에서 죽어 뼈가 엉기어 하나가 되었으니 그 후손들은 이제 모두 한 자손이라는 뜻으로 '백조일손의 묘'라 이름 붙였다. 제주에서 육지로 이송된 4·3 관련 재소자는 일반재판을 거친 200여 명과, 군법회의를 거친 2,350여 명이 한국전쟁 직후에 형무소에 수감되어 있었다. 이들 2,500여 명 대부분은 제주로 돌아오지 못하고 행방불명되었다. 대전형무소에 있던 제주사람 300여 명은 7월 초에 충남 대덕군 산내면에서 집단 학살되었다. 미국 국립문서보관소에서 발견된 문서에 의하면 대전에서 정치범 1,800명이 3주간에 걸쳐 처형되었다는 기록이 있고 사진도 첨부되어 있었다고 한다. 대전시 동구 낭월동 골령골에는 그때 시신이 아직도 수습되지 않고 땅속에 묻혀 있다. 대구형무소에 있던 제주 출신 수형인 142명도 군·경에 인계되어 대구 달성군 가창골로 끌려가 총살되었다. 형무소 재소자 총살은 정부의 지시에 의해 이루어졌다. 사형수가 아닌 재소자들을 총살한 것은 군형법 상으로도 불법 학살이다.

정부는 7월 16일 제주주정공장에 육군 제5훈련소를 설치해 신병 양성을 시작했다. 제주도 청년들 3천 명이 해병 3·4기로 지원 입대했다. 제주 지역 청년들은 자신들에게 붙여진 빨갱이라는 오명을 벗으려는 마음에 적극적으로 자원입대했다. 1951년 3월 21일 기존의 대구 제1훈련소, 부산 제3훈련소 및 제주의 제5훈련소가 통합되어 육군 제1훈련소가 대정읍 상모리에 설립되었다. 모슬포 육군 제1훈련소에서 양성된 병력만도 50만 명이 넘는다. 제1훈련소에도 수많은 제주 청년들이 입대했다. 한국전쟁 당시 육군과 해병대에 입대해 참전한 제주 청년들은 1만여 명에 달한다. 정부에서 '빨갱이 섬'으로 낙인찍은 제주도가 한국전쟁 당시 북한 공산당의 적화야욕을 분쇄하는 일에 큰 역할을 한 셈이다.

1952년 제주도경찰국은 '100전투경찰사령부'를 설치하여 한라산 곳곳에서 무장대 잔당에 대한 토벌전을 벌였다. 한국전쟁이 끝난 후에도 한참 세월이 흐른 1957년 4월 2일 최후의 무장대원 오원권이 구좌면 송당 지역에서 생포되면서 4·3사건은 공식적으로 종료되었다.

그러나 제주도민들의 아픔은 거기에서도 멈추지 않았다. 4·3의 또 다른 아픔은 가족들이 사망·행방불명된 것도 아픔이었지만 그 유가족들이 연좌제로 고통을 대물림했다는 것이다. 희생자 유가족들은 연좌제에 의해 감시당했을 뿐 아니라 사회 활동에도 많은 제약이 따랐다. 우리나라에서 연좌제는 1894년 갑오개혁의 과정에서 제도적으로 철폐되었으나 일제강점기 '요시찰 명부'를 통해 부활하여 광복 후에는 '신원조회'를 통해 '특이자'를 걸러내는 사회적 관행으로 공공연히 실시되어 왔다. 4·3사건의 경우 보도연맹원 2만 7천 명과 5만여 명의 사건 관련자 가족들이 사찰 대상으로 별도 관리되고 있었다. 1980년 8월에 이르러서야 국가보위

비상대책 상임위원회는 연좌제 폐지를 발표했다. 1980년에 제정된 제5공화국 헌법제12조 3항과 제6공화국 헌법제13조 3항에도 연좌제 금지를 명문화했다. 제주도민 대다수는 4·3으로 인한 연좌제의 피해 경험을 갖고 있다.

'붉은 섬'에서 '평화의 섬'으로

4·3은 제주 민중과 미군정을 중심으로 한 외부세력의 대립으로 봐야 한다. 제주 4·3은 결코 제주도라는 한 섬에서 우연히 발생한 사건이 아니다. 4·3사건은 부당한 외세에 대한 제주민들의 정의로운 저항이었다. 4·3 당시 제주도민들은 좌우가 무엇인지 모르고 낮에는 해안으로 밤에는 산으로 피해 다녔다는 식의 얘기는 제주도민을 비하하는 이야기가 될 수 있다. 4·3사건을 단순 폭동으로 볼 수 없는 이유다. 제국주의 식민통치에 이미 신물 난 의로운 백성들의 미군정의 폭정과 해방정국의 혼돈 정부의 폭압에 대한 항거의 몸짓으로 봐야 한다.

4·3의 기점을 1947년 3·1항쟁과 1948년 4·3무장봉기 가운데 무엇으로 삼느냐가 중요하다. 빨갱이들의 폭동 심지어 국가 전복 기도로 보는 시각에서는 4월 3일 무장대의 폭력적인 행위에 초점을 둔다. 반면 제주도민들의 의로운 항쟁으로 보는 관점에서는 무장투쟁이 일어날 때까지 과정을 중시하며 경찰 발포로 민간이 6명이 사망한 1947년 3월 1일에 주목한다. 비록 4·3사건이라 불

린다 할지라도 이 모든 이야기의 시작이 무고한 민간인의 학살에서 비롯되었으며, 사과하고 대책을 마련하기보다 강압과 폭력으로 대응한 정부와 군경의 잘못이 발단임을 잊지 말아야 한다.

가장 치열한 논쟁은 남로당 중앙당의 무장투쟁 지령 여부다. 극단적 우익들은 소련과 북한의 개입설까지 제기했으나 근거를 찾을 수 없는 억지 견해임이 밝혀졌다. 남로당 중앙당의 추인은 봉기 발발 후였으며 전남도당 조직원이 4 · 3봉기 결정에 개입한 것은 분명하나 현재까지 중앙당의 계획적인 결정임을 밝혀주는 증거는 기록 문서뿐만 아니라 한 사람의 증언에서도 확인되지 않는다. 오히려 김달삼의 해주인민대표자대회 연설문, 무장대가 자체적으로 작성한 제주도인민유격대보고서 등과 무장봉기를 결정한 신촌회의 참석자 이삼룡의 증언 등은 제주도당의 자발적인 결정임을 확인시켜주는 증거로 확실히 남아 있다. 친일 잔재를 청산하고 통일을 이루기 위해 5 · 10 단독선거를 저지하고자 하는 남로당 제주도당과 1947년 3 · 1 항쟁 이후 지속된 미군정과 경찰, 서북 · 대동청년단의 탄압 가운데 있는 일반 제주도민의 처지가 맞물리면서 4 · 3사건은 시작되었다고 볼 수 있다.

제주 4 · 3사건 진상규명 및 희생자명예회복위원회에 공식적으로 신고된 희생자 수는 1만 4,028명이다. 제주 4 · 3사건 진상조사보고서는 인명피해를 2만 5천 명에서 3만 명으로 추정했다. 당시 제주 인구의 10분의 1 이상이 목숨을 잃은 셈이다. 또한 86.1%의 희생자가 군경토벌대에 의해 죽임을 당했으며 13.9%가 무장대에 의한 희생자들이었다고 밝히고 있다. 4 · 3이 끝난 후 1952년 제주도의 20세 이상 여성은 8만 5,184명으로 같은 연령대의 남성 4만 7,789명보다 3만 7,395명이 많았다. 기혼여성의 절반 가까이가 '홀어멍' 즉 과부가 되었다. 제주가 바람과 돌, 여자가 많다고 알려져 삼다도라 칭하는데 여자가 많은 섬이라는 것은 4·3의 영향이 없다고 할 수 없다.

미국의 정치비평가인 노암 촘스키는 "1945년부터 1949년 6월까지 미군이 한국의 군대와 경찰을 지휘 통제했기 때문에 제주에서 발생한 모든 학살극과 잔혹 행위에 대해 미국은 윤리적 책임뿐 아니라 실체적이고도 법적인 책임이 있다"고 했다. 미국 대통령이 이 일에 대해 입장 표명을 해야 한다고 주장했다.

제주 4·3사건의 시원한 해결은 아직 요원해 보인다. 미국의 책임인가, 한국 정부와 군경의 책임인가, 남로당의 책임인가. 원인을 찾기 위한 일단의 실마리는 글을 통해 이미 제공했다고 생각된다. 문제는 해법이다. 제주 4·3 평화공원 희생자 각명비에는 토벌군과 무장대에 희생된 양쪽 사람들의 명단이 모두 새겨져 있다. 어떤 이는 좌익 폭도들의 명단을 빼야 한다고 주장하고 어떤 이는 무고한 양민 학살자들의 명단을 빼야 한다고 주장한다. 귀하지 않은 생명이 어디 있을까. 단지 좌우익의 문제만이 아니라 제국시대와 냉전시대의 아픔이 응집된 곳이 제주였을 뿐이다. '누가'의 문제도 중요하지만 '왜' 그렇게 될 수밖에 없었는지도 볼 수 있어야 한다. 1947년 3·1절 기념식에서 경찰의 총격으로 희생된 6인의 죽음에 대해 애도하고 그들의 아픔과 제주도민들의 성난 가슴을 보듬어줄 수 있을 만큼 여유 있고 넉넉한 지도자가 없었음을 탓해야 하는 것이 아닐까?

제주 4 · 3을 좌익과 우익의 대립으로 몰아가는 것은 제주도민들에 대한 모욕이다. 오히려 좌익도 우익도 모두 제주도민들에게 사과해야 한다. 해방 전 일본과 미국의 전투장에서 해방 후 좌익과 우익의 전투장으로 변한 것일 뿐이었다. 극소수 좌익을 척결하기 위해 수많은 제주도민을 희생시킨 사건은 어떤 이유로도 정당화될 수 없다.

제주는 오늘도 소리 없이 울고 있다. 수많은 외지인의 발길에 밟히며 신음하고 있다. 관광객들의 웃음소리만큼 제주는 울음소리를 내고 있을 수도 있다. 제주 전역에는 아름다움 속에 감춘 슬픔을 품은 비석들과 표지석들이 즐비하다. 정치가 희망을 주지 못하는 시대에 종교조차도 진영논리에 편승해 희망보다는 절망을 조장하는 시대를 살고 있다. 그나마 나라가 어려울 때 종교라도 제 구실을 해주면 다행이다. 언젠가 제주의 역사를 담은 백비가 세워지는 날을 기대해본다. 아픈 역사만이 아닌 치유와 성숙과 화해를 넘어 평화의 섬 제주의 역사를 담은 백비가 세워지는 날을. 어쩌면 역사적 미제가 청산되어 세워질 것이 아니라 부끄럽고 미안한 마음으로 사과의 비석을 세워야 하지 않을까. 많은 사람들이 이념으로 갈라진 진영의 수렁에서 허우적거리고 있을 동안 제주도민들은 외부의 시선과 상관없이 이미 화해와 평화의 길을 가고 있다. 제주4 · 3유족회와 재향경우회는 수십 년 동안 서로 적대시하며 살아오던 세월에 마침표를 찍었다. 2013년 가해자와 피해자가 아닌 모두가 피해자라는 시대의 비극을 넘어 화해와 상생의 길로 가기로 한 것이다. 지금은 세계 각지의 연구자들로부터 화해운동의 모범사례로 주목받고 있다. 이미 제주도민들은 미래의 길을 만들어 걷고 있는 것이다. 다시는 이 땅에서 이러한 일이 반복되지 않도록, 다시 제주의 그 길에 서서 비석 하나도 놓치지 않고 그 속에 담긴 슬픔이 평화로 승화되기를 기도해야 하겠다.

제주 4·3 평화공원

위치 | 제주도 제주시 명림로 430

4·3기념관과 희생자들을 추모하는 공간. 4·3 기간과 한국전쟁 기간 중 예비검속으로 희생된 사람들과 행방불명된 사람들의 묘지가 있다. 너무나 아름다운 자연경관 속에 깊은 제주의 슬픔을 품은 곳으로 꼭 방문해보기를 권한다.

너븐숭이 4·3 기념관

위치 | 제주도 제주시 조천읍 북촌3길 3

한 지역에서 400여 명 이상이 희생된 학살터 위에 세워진 기념관이다. 가장 비극적인 학살로 꼽히는 북촌리 학살사건의 현장이기도 하다. 멀지 않은 곳에 일본군 해안 동굴 진지가 함께 있다. 4·3사건을 처음 알린 소설이라 불리는 현기영의 '순이삼촌' 기념비도 함께 있다.

◤ 섯알오름 학살터와 백조일손묘역

위치 | 제주도 서귀포시 대정읍 상모리 1590-3 섯알오름 학살터 및 일본군 진지

위치 | 제주도 서귀포시 대정읍 상모리 586-5 백조일손지묘

예비검속으로 어린아이부터 노인까지 한 마을 주민 대다수가 끌려가 희생된 학살터이다. 일본군 진지였던 곳이 폭파되며 생긴 웅덩이에서 학살이 이루어졌다. 이곳에서 발굴된 시신들을 한데 모아 매장한 백조일손지묘도 함께 방문해봐야 한다.

◤ 송악산 해안진지 동굴

위치 | 제주도 서귀포시 대정읍 상모리 194-2

일본군은 송악산 지하에 대규모 땅굴을 파고 지하 진지를 구축했으며 성산일출봉 주변의 인공동굴처럼 어뢰정을 숨겨놓고 연합군의 공격에 대비했던 곳이다. 제주 해안 곳곳에 이러한 인공동굴과 땅굴 기지가 있다. '제주 다크 투어리즘'이라 불리는 코스를 검색해보면 깜짝 놀랄 만큼 많다는 것을 알 수 있을 것이다.

7장

/

오후 5시 18분에
울려 퍼지는
임을 위한 행진곡

민주화의 환상곡이 된

5·18

임을 위한 행진곡

사랑도 명예도 이름도 남김없이 한 평생 나가자던 뜨거운 맹세
동지는 간 데 없고 깃발만 나부껴 새 날이 올 때까지 흔들리지 말자
세월은 흘러가도 산천은 안다 깨어나서 외치는 뜨거운 함성
앞서서 나가니 산자여 따르라 앞서서 나가니 산자여 따르라

오후 5시 18분에 울려 퍼지는 임을 위한 행진곡

_〈임을 위한 행진곡〉 중에서

백기완의 시 〈묏비나리〉를 황석영이 가사로 다듬어 김종률이 곡을 붙인 〈임을 위한 행진곡〉이다. 노래 한 곡, 시 한 편이 무섭기는 무서운가보다. 5·18을 상징하는 노래 한 곡을 놓고 어떤 정권이 들어서느냐에 따라 몇 년씩 부를 수 있다 없다 다투는 것을 보면 펜이 칼보다 강하다는 말이 맞다. 도대체 노래 한 곡에 어떤 의미가 담겨 있기에 온 나라가 노래 한 곡 제창에 찬반으로 나뉘는 것일까? 분단의 대가치고는 너무 비싸다는 생각이다. 크고 작은 일마다 다툼과 갈등으로 소비되는 국가적 에너지가 너무 아깝다. 노래 한 곡에 담긴 의미가 작지 않듯, 나무 한 그루, 비석 하나가 지켜본 역사의 현장도 길고 깊다.

헌법재판소 건물 뒤편에 마련된 작은 휴식처와 같은 공간 언덕에는 수령이 600년 넘는 백송 한 그루가 서 있다. 헌법재판소가 자리한 곳이 갑신정변과 계속되는 구한말 개혁의 기수들이었던 젊은 개화파들의 모임 장소였고, 월남 이상재 선생 집터이기도 했다. 조선 최초의 서양식 근대 병원 제중원의 터였고, 매국노 이완용이 살았던 집터이기도 하다. 일제강점기에는 경기여고의 전신인 경기고등여학교가 들어왔고, 해방 직전에는 창덕여고가 있었던 곳이었다. 어떤 의미에서는 나무 한 그루에 불과하지만 민족의 역사를 몇 백 년 언덕 위에서 지켜본 역사의 증인과 같다.

광주광역시 동구 옛 전남도청 앞 광장에는 5·18 민주화운동을 상징하는 시계탑이 있다. 오후 5시 18분이면 〈임을 위한 행진곡〉이 흘러나온다. 5 · 18민주화운동의 심장부였던 옛 전남도청 앞 5 · 18민주광장에 서 있다. 광장을 지켜온 분수대와 함께 광주의 그날을 기억하게 하는 기념물과 같다. 비석 하나 기념탑 하나가 뭐 그리 대수냐고 말할 수 있겠지만 제주 4 · 3사건 이후 대한민국 현대사에 가장 치열했던 민중 항쟁의 현장을 지켰던 탑이다. 이것이 아무 의미 없는 탑이었다면 전두환 신군부가 굳이 이 탑을 한밤중에 농성광장으로 강제로 옮겼을 이유가 없다. 이 탑은 2015년 1월 27일 35년 만에 민주화운동의 현장으로 다시 돌아왔다. 역사를 기억한다는 것은 돌맹이 하나 나무 한 그루도 역사의 증인으로 소중히 다루는 마음이다. 동화작가 권정생이 자신이 치는 새벽 종소리를 듣는 길거리 돌맹이, 나무들, 새들을 생각해 장갑을 끼지 않은 맨 손으로 차디 찬 줄을 당겼던 것과 같은 마음이겠다.

4 · 3사건과 함께 대한민국 현대사에 아직 논란이 그치지 않는 역사적 사건이 5.18민주화운동이다. 5 · 18도 폭동이나 내란 음모로 매도당하기도 했으나, 1996년에는 민주화운동으로 인정되었다. 혹자는 아직도 북한군 특수부대가 사회불만 세력을 이용해 남남전쟁을 일으키고 결국 남침전쟁으로 한반도를 적화통일시키려 했다는 상상력 풍부한 소설을 쓴다. 한 탈북자가 자신이 1980년 5월 광주에 있었다는 증언을 방송에 출연하여 했으나 그의 증언 내용도 앞뒤가 맞지 않았다. 1980년 5월 광주에 무슨 일이 일어났는가를 알기 위해서는 그 전후를 살펴볼 필요가 있다. 모든 역사적 사건은 인과관계로 연결되어 있다. 사람과 사람의 만남이 역사적 사건을 만들어내고 이전 세대의 역사의 결과는 다음 세대 역사

의 출발점이 된다. 역사의 걸음을 함부로 내디딜 수 없는 이유이기도 하다.

유혈 사태의 전주곡

해방 후 한국사에 가장 비극적인 사건은 물론 한국전쟁이다. 동족상잔의 비극일 뿐 아니라 세계 많은 나라의 젊은이들이 희생된 세계가 함께 기억하는 비극이기도 하다. 그러나 그 역시 한민족만의 문제는 아니었다. 미소로 양분된 동서냉전 시대의 서막이 된 전쟁이었기 때문이다. 청일전쟁, 러일전쟁, 중일전쟁이 우리나라 역사에 미친 영향도 마찬가지 맥락이다. 중간에 낀 한반도의 운명은 늘 주변 국가들과 세계열강들의 움직임에 함께 흔들렸다.

4 · 3사건은 독재정권의 탄생과 동족 학살의 비극이 한동안 이어질 것을 예고하는 전주곡과 같았다. 해방 후 동서로 나눠진 미소의 세계 분단처럼 남북으로 나눠진 한반도 분단의 예고편과 같았다. 이승만 정권의 성격이 어떠할 것인지를 제대로 보여준 현장이 제주 4 · 3의 현장이었다. '빨갱이'라는 단어 하나로 모든 것을 정당화할 수 있다는 것을 예고했다. 일제에 의해 설립된 서대문형무소에 일제강점기보다 더 많은 죄수를 수감하고 사형집행 횟수 최고기록을 경신한 정권이 이승만과 박정희 정권이었다. 형무소에서 해방과 함께 출옥한 독립운동가들을 다시 형무소로 돌려보낸 것이 이승만 정권이었다. 많은 독립운동가들을 월북하게 하고

해외로 이민하게 한 야만의 시대였다. 물론 남로당의 활동도 있었고 북한의 남파공작도 분명히 있었다. 그러나 이 땅의 무고한 어린아이와 학생들, 여성들과 노인들, 일반 시민들과 의식 있는 지식인들을 빨갱이라는 이름으로 무자비하게 학살한 일은 어떤 이유로도 용서받을 수 없다. 원인을 들여다보지 않고 결과만 놓고 단정 짓는 것은 안목의 한계이며 이해와 공감보다는 단죄와 처벌로 분열과 분단을 야기할 뿐이다.

4 · 3을 이해하기 위해 1년 전 있었던 3 · 1기념식 발포 사건부터 더듬어봐야 하며, 더 거슬러 올라가 제주의 역사와 시대적 상황을 이해하는 일이 필요하듯 5 · 18을 이해하기 위해서도 같은 시각이 필요하다. 평화적 시위를 하면 되지 왜 무장을 하고 군인들과 총격전을 벌이는 짓까지 해야 하는가라고 묻는다면 말 그대로 왜 시민들이 무장까지 해야만 했었는지를 찾아보면 된다. 제주도민도 광주시민도 처음부터 그런 사람들은 아니었기 때문이다. 일도 마찬가지다. 모든 일이 처음부터 결과로 나타난 모양새를 갖추고 시작되지는 않는다. 오히려 처음부터 같은 모습으로 미리 준비된 비극을 초래했던 사람들은 가해자들이었다. 광주의 5월이 오기 전부터 공수부대를 시위진압 훈련을 시키고 사람들의 피를 수없이 묻힌 곤봉 수천 개를 제작하여 훈련했던 그들은 마치 무슨 일이 있을지 예측한 것처럼 준비했다.

해방 이후 남쪽에서는 청산되지 못한 친일파들은 정권의 하수인으로 살아남기 위해 반공주의자로 둔갑했다. 그들은 항상 그랬다. 친일파의 거두 이완용이 친러, 친일, 친미를 밥 먹듯 갈아탔듯이 그들 역시 노선을 바꾸어 살아남는 일에는 천재적이었다. 특히 경찰과 군부는 친일파에 의해 여전히 장악되었다. 그들은 일본식에 익숙했다. 일본 헌병처럼 누명을 씌우고, 일본 경찰처럼 고문했다. 해방 후 경찰들의 모든 고문은 일제강점기 독립운동가들을 고문했던 그 방법들과 하나 다르지 않았다. 단지 가해자가 일본 군인과 경찰에서 한국 군인과 경찰로 바뀌었을 뿐이다. 그들이 일본과 크게 다르지 않았던 이유는 본대로 배운대로 했기 때문이었다. 사람 죽이는 일을 눈도 깜빡이지 않고 하던 일본 총독부와 해방 후 독재정권은 현대에 이르기까지 크게 다르지 않았다.

1948년 제주 4·3사건으로 1만 5천여 명이 학살당했으며, 1949년 경북 문경 석달마을에서 빨치산 토벌을 이유로 마을 주민 127명 중 86명이 학살당했다. 그중 42명이 여성이었고 22명은 10세 이하의 어린이였다면 빨치산의 정체는 무엇일까? 이승만 정권과 5·16 박정희 정권 모두가 덮어두었다. 한국전쟁 당시의 민간인 학살은 북한 인민군에 의해서만 일어나지 않았다. 전쟁이 시작되자 전국의 국민보도연맹원 및 형무소 수감자들에 대한 학살이 일어났다. 제주 출신의 수감자도 수천 명이 학살되었다. 죄명은 좌익이라는 이유 하나였다. 예비검속을 통해 최소 5만, 최대 10만 명으로 추정되는 사람들이 학살당했다. 1951년 경남 산청과 함양에서 700여 명, 거창에서 720여 명의 주민이 학살당했다. 한국전쟁 기간 전진과 후퇴를 거듭하며 인민군은 우익과 군경 가족을 살해하고 한국군은 인민군에 협조한 사람들을 소탕한다는 명목으로 주민들을 학살했다. 1960년 이승만 정권 말기 4·19혁명 당시에도 경찰은 시위대를 향하여 발포했다. 중고생들이 앞장섰던 시위였던 만큼 186명의 학생과 청년들이 죽었고 6천여 명이 다쳤다. 사망자 186명 중 대학생이 22명, 고등학생이 36명, 초등학생과 중학생도 19명이나 됐다. 4·19혁명 역시 이승만 독재 정권에 대한 저항의 몸짓이었다. 학생들의 희생으로 이승만 정권이 무너졌으나 기쁨도 잠시 5·16군사쿠데타로 군부독재의 문이 열렸다. 일일이 나열하기 힘든 18년의 박정희 군사독재 시절의 사건들이다. 역시 키워드는 '빨갱이'였다. 유달리 간첩 사건이 많았다. 박정희 군사독재 말기인 1979년 10월 부마항쟁에도 계엄령과 공수부대는 등장했다. 박정희가 김재규의 손에 죽은 후 잠시의 소강상태가 유지되는 듯했으나 곧 신군부가 등장하는 12·12쿠데타가 일어난다. 민중이 피 흘린 저항과 혁명으로 자유를 쟁취하고 정권을 무너뜨리면 어김없이 새로운 정치세력이 나타나 기득권을 차지하고 다시 시민들을 억압했다.

4·3에서 식민치하에 억압되었던 민중들이 미군정 하에서 부르짖었던 친일청산과 외세배척의 연장선이 5·18이다. 4·19민주화혁명을 통해 12년 이승만 정권이 붕괴되고, 곧이어 들어선 박정희 군부독재 18년이 대학생들의 피의 항쟁으로 무너졌으나 신군부의 등장은 또 다른 피 흘림의 전주곡이었다. 자신들의 부당한 권력 찬탈을 정당화시키기 위한 희생양이 필요했던 것이다. 이승만에게는 미국의 환심을 사기 위해 4·3이 필요했었고, 박정희에게는 간첩들이 필요했고, 전두환에게는 쿠데타를 정당화시키기 위해 5·18이 필요했다. 어떤 사람도 공만 있고 과는 없지 않으며 과만

있고 공은 없다고 할 수 없다. 그러나 시대정신의 성숙에 따른 역사의 진보를 가로막기 위해 자국의 군대로 자국민을 학살한 역사적 과오는 그 어떤 공으로도 덮기 어렵다. 세 사람의 공통점은, 계엄령 선포와 군대 동원, 학생과 민간인 학살, 친일파와 지주 기득권 청산 실패와 민주화라는 시대정신의 억압이다. 21세기 대한민국이 가장 아파하는 것은 급격한 경제성장에 부합하는 의식의 미성숙이다. 물론 긍정적 기여도 있다는 점도 알아야 한다. 그러나 4·3이나 5·18과 관련하여 민간인 학살과 민주화 억압은 결코 정당화될 수 없고 덮을 수 없는 역사적 과오다.

5·18의 전주곡은 불협화음처럼 연주되고 있었다. 박정희의 유신독재를 무너뜨린 민주화의 열망은 제대로 꽃 피우지 못했다. 김영삼, 김대중, 김종필 등이 정치 활동을 재개했고, 대학마다 학도호국단을 폐지하고 총학생회가 다시 세워지고 쫓겨났던 교수들이 복직하고 있었다. 대중은 민주주의를 꿈꾸고 있었고 군부는 독재를 꿈꾸고 있었다. 억압되었던 학생들과 노동자들의 민주화에 대한 갈망이 차오르고 있었다. 다음 정권이 누가 되든지 이것을 수용할 것인지 결정해야만 했다. 1979년 11월 24일 재야 민주인사들은 'YWCA 위장결혼식' 사건으로 알려진 시국집회를 통해 정국의 향방을 점검하고자 했다. 그러나 신군부는 140명을 불구속 입건하고 14명을 합동수사본부로 끌고 가 혹독하게 고문했다. 12월 6일 최규하 권한대행이 대통령으로 선출되었으나 신군부가 장악한 정국의 앞날은 예측불허의 '안개정국'이었다.

군부 내에서도 정치군인들 숙정에 대한 목소리가 높아지고 있었다. 군부 내 사조직인 '하나회'에 대한 반감이 높아지고 있었지만 이미 한발 늦은 상황이었다. 전두환을 중심으로 하나회는 수도권 인근 군부대를 이미 장악하고 있었다. 정승화 참모총장이 보안사령관 전두환을 제거하려는 계획이 하나회에 포착되자 이들은 빠르게 움직였다. 1979년 12월 12일 하룻밤 사이 정승화 참모총장을 하극상으로 체포하고, 전방병력을 수도권으로 이동시키고 있었다. 특전사령관 정병주 소장, 수도경비사령관 장태완 소장, 육군 헌병감 겸 계엄사령부 치안처장 김진기 준장 등이 군 병력을 동원하여 저지하려 했으나 역부족이었다. 전두환은 정승화 참모총장을 체포해놓은 상황에서 최규하 대통령에게 참모총장 연행 재가를 요구했으나 국방장관을 통해 사건 경위를 듣고 재가하겠다고 버틴다. 결국 반란군은 육군본부와 국방부까지 점령하여 노재현 국방부장관을 연행하여 청와대로 데려간다. 실제 내란은 재야인사들과 광주시민이 아닌 그들이 일으킨 것이었다. 한미상호방위조약에도 어긋나는 병력이동과 직속상관들을 총격전 끝에 체포하여 구금하는 하극상과 대통령까지 협박하는 반란죄를 저지른 것은 신군부였다.

군부가 또 다시 정권을 장악하는 일을 국민들이 원하지 않을 것을 아는 그들은 'K-공작계획'을 만들어 언론을 철저히 통제하여 여론을 조정하려 했다. 폭력과 공작비를 통한 회유와 협박으로 언론계 대표들과 중진들, 기자들을 포섭하기 시작했다. '보도검열단'을 통해 기자들의 기사를 글자 한 자까지 검열하고 삭제했다.

더 놀라운 사실은 '충정훈련'의 실시였다. 군이 시위를 진압하기 위해 실시하는 공격적인 진압훈련을 2월에 미리 실시했다는 것은 군을 투입한 시위진압을 이들이 미리 계획했다는 의미다. 길이 45~70센티미터의 진압봉을 제작했다. 대학생들의 반발을 예상한 듯 학생운동권의 시위를 초기에 강력하게 진압할 계획을 세웠다. 그들의 예상대로 1980년 3월 새 학기가 시작되자 전국대학에 총학생회 조직이 구성되어 유신철폐에 한몫을 담당한 운동력이 결집되고 있었다. 4월이 되자 노동자들의 권리 주장도 강해졌다. 노동자의 인간다운 생활을 보장하기 위한 단결권, 단체교섭권, 단체행동권 등 헌법이 보장한 노동삼권을 지켜내기 위한 운동도 활성화되었다. 이 시기까지도 대한민국은 완전히 자유로운 독립국가가 아니었다. 쿠데타에 성공한 신군부도 대통령도 재야운동권도 모두 미국의 눈치를 보고 있었기 때문이다. 미국은 변함없이 상황을 관망하다 자신들에게 유리한 편을 들었다. 처음에는 신군부의 쿠데타에 우려의 메시지를 보냈지만 점점 전두환이 이끄는 방향에 동조하는 분위기로 돌아섰다.

1980년 5월에 들어서자 학생시위가 시작되었다. 5월 2일 서울대에서 열린 '민주화 대총회'에 1만여 명의 학생들이 참가하여 대학생 대표자들이 선출되었다. '민주화 대행진' 기간을 선포하고 비상계엄 즉각 해제와 전두환, 신현확 유신잔당 퇴진 등을 결의했다. 학생운동과 신군부의 충돌은 피할 수 없는 역사적 운명과 같았다. 신군부는 학생들의 본격적인 시위가 시작되기 전 사회 혼란에 대처하기 위해 군대를 동원한다는 명분을 내세워 비상계엄 철회가 아닌 전국 확대조치를 계획했다. 미국으로부터 시위진압을 위한 동의를 얻어내는 것도 잊지 않았고 미국은 반대하지 않겠다는 뜻을 전달했다. 학생들의 시위로 인한 사회 혼란에 덧붙여 신군부는 '북한의 남침위협'을 명분으로 내세웠다. 중앙정보부가 일본에서 입수했다는 정체불명의 '북한 남침 관련 첩보'를 총리에게 전달하고 국무회의까지 거쳐 기정사실로 하는 데 하루가 채 걸리지 않았다. 미국 정보기관은 이 정보가 신빙성이 없는 것으로 판단했고, 한미연합사령관 위컴 장군은 전두환이 주장하는 "북한이 학생시위를 배후에서 조종"하고 있다든지, "남침의 결정적 시기가 가까워졌을지 모른다" 등의 이야기에 그런 징조는 없다고 분명하게 밝혔다. 위컴 장군은 이 사안에 대해 워싱턴에 "전두환 장군이 청와대의 주인이 되기 위한 구실로 북한의 남침 위협을 강조하고 있는 것 같다"고 보고했다.

학생과 시민들의 죽음의 행진곡

5월 15일 목요일 서울역 회군

신군부가 비상계엄을 해제할 조짐이 보이지 않고, 정국의 흐름이 신군부에게로 기우는 것을 파악한 시민들이 민주화에 대한 요구를 쏟아놓기 시작했다. 대학 총학생회가 가장 빨랐다. 서울지역 27개 대학 대표 40여 명은 5월 14일부터 가두시위를 벌이기로 했다. 14일 오전 약 35개 대학 10만 여명의 대학생들이 서울역 앞에서 대규모 시위를 시작했다. 수백 명이 연행되고 수십 명의 부상자가 나오는 치열한 시위였다. 비상계엄 해제와 전두환 퇴진, 유신잔당 타도를 외치는 대학생들의 목소리가 울려 퍼졌다. 서울역 광장과 일대 도로는 학생들로 가득 찼다. 하지만 유혈 사태를 염려한 학생 지도부가 '서울역 회군'을 결정한다. 준비된 시위가 아니었고 탱크와 장갑차까지 동원한 공수부대가 출동 대기 중이었기에 여러 상황을 고려하여 내린 결정이었다. 어떤 이는 그때 여의도나 청와대까지 밀어붙이지 못해 역사에 천추의 한을 남긴 장면으로 회고하기도 한다. 다음 날부터 이어진 광주에서의 대학생 시위의 결과를 놓고 보았을 때는 '서울역 회군'이 많은 아쉬움을 남기는 것은 사실이다. 서울과 기타 도시들에서 계속 학생들과 시민들의 시위가 이어졌더라면 광주에만 집중포화가 쏟아지지 않았을 수도 있었지 않았을까? 서울역 회군 소식을 전해 들은 다른 지역 학생들 역시 시위를 중단했기 때문이다. 역사는 알 수 없는 것이다. 그때 신군부는 이미 광주에 군부대를 투입할 준비를 다 마쳤기 때문이다. 광주에서는 오후부터 1만여 명의 고등학생들과 대학생들이 도청 앞 광장 분수대에 모여 비상계엄 해제와 유신철폐를 외치며 시위가 시작되었다.

5월 16일 금요일 민주화의 횃불

전남도청 앞 광장에는 3만여 명의 대학생들과 시민들이 모였다. 18년간의 암흑을 민주화의 횃불로 밝히겠다는 뜻을 담아 횃불 시위로 진행되었다. 박관현 전남대 총학생회장이 안병하 전남도 경국장을 만나 질서 있는 시위를 약속하고 경찰의 협조를 요청했고 안국장은 승낙했다. 경찰들의 협조 속에 시위는 평화적으로 마무리되었다. 다음 날은 휴교령이 내려지면 전남대 교문 앞에서 오전 10시에 집결하고 그 길이 막히면 12시 도청 앞 분수대에 집결하기로 했다. 주말인 17일과 18일은 시위를 쉬며 상황을 지켜보기로 했다.

5월 17일 토요일 계엄확대와 예비검속

신군부는 비상계엄 전국 확대를 위한 전군 주요지휘관회의를 열어 군의 뜻을 모았다. 정치권에서 저항할 경우 군의 결정으로 밀어붙이려는 심사였다. 밤 9시 42분 신현확 국무총리 주재로 임시국무회의가 열렸다. 회의장 주변은 계엄군 장교와 사병들이 권총과 M16 소총을 휴대하고 건물 안팎을 둘러싸고 있었다. 주영복 국방장관이 북한의 동태가 심상치 않다는 이유를 들어 계엄령 전국 확대를 제안했고 누구도 반대하지 않았다. 회의는 8분 만에 끝났다.

국회해산과 비상기구 설치를 통해 정치권을 장악하려 했던 신군부는 계엄령 전국 확대를 결의하기가 무섭게 장갑차와 군대를 동원해 국회의사당을 점거했다. '계엄포고령 제10호'를 발령해 정치활동 중지, 집회 및 시위 금지, 대학 휴교, 언론보도 사전 검열, 파업 및 유언비어 유포 금지 등의 내용을 지시했다. 이미 17일 낮에는 소요배후조종자 및 권력형 부정축재자들을 일제검거하라는 지시를 전국 보안부대에 내렸다. 김대중 국민연합 공동의장이 그날 밤 11시 동교동 자택에서 체포되었고, 김종필 공화당 총재는 신당동 자택에서 연행됐다. 전국에서 예비검속을 통해 체포된 사람은 2,699명이었고 그 가운데 404명이 기소되었다. 광주에서는 86명의 보안부대원들이 12명을 일시에 검거했다. 그리고 그 밤에 7공수여단 333대대, 35대대 688명이 광주로 향하고 있었다. 자정이 넘어 도착한 부대는 각각 전북대와 충남대를 점거했다.

5월 18일 '피의 일요일'

여느 때와 다름없는 일요일 아침이었으나 광주 시내에는 왠지 모를 긴장감과 침묵이 감돌았다. 금남로 주변도 한산했으나 만나는 사람들은 무슨 이야기들을 주고받는 모양이었다. 정적을 깨트린 것은 아침에 도서관으로 들어가던 전남대 학생들이 공수부대원들에게 구타를 당한 일이었다. 학생들은 병원으로 옮겨져 치료를 받았고, 전남대 정문 앞에는 학생들이 모여들기 시작했다. 학생들의 숫자가 200~300명으로 늘어났고 '계엄령 해제하라' '전두환 물러가라' '휴교령 철회하라' 등의 구호를 외쳤다.

공수부대 책임자인 권승만 중령이 해산하지 않으면 무력으로 해산시키겠다고 했으나 학생들은 물러서지 않았다. "돌격 앞으로!" 명령과 함께 공수대원들이 학생들에게 달려가 곤봉을 휘두르기 시작했다. 순식간에 학생 몇 명이 피를 쏟으며 쓰러졌다. 흩어졌다 모이기를 반복하며 시위하는 학생들을 공수부대원들이 끝까지 쫓아가 곤봉으로 때려 끌고 왔다. 대부분 머리를 가격하여 피를 흘리거나 실신한 상태가 되어 공수부대원들에게 끌려왔다. 공수대원들에게 쫓기던 학생들은 시내로 나가 학교에서 일어나고 있는 일들을 시민들에게 알려야 한다고 생각했다. 금남로와 도청 앞 분수대로 학생들은 삼삼오오 흩어져 다시 모여들기 시작했다. 전투경찰이 최루탄을 쏘며 강경 진압을 했으나 학생들은 쉽게 흩어지지 않았다.

시위 학생들의 수가 500명을 넘어 1천여 명으로 불어났다. 그러나 공수부대가 출동할 정도의 상황은 아니었던 것으로 군의 상황일지에 기록되어 있다. 그러나 진종채 2군사령관과 신우식 7공수여단장이 광주에 다녀간 뒤 공수여단 투입 명령이 하달되었다. 정웅 31사단장은 7공수여단 33대대와 35대대를 각각 다른 방향에서 투입했다. 몇 차례 차량에 설치된 스피커를 통해 경고 방송을 내보낸 뒤 공수부대는 시위대를 향해 돌격했다. 하나의 표적을 정하면 끝까지 추적하는 방식이었다. 곳곳에서 얼굴과 옷이 피로 물든 학생들이 끌려나왔다. 시위대를 추격하다 놓치면 주변에 있는 시민들의 나이와 성별을 막론하고 곤봉과 개머리판으로 내려쳐 실신할 때까지 구타했다. 지나가는 버스도 세워 청년으로 보이는 사람들은 무조건 끌어내려 구타했다. 말리는 버스 안내양도 실신하도록 맞았고 버스 운전사와 숨겨준 집 주인까지 무작위로 구타했다. 안방 장롱에 학생들을 숨겨준 할머니까지도 곤봉으로 내려치고 군홧발로 안방까지 들어와 학생들을 끌어냈다. 그날의 공수부대의 진압 장면을 목격한 광주시민들 모두가 분노에 사로잡혔다고 한다.

5·18 최초의 희생자는 안타깝게도 청각장애로 말을 하지 못하는 청년 김경철 씨24세였다. 18일은 그의 첫 딸의 백일을 축하하는

날이었다. 평소 구두를 닦거나 신발을 만들어 파는 일을 했던 청각장애인 친구들과 함께 오후에 일거리를 찾아 나섰다 공수부대원들과 맞닥뜨렸다. 3~4명의 공수부대원이 그의 머리를 진압봉으로 내려치자 피를 흘리며 쓰러졌다. 친구 황종호와 박인갑도 붙잡혀 맞으며 말을 못하는 청각장애인임을 표시했으나 구타는 멈추지 않았다. 늦은 밤 황조호와 박인갑은 청각장애인이라는 사실을 알고 풀어주었다. 적십자병원으로 실려갔던 김경철은 국군통합병원으로 옮겨졌으나, 5월 19일 새벽 3시 끝내 사망했다. 후두부 타박상에 의한 뇌출혈이 사망 원인이었다.

오후 4시경부터 시작된 시위진압을 빙자한 살인행위에 가까운 진압은 밤 11시가 되어서야 겨우 멈추는 듯했다. 18일 하루 동안 연행된 사람들은 대학생 114명, 전문대생 35명, 고교생 6명, 재수생 66명, 일반시민 184명 등 모두 405명이었다. 이 가운데 68명이 두부 외상, 타박상, 자상 등을 입었고 12명은 중태였다고 하나 실제 그보다 많았을 것으로 추측한다. 그리고 그 밤 11공수여단 61, 62, 63대대가 광주에 증파되었다.

5월 19일 월요일 최초의 발포 사건

시민들은 분노로 인해 뜬 눈으로 밤을 새웠다. 오전 10시 경 금남로를 가득 채운 3~4천 명의 군중들은 대학생들이 아닌 일반 시민들이었다. 고등학생들과 대학생들, 여학생들까지 구타당하고 옷을 벗겨 기합을 주고 트럭에 시체처럼 실려가는 모습을 종일 목격한 시민들의 분노가 터졌다. 맨몸으로 시위하던 군중들이 화분과 보도블록을 깨서 투석을 시작했다. 공사장에서 각목과 철근, 파이프 등을 가져다 무장했다. 화염병도 등장했다. 공수부대의 진압도 훨씬 공격적으로 변했다. 곤봉만이 아니라 개머리판, 대검까지 사용하기 시작했다. 이날 연행된 시위대 가운데 자상을 입은 사람들이 많았다.

단순히 시위대만이 아닌 인근 건물들을 뒤지고 다니며 시위에 참여하지 않은 사람들도 무자비하게 폭행했다. 미도장여관 폭행 사건도 이날 일어났다. 시위대 학생 한 명이 도망쳐 들어간 것이 화근이 됐다. 종업원들이 구타당하고 끌려갔으며 투숙객들까지 구타당하고 피를 흘리며 끌려 나갔다. 은행, 고시학원, 당구장 등 장소를 가리지 않고 구타했다. 금남로 1가 전일빌딩 주변에서 취재하던《동아일보》김충근 기자는 이 모든 상황을 지켜보고 한 단어를 떠올렸다. '인간사냥'이었다. 현장을 취재했던 AP통신 테리 앤더슨Terry Anderson 기자도 사실상 군인들에 의한 폭동이었다고 말했다. 이날의 시위도 마찬가지였다. 부녀자들의 참여가 많아졌다. 공수대원들의 폭력성은 남녀노소를 가리지 않았다. '묻지마 폭력'을 행사하는 공수부대원들을 말리는 시민들까지 노인과 여성을 가리지 않고 진압봉으로 내리치고 군홧발로 차고 개머리판으로 때리는 모습은 시민들을 분노하게 했다. 시민들이 여러 명이 한꺼번에 달려들기 시작했고 일부 공수대원들은 도망치기도 했다.

오후 4시 30분 공용버스터미널 주변으로 수천 명이 결집했다. 시위대에 참여하는 시민들의 수가 많아지면서 산발적인 시위를 일일이 진압하고 대응하기 어려운 상황이 되자 군병력을 증파했다. 전라남도 내 8개 경찰서에서도 1,800명을 긴급 차출했다. 공수부대 추가 증파는 이미 새벽에 결정되어 있었다. 터미널에서 시위를 통해 시외로 나가는 이들에게 광주의 소식을 알려달라고 부탁했다. 한 택시기사는 터미널 인근 시위에서 다친 환자를 병원으로 싣고 가던 중 공수부대원의 제지를 받았다. 차의 유리창을 부수고 운전기사를 구타하는 일이 벌어졌다. 결국 다음 날 차량시위가 벌어지는 계기가 되고 만다.

비슷한 시간 광주고등학교 앞 도로에 장갑차 한 대가 나타났다. 위협하듯 도로 위를 오고가는 장갑차를 향해 사람들이 돌을 던져 감시경을 깨트리자 방향을 잃은 장갑차가 보도블록 위로 올라오며 시동이 잠시 꺼졌다. 조선대 4학년 위성삼이 짚단에 불을 붙여 군중에 둘러싸인 장갑차 위에 올려놓았다. 군인 한 명이 뚜껑을 열고 나와 공중에 총을 두 발 쏘자 군중들이 흩어졌다 다시 주변으로 모여들 때 다시 총성이 울리며 고등학생 한 명이 쓰러졌다. 사람들이 놀라 흩어지자 장갑차가 시동을 다시 걸고 그 자리를 빠져나갔다. 총에 맞아 쓰러진 학생은 조대부고 3학년 김영찬이었다. 5·18 기간 중 발생한 최초의 총상 환자다. 총알이 오른쪽 복부를 관통하여 좌측 엉덩이로 빠져나갔다. 20여 명의 헌혈과 함께 수술을 받고 이틀 만에 혼수상태에서 깨어났다. 이날 체포된 사람만 277명이었다. 그러나 전국 언론이나 방송에는 광주의 소식은 단 한 줄도 알려지지 않았다. 이 일은 다음 날 방송국 방화사건으로 이어진다.

군 지휘부의 생각도 엇갈렸다. 서울에서는 계속해서 강경진압을 밀어붙이고 심지어 현장에서 요청하지도 않은 공수부대 증파 결정을 내렸다. 3공수여단 남은 병력과 20사단 1,392명을 광주로 내려 보냈다. 현장에서 지휘하던 정웅 31사단장이 연대장, 대대장, 참모들과 안병하 전남 경찰국장 등을 불러 모아 '강경진압'을 멈추고 '무혈진압'으로의 전환을 명령했다. '대검사용 금지, 진압봉 머리 타격 금지, 분산 주력, 연행 금지' 등의 내용이 명령에 포함됐다. 본인의 군인 생명이 끝날 수도 있는 결단이었다. 회의에 참여한 지휘관들 10명 중 8명은 강경진압에 회의적이었다. 그러나 신군부 지도부는 생각이 달랐다. 소요가 쉽게 가라앉을 것 같지 않아 군 병력 증파를 결정하고 광주가 공산당에 의해 조정되고 있다고 강조했다. 오히려 더 강력한 시위진압을 명령했다.

5월 20일 화요일 집단 분노와 집단 발포의 밤

항쟁 3일째인 20일 새벽 광주공원 부근 전남주조장 앞길에서 시체가 발견되었다. 안면이 짓이겨져 있었다. 일용직 노동자로 일하는 35세 김안부였다. 사망 원인은 '전두부 열상'으로 앞머리가 강한 충격으로 깨져서 사망했다. 부인 김말옥이 밤새 들어오지 않는 남편을 찾아다니다 광주공원에서 눈을 뜬 채로 사망한 남편의 시신을 찾았다. 시위가 시작된 후 두 번째 사망자였다.

5·18 당시 현장 사진으로도 남아 있듯이 공수부대원들은 젊은 이들을 잡아 겉옷을 벗기고 속옷만 입힌 채로 다양한 기합을 주거나 군홧발로 차고 몽둥이로 때리다 트럭이 오면 실어 조사실로 보냈다. 여성에게도 예외는 없었다. 사진으로만 남았을 뿐 아니라 많

은 광주시민들이 눈으로 직접 목격했다. 며칠간 계속된 시위 현장을 지켜본 광주시민들은 남녀노소와 계층을 가리지 않고 시위에 참여하기 시작했다. 그리고 구호와 맨손으로는 자신들을 지킬 수 없음을 뼈저리게 경험했기에 할 수 있는 한 무장을 하기 시작했다. 농기구, 연탄집게, 각목, 뭐든 가능한 도구들은 모두 동원했다.

철저하게 외부와 차단되어 고립된 상황에서 자국의 군대에 의해 짓밟히고 있던 광주시민들은 이 소식을 어떻게든 외부에 알리기 위해 백방으로 노력했다. 미국 정보요원들도 호텔에 투숙하며 상황을 지켜보고 있었으나 미국 정계의 소수 인원에게만 보고되었다. 전화는 이미 차단되었고, 도시를 빠져나가는 길도 봉쇄되었다. 들어오는 소식도 차단되어 광주시민들은 자신들의 상황이 외부에 알려졌는지조차 알 수가 없었다. 급기야 시위대는 KBS와 MBC 방송국을 점거하고 방송시설을 파괴한다. MBC 방송국은 그날 밤 불타고 만다. 사람이 죽어나가는 상황에 오락프로그램만을 내보내는 방송을 더는 지켜볼 수 없었다. 참상을 사실대로 보도하지 않는 언론에 대한 분노 표시였다. 《전남매일신문》 기자들은 단체로 사직서를 제출했다. 그들이 할 수 있는 최소한의 양심에 따른 저항이었다.

"우리는 보았다. 사람이 개 끌리듯 끌려가 죽어가는 것을 두 눈으로 똑똑히 보았다. 그러나 신문에는 단 한 줄도 쓰지 못했다. 이에 우리는 부끄러워 붓을 놓는다." 시대가 어려울 때 글이 써지는 것을 부끄러워했던 윤동주의 마음이나 일제 말기 절필하고 두문불출했던 문학가들의 마음이었을 것이다.

오전의 시위가 어느 정도 소강상태에 접어드는 듯했으나 공수부대의 움직임은 달랐다. 작전에 투입된 3개 여단 10개 대대 병력이 총동원되어 주요 지점에 대기하여 진압작전을 펼칠 준비를 했다. 오후 시위에는 수백 명의 중고생도 가담했다. 시민들도 수백 명에서 천여 명씩 시내 곳곳에 모여들기 시작했다. 시위대의 구성 계층은 더 다양해졌다. 할머니의 손을 잡고 나온 어린이부터, 회사원, 점원, 가정주부, 노동자 등 전 계층의 시민들이 거리로 쏟아져 나왔다.

시위가 며칠 진행되며 시민들도 비장한 각오가 생겨났다. 이 자리에서 죽더라도 광주를 지켜야 한다는 마음이 불타올랐다. 광주에만 이런 일이 있는 것인지 궁금했다. 왜 그렇게 무자비한 방식으로 평범한 시민들을 때려 초주검에 이르게 만드는지 이해 불가였다. 시위도 점차 진영을 갖추고 조직적으로 움직이기 시작했다. 무조건 항의하고 따지다 피 터지도록 얻어맞기만 하는 시위가 아니었다. 눈물로 〈아리랑〉을 부르고 〈애국가〉를 불렀다. 〈우리의 소원은 통일〉과 〈정의가〉도 울려 퍼졌다. 시민들의 숫자가 많아지며 공수부대원들도 한두 사람을 쫓아 골목으로 들어가는 행동은 위험하다는 것을 감지했는지 대규모 시위대와 공수부대 병력의 대치 상황이 주로 전개됐다. 시민들이 즉석에서 돈을 모아 스피커와 마이크를 장만했다. 더 이상 최루탄을 두려워하거나 피하지 않았다. 육탄으로 공수부대와 충돌하고 물러나기를 반복했다.

저녁 7시경 역사에 유례가 없는 시위가 시작되었다. 12톤 대형 트럭을 앞세우고 고속버스와 시외버스 11대가 뒤따랐고 택시 200

여 대가 줄을 지어 금남로에 나타났다. 시위하는 곳곳에 태극기가 휘날렸다. 부당한 억압에 저항하는 광주시민의 몸짓이 하나로 모여 터져 나오는 순간이었다. 버스와 택시기사들은 지난 며칠 손님들을 실어 나르며 이유 없는 폭력의 희생자가 되었던 사람들이다. 차량을 운행하며 시내 곳곳에서 일어나는 공수부대의 만행을 목격한 사람들이었다. 다친 사람들을 병원으로 옮기다 군인들에게 잡히면 폭도를 빼돌린다는 이유로 기사들을 폭행했다. 차량 행렬이 금남로로 들어서자 시민들은 천군만마를 얻은 것처럼 고무되었다. 차량과 함께 도청 방향으로 전진하기 시작했다. 앞이 보이지 않을 만큼의 최루탄이 쏟아졌다. 계엄군은 차에서 내리는 기사들과 시민들을 곤봉으로 머리를 타격하여 쓰러트렸다. 치열한 격전이 한동안 계속된 후 부상자들을 수습하면 소강상태에 접어들었다. 시민들의 물결은 점점 거대해지고 거세졌다. 골목마다 쏟아져 나오는 시민들이 큰 거리로 모이며 큰 무리를 이루어 전진해나갔다.

안타까운 일은 동성중학교 3학년 박기현14세이 책을 사기 위해 자전거를 타고 거리로 나왔다가 공수부대원에게 붙잡혀 진압봉으로 맞아 앞머리가 깨지고 온몸이 멍들고 눈알이 튀어나온 채 전남대병원에서 사망했다. 사망자는 이제 이곳저곳에서 발견되기 시작했다. 시위대 버스 한 대가 운전자가 최루탄으로 인해 방향을 잃고 벽에 충돌하는 일로 인해 진압경찰 네 명이 사망하는 안타까운 사고도 발생했다. 상호간에 사상자가 속출하며 시위대도 공수부대도 분노와 두려움이 동시에 고조되고 있었다. 시위대도 공수부대도 이곳에서 살아 돌아갈 생각을 하지 말자는 각오를 했으니 최후의 결전이 예고되고 있었다. 이날 밤 공수대원 가운데 최초의 사망자가 발생했다. 광주역을 지키던 공수부대원들을 향해 8톤 트럭이 빠른 속도로 달려왔고 급하게 방향을 바꾸려다 주유소를 들이받고 차가 전복됐다. 주유소 맞은편을 경계하던 대대장 운전병 정관철 중사가 차에 깔려 그 자리에서 사망했고 민간인 2명도 차에 치여 쓰러졌다. 운전자는 도망가고 조수석에 타고 있던 화물차 조수 이금영17세이 체포되었다. 분노한 공수부대원들은 그의 옷을 벗기고 등 뒤에 붉은 매직으로 '폭도' '운전' 등의 표시를 하여 전남대 주둔지로 데려갔다. 그날 밤 이금영은 대검으로 머리에 상처를 입고 초주검이 되도록 두들겨 맞았다.

이 사건을 계기로 공수부대원들에게 실탄이 지급되기 시작했다. 그리고 언제인지 누구의 명령인지 모르게 발포는 시작되었다. 지휘관들이 발포 전 사전보고를 지시했으나 지켜지지 않았다. 광주역에서는 공수부대의 사격이 이미 시작되었다. 실탄 사격을 예상하지 못한 시위대를 향해 총알이 날아들었고 선두의 청년들이 쓰러지기 시작했다. 시위대는 좌우로 갈라져 몸을 숨겼고 쓰러진 이들 가운데 몇몇은 잠시 후 움직임이 멈췄다. 회사원 김재화26세, 오토바이 상사에 일하는 이북일29세, 노동자 김만두45세, 미장공 김재수25세, 이발사 허봉26세 등 5명이 사망하고 10여 명 이상이 총격으로 부상을 입었다. 아직까지도 누가 그 밤에 발포명령을 했으며, 누가 발포했는지는 밝혀지지 않았으며 군 문서에도 어떤 기록도 남아 있지 않다.

시민들의 결사항전은 다음 날 아침이 되도록 멈추지 않았다. 서울에서는 임시국회를 열어 계엄해제 결의안을 채택하려는 의원들의 시도가 군인들의 국회의사당 출입통제에 막혀 무산되었다. 광주는 꺼지지 않는 항쟁의 불길이 가장 강렬하게 타오르는 밤이었다. 시위대에게도 공수부대에게도 잠 못 이루는 두려움과 갈등의 밤이었다. 양쪽 모두 심각한 후유증에 시달리는 사람들이 나타났을 만큼 실제 전쟁을 방불케 하는 치열한 접전의 날이었다. 시민들도 군인들이 왜 자국민들을 향해 총을 겨눌 뿐 아니라 실제 발포하는지 알 수 없었고, 군인들도 왜 광주시민들이 태극기를 흔들며 군대를 향해 달려오는지 이해하기 어려웠다. 서로 영문을 모르는 것이 당연했다. 군인은 지시에 따랐을 뿐이며 시민은 상황에 대응했을 뿐이었다.

5월 21일 수요일 시위대 무장하다

새벽녘에 20사단 61연대와 62연대가 송정리역에 도착했다. 500MD 헬기 5대도 광주에 투입되었다. KBS 광주방송국도 새벽에 불길에 휩싸였다. 아침 동이 트면서 어둠에 가려 보이지 않았던 광주역 광장의 모습이 드러나기 시작했다. 불에 탄 차량들이 나뒹굴고 있었다. 어둠과 연기가 걷히고 날이 밝아오자 시신들이 발견되기 시작했다. 대다수 시신들은 얼굴을 알아보기 힘들 정도로 뭉개진 상태였다. 시위대는 20사단 지휘부 지프 차량 14대를 탈취하고 장갑차와 군용 트럭 등을 생산하는 아시아자동차 공장으로 가서 차들을 끌고 나왔다. 이때부터 시위대의 활동 범위가 전라남도 전체로 넓어지기 시작했다. 광주가 처한 상황들을 알리고 동참을 호소하자 각 지역에서 사람들이 자원해서 광주로 오기 시작했다. 시위대의 규모는 1만 명 단위로 올라섰다. 최소 1만에서 많을 때는 5만여 명에 달했다. 시위대는 정오까지 계엄군의 시 외곽 철수를 요구했다. 정오가 넘어가도록 철수할 조짐이 보이지 않자 시위대는 도청으로 다가가기 시작했다. 장갑차와 군용 트럭까지 갖춘 수만 명의 시위대는 군에게는 충분히 위협이 될 만했다.

시민대표와 도지사 등의 발포 삼가 요청은 묵살되었다. 계엄군 현장 지휘관들도 상부의 지시만 기다리는 상황이었다. 12시 30분경 통신병의 한마디가 많은 사람들의 운명을 갈라놨다. "발포명령입니다."

기다리던 시위대로부터 화염병이 날아들고 불이 붙은 장갑차가 후진하며 11공수여단 63대대 소속 권용운 일병이 깔려 숨지고 다른 1명은 중상을 입었다. 오후 1시 정각 〈애국가〉가 울려 퍼지며 사격이 시작됐다. 사람들이 피를 흘리며 쓰러지기 시작했다. 청년들 몇 명이 태극기를 들고 길 한복판으로 나서서 구호를 외치기 시작했다. 총성이 잇따랐고 청년은 온몸이 피투성이가 되며 쓰러졌다. 또 다른 청년들이 태극기를 들고 달려 나왔고 총성과 함께 피를 흘리며 쓰러졌다. 또다시 청년들이 태극기를 들고 달려 나왔고 총알은 다시 그들을 쓰러트렸다. 대여섯 번 이상 충격적인 장면이 반복되었다. 거기가 끝이 아니었다. 주변 높은 건물 옥상마다 배치된 저격수들이 길거리에 시민들이 보이면 조준사격을 시작했다.

길을 지나가던 여고생, 초등학생, 광주 대동고 3학년 전영진 등을 포함하여 길을 가던 학생들과 행인들이 총을 맞고 쓰러지기 시작했다. 임신 8개월의 최미애23세도 총탄에 사망했다. 태아도 함께 사망했다. 몽둥이로 맞아 죽은 시체의 숫자도 계속해서 늘어나고 있었다. 대다수 두개골이 깨져나간 시신들로 발견됐다.

오후 4시경 육군참모차장 황영시가 전투교육사령부 기갑학교에 출동 명령을 내렸으나 현장 지휘관이 거부했다. 전투교육사령부 부사령관에게도 무장헬기를 출동시키라고 명령했으나 거부당했다. 다른 계통을 통하여 무장 헬기 출동을 명령했으나 제31향공단 관계자들이 반대했다. 정웅 사단장은 지시 불응 이유를 "중무장되어 있는 군의 전투력을 시위진압을 위해 사용할 수 없다"고 밝혔다. 시위대도 결국 무장을 시작했다. 전남 각 지역 경찰서 등을 통해 시위대에게 총과 실탄과 폭발물들이 수집 분배되기 시작했다. 계엄군의 사격에 시위대의 대응 사격이 시작되었다. 이광영 스님과 조비오 신부, 아놀드 A 피터슨 목사는 헬기 기총 사격 목격을 증언했다. 단순한 자위권의 발동이 아닌 계획된 작전을 실행했다는 뜻이다. 결국 공수부대는 도청에서 퇴각했다.

5월 22일 목요일 폭풍 전야 I

항쟁 5일만에 광주 시내에서 계엄군이 사라졌다. 어느 누구의 지도력이 아닌 시민들 스스로의 힘을 확인한 시간이었다. 위기를 극복하는 힘은 공동체가 함께하는 길임을 뼈저리게 배운 시간이었다. 신군부와 공수부대원들은 무척 당황스러웠다. 무장한 군부대가 비무장의 시민들에게 밀려난 것 자체가 수치스러웠고 두려운 경험이었다. 그러나 두려움만은 아니었다. 계속해서 지휘부로부터 용공분자들이 섞여 있다는 이야기가 믿어지기 시작했고 동료의 전사로 분노도 증가하고 있었다. 시위가 소강상태에 접어들고 시민들 진영에 수습위원회가 꾸려져 7가지 항목의 요구사항을 가지고 계엄군과 협상에 나섰다.

계엄군의 과잉진압 인정
구속학생 및 민주인사 연행자 석방
시민의 인명과 재산 피해 보상
발포명령 책임자 처벌과 국가 책임자의 사과
사망자 장례식은 시민장으로 치를 것
수습 후 시민, 학생들에게 보복하지 말 것
이상의 요구가 관철되면 무기 자진 회수 반납 무장 해제

내용상 5·18이 내란이나 국가전복 음모로 불려질 만한 어떤 요구사항도 없었다. 오히려 너무 순진한 요구였다. 계엄군 측은 과잉진압에 대해 과격시위를 탓했다. 과잉진압에 대한 어쩔 수 없는 과격시위였음을 설명했으나 소용이 없었다. 구속 학생과 민주인사 석방 건은 선별적 석방, 인명과 재산 피해도 선별 보상만을 주장했다. 발포명령자 처벌과 대통령 사과 건에 대해서는 '상부에 건의하겠다'는 상투적 답변만 했다. '시민장'에 대해서는 시민들을 자극할 수 있기 때문에 불가하다는 입장이었다. 마지막 무기 회수와 반납에 대해서는 요구 조건의 선결 여부와 상관없이 무조

건 반납을 요구했다. 수습 후 보복금지 보장에 대해서는 협의했으나 실제 시민수습위원회에서는 얻은 것이 없는 협상이었다. 오히려 수십 대의 전차와 헬기와 중화기들을 보여주며 얼마든지 광주를 점령할 수 있으나 시민들을 보호하기 위해 기다리는 중이라는 말로 압박했다. 무기를 반납하고 자진해산하라는 주장이었다.

결국 시민수습위원회는 협상보고를 하는 자리에서 도리어 시민들에게 실망만 안겨준 집단이 되고 유명무실해졌다. 수습위원들 구성 자체가 도지사가 선별적으로 선택한 사람들이었기에 '관변'이라는 한계를 드러냈다. 시민들이 자발적으로 재야 민주화운동가들 중심으로 별도 대책을 논의했다. 항쟁의 처음 동기였던 유신체제를 답습하는 '군부정권 퇴진과 민주정부 수립'이라는 주제와는 아무런 연관 없는 협상이었기 때문이다. 시민들 사이에도 생각을 달리하는 사람들이 나타나기 시작했다. 총기 반납이 최선의 수습책이라고 생각한 수습위원회는 총기 회수를 최대한 독려했다. 젊은이들은 모든 상황이 종료되기 전에는 안심할 수 없다고 생각했기에 학생들과 청년들로 지역방위대를 조직했다. 12개 조로 나누어 각 길목에 배치되었다.

그런 와중에 공수부대가 근거지로 삼았던 전남대학교는 교직원들과 학생들이 학교를 정리하기 시작했다. 강의실 바닥 곳곳은 피로 덮여 있었다. 교내 뒷동산에서 암매장한 시신이 발견되었다. 밀가루 부대로 상반신을 덮어씌워 매장해놓은 시신에는 칼에 찔린 자국과 구타당한 흔적이 발견되었다. 광주상고 2학년 이성귀16세였다. 또 다른 여고생 시신이 발견되었는데 허벅지에 대검으로 찔린 자국들이 남아 있었고 눈을 부릅뜨고 입 속엔 흙이 가득한 채 매장되어 있었다. 주변 야산에서도 시신들이 발견되었다.

서울에서는 내각 개편과 군 지휘부 인사가 있었다. 박충훈 신임총리 중심의 새로운 내각이 구성되어 5 · 18대책위원회를 꾸리고 계엄사와 소통하기 시작했다. 시위진압에 소극적인 윤흥정 사령관은 경질되고 소준열 육군종합행정학교장이 전교사령관으로 부임했다. 12 · 12사태 당시 신군부에 동조하지 않은 일로 승진 순위에서 밀려나 있던 그에게 광주 사태를 조속한 시일 내 수습하면 중장 진급을 약속했다. 신임총리는 방송을 통해 정부 입장을 밝혔다.

현재 광주 시내는 군 병력도 경찰도 없는 치안부재 상태다. 일부 외지에서 침투한 불순분자들이 관공서를 습격, 방화하고 무기를 탈취하여 군인들에게 발포하여 희생자가 났다. 그럼에도 불구하고 군은 정부의 명령 때문에 시민들에게 발포하지 못하고 있다. 광주사태는 시청 직원이 사무를 보고 전기 수도가 공급되며 은행 약탈 등이 없는 것으로 보아 호전되어가고 있는 것으로 안다.

중앙정보부장 서리 전두환도 언론기관장들과 간담회를 가졌는데 그 자리에서 많은 유어비어가 유포되었다. "폭도들이 가가호호 방문하여 합세를 강요하고 통반장을 협박"한다든지, 혹은 "있는 놈 때려잡자"는 구호도 등장했다는 거짓말을 했다. "공수단 복장 괴한이 10대 트럭에 분승하여 무등산으로 올라가며 '드디어 호남군인들 일어나 경상도 군인 죽이려 궐기했다'고 선동하면서 이들이 해안을 통해 월북을 기도할 가능성이 있어 해군이 해상봉쇄 중"이라고 말했다 한다. "무전 감청 결과 통혁당 지령으로 교도소 폭파시켜라"는 내용이 전달되었다고 거짓말을 하고, "김대중 깡패조직 4개 파가 현지 데모에 합세"했다고 거짓을 주장했다. 그리고 24일을 기해 광주 시가전을 각오하겠다는 유혈 진압을 예고했다. 미국 정부는 신군부와 신군부 편에서 활동하는 인사들에 의해 광주에 대한 왜곡된 판단을 하게 된다. 계엄군을 지지함으로써 향후 광주뿐만 아니라 한반도에서 반미감정이 확산될 것을 우려하면서도 혼란이 수습되어야 한다는 생각으로 지지했다. 4·3사건의 상황과 마찬가지였다. 미군정은 한국을 잘 몰랐고 특히 제주도와 같은 특수한 공동체성과 역사를 가진 땅과 사람들을 잘 몰랐다. 광주에 대한 미 정부의 이해도 마찬가지였다. 추가적인 군부대의 광주 이동을 허용해준 미국 정부도 5·18에 대한 책임을 피해갈 수 없는 이유이다.

5월 23일 금요일 폭풍 전야 Ⅱ

계엄군이 외곽으로 철수한 지 이틀째. 시민들은 아침이면 도청으로 모였다. 거리를 청소하고 아주머니들은 길가에 밥솥을 걸고 시민군과 학생들을 위해 밥을 지었다. 순간이나마 누리는 평화로운 시간이기도 했지만 도청 맞은편 상무관에는 수많은 시신들이 누워 있었다. 관이 모자라 아직 입관도 못한 시신들도 많았다. 분향하려는 시민들의 줄은 길게 이어졌다. 행방불명된 가족들의 생사를 확인하기 위해 시신을 뒤지고 병원을 찾아다니는 가족들의 모습도 많았다. 술집 접대부로 알려진 어떤 여성은 하얀 양말을 수십 켤레 가져와 시신마다 정성스럽게 신겨주기도 하고 물을 떠다 시신들의 얼굴을 씻겨주기도 했다고 한다.

새롭게 수습위원회가 꾸려졌다. 일반 시민들과 학생들이 함께 하는 구성이 되었다. 다음과 같은 8개 협상안을 확정했다.

1. 계엄군, 공수부대의 지나친 과잉진압을 인정하라
2. 연행자를 석방하라
3. 계엄군의 시가지 투입을 금지하라
4. 시민, 학생 처벌 및 보복 엄금하라
5. 정부 책임 하에 사망자, 부상자의 피해 보상하라
6. 방송 재개 및 사실 보도를 촉구한다
7. 자극적인 어휘 사용을 금지하라
8. 시외 통로를 열어라

그러나 계엄군 지도부의 태도는 1차 협상과 전혀 달라진 것이 없었다. 협상안에 대한 선조치를 요구하는 시위대에게 '무조건적 무기반납'만을 강요했다. 시민들에게 전혀 설득력이 없는 이야기라는 것을 강조했으나 의미는 없었다.

5 · 18이 북한특수부대의 공작이라느니 좌파 운동권들의 내란음모 등 온갖 유언비어가 있지만 광주의 그날들의 기록을 살펴보면 운동권 성향의 시민단체와 학생들이 주도적으로 활동을 시작한 날은 항쟁 10일 중 6일째인 5월 23일이었다. 제1차 민주수호

범시민궐기대회를 개최하여 비상계엄해제와 유신잔당 퇴진, 민주인사 석방 등을 주장했다. 15만 명에 가까운 시민들이 도청 앞 분수대를 중심으로 모였고 희생자들에 대한 묵념과 〈애국가〉를 부르며 시작되었다. 각계각층의 사람들이 분수대 위에 올라 자신들의 의견을 말하는 시간으로 진행되었다. 희생자들의 장례를 위한 모금도 있는 자리에서 이루어졌고 사람들의 온정이 쏟아졌다. 고등학생 최치수는 고등학생 수습대책위원장으로 분수대에 올라 "고등학생 여러분! 제가 이 자리에 올라온 것은 고등학생 여러분께 데모를 하자거나 누구를 쳐부수자고 선동하기 위해서가 아닙니다. 이런 일은 어른들께 맡겨두고 우리는 거리를 정리하는 등 고등학생들이 할 수 있는 일을 합시다. 제 말에 공감하시는 분들은 도청 민원실 앞에 모여주십시오"라고 발언했다. 대회가 마친 후 민원실 앞에는 300여 명의 고등학생들이 모여 광주 시내를 다니며 정리와 청소하는 일을 진행했다. 그리고 10여 명 고등학생 희생자들의 관 위에 태극기를 덮고 눈물로 운구하는 일도 했다. 10대의 나이에 시대의 격랑에 휩쓸려 희생된 피지 못한 꽃 같은 친구들의 관을 운구한 경험이 그들의 평생에 어떤 기억으로 남아 있을까.

계엄사는 헬기로 경고전단을 뿌렸다. 시위는 고정간첩과 불순분자, 깡패들이 주동한 것이며, 총기와 탄약과 폭발물을 탈취한 폭도들의 행패가 계속 가열되고 있으므로 계엄당국이 곧 소탕한다는 경고문이었다. 시민들 입장에서는 말도 되지 않는 유언비어였다. 광주시민 전체를 간첩과 불순분자요 깡패집단으로 매도하는 행위였다.

서울에서는 계엄사령관과 수뇌부들이 모여 진압작전에 대한 논의를 계속했다. 재진입작전을 의논하는 자리였다. 전두환은 소준열 전교사령관에서 자필 메모로 "다소의 희생을 무릅쓰고라도 광주사태를 조기에 수습해줄 것"을 당부했다. 이해가 되지 않는 처사였다. 이미 한 차례 엄청난 희생을 치른 시위대와 공수부대의 충돌 이후 소강상태에서 평화적 해결을 모색하지 않고 시민들의 희생이 따르더라도 조기진압, 강경진압을 하겠다는 의지가 강했다. 왜 그랬을까? 간첩을 일망타진해야 했기에 그랬을까? 깡패집단을 청소하기 위해서 그랬을까? 광주의 시위가 전국적으로 확산되면 결국 신군부의 집권에 큰 차질이 생길 것이기 때문이었다. 박정희 정권의 10월 유신으로 시작된 위헌적 비상계엄과 국회해산 및 헌법정지 등의 불법적 군부독재에 치를 떨던 국민들이 신군부를 환영할 이유는 털끝만큼도 없었다. 전두환과 신군부는 조바심이 났다. 부마항쟁 때와 마찬가지로 공수부대를 투입하면 조기에 쉽게 진압되고 가라앉을 줄 알았던, 이른바 광주사태가 전 시민의 궐기하는 대규모 민주화항쟁으로 바뀔 줄은 꿈에도 생각하지 못했을 것이기 때문이다.

김재명 육본 작전참모부장이 "왜 전차와 무장헬기를 동원하여 빨리 광주사태를 진압하지 않고 미온적으로 대처하느냐"라며 질책하자 김기석 부사령관은 "전쟁이 난 상황도 아닌데 시민들의 시위진압을 위해서 그런 무기를 어떻게 사용하라고 하느냐"라며 반대 입장을 표명했다.

5월 24일 토요일 폭풍 전야 Ⅲ

아침, 계엄군과 예비검속 인사들 석방문제를 합의하기 위해 다음 날까지 머물렀던 시민수습위원회 명노근 교수의 눈앞에서 군 장성들이 강경진압과 반대 입장 대립으로 권총까지 뽑으며 서로 대치하는 장면이 벌어졌다. 더 이상의 협상이 의미가 없다는 것을 뼈저리게 느끼고 돌아올 수밖에 없는 현실이었다. 결국 광주는 신군부의 집권 의지의 희생양이었다. 계엄군은 계속해서 무기반납을 요구했고 수습위는 갈등에 휩싸였다. 비폭력시위를 주장하는 사람들과 무자비한 야만성 앞에 비폭력 시위는 희생자 수만 늘릴 뿐이라는 의견이 대립했다.

그런 가운데 군부대 간에 오인전투가 발생한다. 11공수여단이 광주비행장으로 가는 길목의 야산에서 매복중이던 보병학교 교도대를 시민군으로 착각하고 사격을 시작하여 교전이 시작됐다. 30여 분의 교전 끝에 11공수부대가 매복지를 점령하고 1명을 사살 7명을 생포해서 보니 전교사 산하 육군보병학교 교도대였다. 이 일로 11공수여단 63대대 9명이 사망하고 대대장 조창구 중령을 비롯한 33명이 부상당했고 장갑차와 트럭 4대가 파손되었다. 그 과정에서 11공수부대가 인근 마을에서 사격이 시작된 것으로 생각하여 마을 민가에 무차별 사격을 가해 집에서 낮잠을 자던 노득기33세, 논에서 일하던 김영묵64세, 벽돌공장에서 일하던 최철진37세, 칠면조 농장주인 김행남46세, 이발사 윤영화36세 등이 부상을 입었다. 분노한 공수부대원들이 마을 안으로 들어가 집에서 쉬고 있던 청년들을 끌어내어 즉결처형을 하고 도로 근처 하수구에 몸을 숨긴 박연

옥 주민50세도 총으로 학살했다. 이때 선반공이었던 김승후19세, 노동자 권근립25세, 남선연탄 기사 임병철24세이 학살당했다. 희생자들의 나이와 이름과 직업을 구체적으로 밝히는 이유는 무고한 양민 학살의 진실을 명확하게 하기 위함이다. 잔인한 인간의 야만성은 역사 속에 재등장할 수 있으며 누구의 이름이든지 이렇게 남겨질 수 있다는 역사의 슬프고 아픈 교훈이기도 하다.

도청 앞 광장에서는 제2차 민주수호 범시민궐기대회가 열리고 있었다. 수습위원회 내부에서는 무기반납 문제로 계속해서 치열한 논쟁이 오고갔다. 그러나 무기반납은 무조건 항복이며 지금까지 죽어간 이들의 희생이 무의미함을 강조하고, 군부의 재집권을 돕는 일 밖에 되지 않는다는 의견이 강했다. 일주일만이라도 더 버티면 결국 전국 각 지역으로 알려지게 될 것이고 전국적으로 시위가 일어나 신군부의 집권을 저지할 수 있다고 생각했다. 시간을 끌수록 불리해지는 것은 신군부이기에 협상에 더 유리할 것이라는 의견도 강했다. 지금 무기를 반납하고 무조건 항복하면 희생 외엔 아무것도 남은 것이 없다는 말이 결론이었다. 무기 반납이 아닌 시민군을 더욱 조직화하여 방어태세를 갖추어 계엄군이 들어오지 못하게 하며 버티는 일이 필요하다는 결론에 도달했다.

5월 25일 일요일 폭풍 전야 Ⅳ

시위와 진압이 소강상태에 접어든 지 나흘째 광주시내는 빠른 속도로 복구되고 있었다. 대다수 가게들이 문을 열었고 시장도 개장되었다. 광주시민들의 모습은 의연했고 정의로웠다. 병원에 피가 모자란다는 사실이 알려지자 시민들의 헌혈로 나중에는 피가 남게 되었다. 금융기관의 현금도 고스란히 그대로 있었으며 어느 회사 금고 하나도 털리지 않았다. 행정과 치안이 부재하던 시간 속에도 범죄율은 아주 낮았다. 시민군과 지도부 수백 명의 식사는 주민들의 자발적인 봉사로 이루어졌고 각지에서 성금이 모아졌다.

항쟁 기간 중 시민들에게 붙잡힌 군인 가운데 고문을 당하거나 죽임을 당한 사람은 없다. 모든 군인들을 부대로 돌려보내고 병원으로 보내 치료받게 했다. 그들도 대한민국 국민이며 군인으로서 명령에 따라 행동할 수밖에 없음을 이해한다고 했다.

5·18을 폭도와 간첩집단의 소행으로 주장하는 어떤 이의 책에 마스크를 쓴 사람들의 사진에 대해 '얼굴 가린 간첩들'이라고 말했고 총을 메는 모양새가 북한 군인 같다, 걸음걸이가 북한 군인 같다는 등 더 신빙성 떨어지는 해설로 소설책을 만들어놓았다. 시민군들이 쓰고 다니는 복면이 아닌 마스크는 광주사직공원 아래 성하맨션 주민들이 마스크를 직접 재봉틀로 제작해 시신 수습에 도움이 되려고 제공한 것이다. 시민들이 자발적으로 제공한 김밥, 빵과 음료수 등도 5·18이 수습된 후에는 폭도들이 강제로 탈취했다고 조작하고 해당 주민들을 연행하여 고문하며 조사하기도 했다.

오후 3시에는 제3차 민주수호 범시민궐기대회를 개최하여 당시 파악된 피해 상황을 보고했다. 각 병원에서 사경을 헤매는 중환자가 520명, 경상자는 2,170명, 사망자는 총 70명이었다. 미확인 시신들은 도청 뜰에 진열되어 가족들이 찾을 수 있도록 했다.

광주에서 항쟁 지도부가 장기화될 수 있는 시위에 대비해 시위대를 재정비하고 있을 때 서울에서는 전두환, 노태우, 주영복, 황영시 등 계엄군 지휘부가 '상무충정작전'을 검토하고 5월 27일 0시 1분에 작전을 개시하기로 결정했다. 이 결정은 곧 광주의 소준열 전교사령관에게 전달되었다. 주영복 국방부장관과 이희성 계엄사령관은 청와대로 가서 당시 최규하 대통령에게 광주 소탕 작전을 보고했다. 대통령은 그들에게 직접 광주에 내려가 현장을 보는 것을 권했고, 장관들과 계엄 사령관과 정부 관계자들이 헬기로 상무대 전남북계엄분소를 방문했다. 진압작전에 최소 200여 명 이상의 희생이 불가피하다는 보고를 받자 대통령은 시위대를 본인이 직접 만나 설득하겠다고 했다. 군 지휘부는 시위대에 만약 납치라도 된다면 북한이 남침할 위험이 있으니 절대 불가하다고 주장하면서 무산되었다. 4·3과 마찬가지로 대통령들이 현장에까지 내려갔으나 시민들의 이야기를 직접 듣지 못하는 눈과 귀가 가로막힌 상태의 결정이 아쉬울 뿐이다. 시민들의 아픔을 직접 듣고 다독이는 대통령 한 사람만 있었어도 4·3도 5·18도 많은 희생을 줄일 수 있었을 것이다.

5월 26일 월요일 폭풍 전야 V

26일 새벽 4시 계엄군이 광주 외곽에서부터 전차를 앞세우고 세 지역에서 1킬로미터 정도 진입했다. 도청에서 밤새 회의를 하던 이성학 장로, 홍남순 변호사, 김성용 신부, 이기홍 변호사, 조비오 신부, 이영생 YMCA총무, 김천배 YMCA이사, 윤영규 선생, 장사남 선생 등 17명의 수습위원들이 그 소식을 들었다. 김성용 신부가 우리가 총알받이가 되자고 광주시민들이 다 죽어가는데 우리가 먼저 탱크 앞에 가서 죽자고 말하고 나서자 모두가 함께 나섰다. 말 그대로 '죽음의 행진'이었다. 어느새 수백 명으로 늘어난 시위대는 계엄군의 전차 앞에 마주섰다. 전교사 부사령관 김기석 소장이 나타나 대화를 요청했다. 수습위원들은 먼저 군대의 후퇴를 요구했고 군인들은 원위치로 물러났다. 다시 협상을 하자는 요청에 수습위원들이 나갔으나 이미 어떤 요구도 수용할 수 없고 무기를 반납하고 해산하지 않으면 더 이상의 협상은 없다는 결론이었다. 밤 12시까지 수습되지 않으면 군대가 들어갈 수밖에 없다는 최후통첩을 받았을 뿐이다.

계엄군의 시내 진입 소식을 들은 항쟁 지도부는 제4차 민주수호 범시민궐기대회를 앞당겨 오전에 개최했다. 7개항의 〈80만 민주시민의 결의〉를 발표했다.

1) 이번 사태의 모든 책임은 과도정부에 있다. 과도정부는 모든 피해를 보상하고 즉각 물러나라.
2) 무력탄압만 계속하는 명분 없는 계엄령은 즉각 해제하라.
3) 민족의 이름으로 울부짖는다. 살인마 전두환을 공개처단하라.
4) 구속 중인 민주인사를 즉각 석방하고, 민주인사들로 구국 과도정부를 수립하라.
5) 정부와 언론은 이번 광주의거를 허위조작, 왜곡보도 하지 말라.
6) 우리가 요구하는 것은 피해보상과 연행자 석방만이 아니다. 우

리는 진정한 민주정부 수립을 요구한다.

7) 이상의 요구가 관철될 때까지 최후의 일각까지, 최후의 일인까지 우리 80만 시민 일동은 투쟁할 것을 온 민족 앞에 선언한다.

이 성명서의 의의는 단순한 피해 보상과 사태 수습만이 아닌 민주화의 요구를 분명하게 담았다는 데 있다. 과잉진압에 대한 저항뿐만 아니라 군사쿠데타를 반대하는 민주화운동으로 5·18의 성격을 분명히 한 것이다. 말 그대로 자신의 재산과 목숨을 소중히 여겼다면 한두 사람 다치고 죽어나갈 때 일찌감치 시위를 중단하고 순순히 체재에 순응할 수 있었을 것이다. 그러나 5·18은 단순 사회 불만 세력의 시위가 아니라 민주화를 향한 열망에서부터 시작된 시위였다.

어쩌면 마지막이 될 날에 외신기자회견을 열었다. 시민항쟁 지도부 대변인인 윤상원 주관으로 전남도청 본관 2층 대변인실에서 열렸다. 10여 명의 외신기자들이 참석했고 통역은 전남 순천에서 태어난 선교사의 아들인 인요한John Linton이 담당했다. 인요한은 개인적 관심으로 광주에 들어왔다가 통역을 맡게 되었다.

윤상원의 마무리 발언은 "우리가 오늘 설령 진다고 해도 영원히 패배하지는 않을 것이다"였다. 인요한은 자신도 눈물을 흘렸다고 했다. '폭도의 도시'가 아니라 '거대한 장례식장' 같았다고 회고한다. 《볼티모어 썬》의 브래들리 마틴이 기자의 5월 28일자 기사 제목은 '항쟁자의 눈빛은 차분했다. 그러나 죽음을 예고하고 있었다'였다.

당시 양림동에 거주하던 아놀드 피터슨 목사는 미 공군부대 데이브 힐이 광주를 빨리 떠나라는 요구를 무시하고 자신의 집에 머물렀다. 새벽녘 도청 인근에서 들려오는 총소리에 잠을 깼다. 그가 찍은 헬기 사격 사진과 광주기독병원으로 후송된 많은 희생자의 사진은 전두환의 재판에 증거로 제시되었다.

시민군 내부의 항쟁파와 투항파의 격렬한 논쟁 이후 떠날 사람들은 떠나도록 했다. 김창길 등의 투항파들은 도청 곳곳을 다니며 계엄군 진입을 알리고 당장 도청을 떠날 것을 권했다. 항쟁파의 누구도 그 행동을 저지하지 않았다. 기동타격대 윤석루는 그의 행동을 결국에는 한 사람이라도 더 목숨을 살리자고 하는 행동이라 이해했다고 회고했다. 20여 명 남짓한 사람들이 도청을 빠져나갔고 누구도 그들을 원망하지 않았다. 200여 명의 최후 항전을 결심한 사람들만 남았다.

그렇게 죽음의 행진곡은 클라이맥스를 향해 가고 있었다. 이 민족의 어떤 기자와 언론에도 기록되지 않은 진실은 푸른 눈의 증인들을 통해 온 세계에 알려지고 있었다. 폭풍 전야와도 같은 고요함과 차분함이 민주화를 위해 자신을 불태우는 그들을 둘러싸고 있었다.

5월 27일 화요일 민주화 진혼곡

도청에 남은 젊은이들 중심의 최후 항전을 결정한 이들은 가족들에게 전화를 걸어 자신들이 도청에 있다는 사실을 알리도록 했다. 대다수 내일 보자는 인사로 무슨 일이 있어날 예정인지 감추었다. 항쟁지도부 이양현은 눈물 흘리는 아내를 아이들이 있는 집으로 돌려보내며 담담히 도청 안으로 돌아왔다. 대변인 윤상원은 나이 어린 고등학생이나 여학생들을 강력히 권하여 귀가시켰다.

"학생 여러분들의 충정은 이해합니다. 하지만 이 싸움은 어른들이 해야 합니다. 나이 어린 학생들은 살아남아야 합니다. 오늘 여러분들이 목격한 이 장면을 그대로 다른 사람들에게 이야기해 줘야 합니다. 우리가 어떻게 죽었는지 역사의 증인이 돼주시기 바랍니다."

브래들리 마틴 기자는 이 장면을 목격하고 회고하기를 "시민군은 자신들이 죽을 것을 예감하고 있었다. 그러면서도 고등학생들을 설득해서 모두 집으로 보낸 장면은 매우 인상 깊었다. 이는 세계 어느 무장조직에서도 볼 수 없었던, 생명을 귀중히 여기는 진정한 투사의 진면목이었다"라고 했다.

계엄군도 최후 일전을 치밀하게 준비하고 있었다. 도청 공격은 3공수여단 11대대 1지역대, 전일빌딩과 관광호텔은 11공수여단 61대대 2지역대 4중대, 광주공원 점령은 7공수여단 33대대 8, 9지역대가 투입되었다. 개인에게는 M16 소총 1정과 실탄 140발, 중대에는 수류탄 3발, 가스탄 2발과 방독면 2개씩을 각각 지급했다. 공수부대 군복을 일반 군복으로 갈아입고 방탄조끼를 착용했다. 서로 오인사격이 없도록 철모에 하얀 띠를 둘러 구별되게 했다.

자정 무렵 시외와 시내 모든 전화가 차단됐다. 순찰을 돌던 기동타격대들이 진입해 들어오는 계엄군들이 있음을 보고하고 도청으로 모여들었다. 새벽 두 시경 사이렌이 울리고 도청 전체에 비상이 걸렸다. 저녁을 준비해주고 밤참으로 빵과 우유를 나누어주고 잠든 여성들을 대피시켰다. 도청 뒤 남동성당과 동명교회로 피신시켰다.

이양현과 윤상원은 "이제 우리 저세상에서 만납시다. 그곳에서도 다시 만나면 함께 민주화운동을 합시다"라고 마지막 인사를 나눴다.

새벽 3시 50분 도청 옥상의 스피커를 통해 방송이 흘러나왔다.

시민 여러분, 지금 계엄군이 쳐들어오고 있습니다. 사랑하는 우리 형제, 우리 자매들이 계엄군의 총칼에 숨져가고 있습니다. 우리 모두 계엄군과 끝까지 싸웁시다. 우리는 광주를 사수할 것입니다. 여러분 우리를 잊지 말아주십시오. 우리는 최후까지 싸울 것입니다. 시민 여러분, 계엄군이 쳐들어오고 있습니다.

새벽 4시 3공수여단 11대대 1지역대가 전남도청 후문까지 진입했다. 총성과 함께 교전보다는 일방적인 진압작전이 전개됐다. 시민군들은 제대로 총 한 번 쏘지 못했다. 몇 사람을 제외하고는 생전 처음 잠깐 총기 사용법 설명을 들은 학생들이 대부분이었다. 건물 내로 진입한 공수부대원들에 의해 사무실 한 칸 한 칸에 있던 시민군들이 죽거나 투항하여 끌려나갔다. 새벽 4시 10분경 시작된 3공수여단의 소탕 작전은 약 1시간 만에 끝났다. 계엄군은 단 2명이 부상당했고 시민군은 16명이 M16 총탄에 사망했다. 전일빌딩과 YWCA에서도 시민군은 총 몇 발 쏘지 못하고 몇 사람의 희생자를 내고 진압되었다. 광주공원에서는 시민군과 교전도 있었으나 곧 진압되었다. 아침 6시 30분 모든 상황은 종료되었다. 도청 앞 금남로에는 전차와 장갑차들이 줄지어 서 있었고 하늘에는 헬기들이 날아다녔다. 마치 한국전쟁 서울 수복 장면을 방불케 하는 승리의 개선 행진과 같았다. 날이 밝아 외신기자들이 거리로 조심스럽게 나왔을 때 대령 한 명에게 사망자 수를 물었을 때 폭도 두 명과 군인 한 명이 죽었다고 답했다 한다. 그러나 그것은 거짓말이었음이 도청 주변에 널린 십수 명의 사망자들의 시체를 통해 확인되었다.

조성호 전 《한국일보》 기자의 취재수첩에는 그가 목격한 대학생 박병규의 죽음의 현장이 기록되어 있다. 그는 사회부 기자로 광주에 5월 19일부터 5월 27일까지 있었다.

80년 5월 27일 아침, 전남도청 안 도경 종합상황실 뒤편. 꽃이 모두 떨어진 화단 옆에 한 청년이 복부에서 피를 흘린 채 하늘을 보며 숨져 있었다. 군복 상의에 갈색 바지, 뒷주머니엔 조그만 수첩이 하나 꽂혀 있었다. 발밑엔 흰 운동화와 탄피가 흩어져 있고 머리 앞쪽에는 철모와 총알이 뚫고 간 둥근 쟁반이 뒹굴고 있었다. 서울 동국대 전자계산원 1년 박병규(1960년생)군으로 확인된 이 학생은 총성을 듣고 건물에서 뛰쳐나오다 계엄군의 총탄을 얇다란 과일 쟁반으로 막으려했던 것 같다. 무엇이 이 젊은이를 이곳에 이르게 했는가.

그가 취재한 현장의 내용은 신문에 보도되지 않았고 그는 20년 넘게 광주를 취재했던 기자수첩을 덮어놓았다. 그러나 최근 전두환의 자서전과 그의 태도를 보며 다시금 그때의 기록을 들춰보게 되었다.

당시 국내 기자들은 취재를 하여 기사를 송고해도 어느 신문에서도 기사화하지 않았다. 오로지 외신기자들을 통해 해외로만 소식이 전달되고 있었다. 그들을 통해 5 · 18은 시간이 많이 흐른 후에라도 진실이 규명될 수 있었다. 국내 언론의 침묵과 왜곡 속에 광주의 진실을 전 세계에 알린 것은 외신기자들이었다. 5월 22일 광주의 참상을 담은 영상이 독일은 물론 전 유럽과 미국에까지 뉴스로 방영되었다.

독일 공영방송 NDR 아시아 특파원 힌츠페터가 '계엄령 하의 광주에서 시민과 계엄군 충돌'이라는 짤막한 뉴스를 일본 도쿄에서 보고 곧바로 비행기에 올라 20일 광주에 도착했다. 그는 학살 현장과 병원을 찾아다니며 모든 것을 비디오로 촬영했다. 베트남 전쟁 종군기자였던 그가 보기에도 비참한 광경이었다고 한다. 21일 집단발포 현장도 담았다. 필름을 함부르크 본사에 보내기 위해 21일 오후 광주에서 서울을 경유하여 도쿄 공항에서 필름만 넘겨주고 다시 광주로 돌아왔다. 우리가 흔히 접할 수 있는 광주 항쟁의 현장 동영상은 대부분 힌츠페터가 촬영한 영상들이다. 서울에 상주하던 여러 외신기자들도 21일부터 광주로 오기 시작했다. 프랑스《르몽드》기자 필리프 퐁스와《뉴욕타임스》기자 심재훈, AP통신 테리 앤더슨 기자와《타임》로빈 모이어 기자가 광주에 도착했다. 그들의 눈에 비친 광주는 무질서와 폭력이 난무하는 폭동이 일어난 곳이 아니라 여자, 노약자, 어린이 가리지 않고 김밥과 과일 등 음식물을 차에다 올려주는 따듯하고 친절한 도시였다. 그들은 '광주사태'가 사실상 군인들에 의한 폭동이라고 확신했다.

5 · 18로 시작하여 6월항쟁으로 이어지는 유신독재와 군부독재를 끝내는 민주화운동의 영향은 국경을 넘어 특별히 아시아 여러 나라에 영향을 주었다. 5 · 18 기록물은 유네스코 세계기록유산에 등재되었다. 영국의 〈대헌장〉과 프랑스혁명의 〈인권선언〉 등과 같이 세계사에 남을 민주화운동으로 자리매김했다. 시민들의 민주화를 위해 온몸 던진 희생으로 한 곡의 환상곡처럼 연주되어 울려 퍼졌다. 오늘 우리가 이어가야 할 유산이다.

유언비어를 위한 장송곡

왜 많은 도시 중에 광주였을까? 누군가의 억지 주장처럼 유독 광주에 간첩이 많이 남파되어 있었기 때문일까? 아니면 제주와 여순처럼 좌파들이 득세하는 지역이어서일까? 전부 사실이 아니다. 설득력도 역사적인 근거도 빈약하다. 오히려 전두환을 위시한 신군부가 집권하기 위해 광주를 희생양으로 삼았을 뿐이다. 호남을 기반으로 활동하며 국민들의 많은 지지를 받던 김대중을 제거하기 위한 좋은 구실이 필요했을 뿐이다. 호남 지방의 중심지요 가장 큰 도시로 민주화 세력의 가장 큰 지지기반이었던 광주는 신군부가 희생양으로 삼을 수밖에 없는 운명이었다.

5·18 직전 예비검속에서 김대중을 비롯한 문익환, 함석헌, 윤보선 등 민주화 인사들을 대거 구속하여 군사재판에 회부했다. 김대중이 북한의 사주를 받아 5·18 반란을 일으킨 주모자로 지목된다. 다음 해인 1981년 1월 김대중은 사형을 선고받는다. 그러나 지미 카터 전 미국 대통령, 레이건 행정부, 미국 의회와 심지어는 당시 교황인 요한 바오로 2세를 비롯한 세계 각국 지도자들이 김대중의 구명을 위해 압력을 행사하면서 형량은 무기징역으로 감형되었다. 얼마 후에는 20년으로 다시 감형되었고 1982년 12월 형 집행정지로 출소하여 미국으로 망명했다. 그리고 김대중 내란음모사건은 2004년 2월 재심되어 무죄를 선고받았다.

광주의 희생을 퇴색시킬 뿐 아니라 폭동이요 심지어 남남전쟁으로 평가하는 사람들이 주로 사용하는 유언비어가 '북한 특수부대 침투설'이다. 북한 특수군 600명이 '천대받던 사회불만세력'을 이용하여 남남전쟁을 유발시켜놓고 이를 남침의 기회로 삼기 위한 작전이었다고 주장한다. 북한 특수부대가 공수부대와 광주시민을 향해 총을 쏘았는데 공수부대의 소행으로 잘못 알려져 있다고도 주장한다. 더구나 탈북인사들 몇 명이 그를 뒷받침하는 증언을 했다고 주장하며 북한군 개입을 기정사실화한다. 그러나 그 탈북군인들의 증언 역시 인터뷰하는 매체마다 시점마다 남파된 북한군의 수도 다시 북으로 돌아간 북한군의 수도 바뀐다. 남침하는 경로도 돌아가는 경로도 매번 횡설수설 달라졌다.

나치의 선전장관 괴벨스는 "거짓말은 처음에는 부정되고, 그다음에는 의심받지만, 되풀이하면 결국 모든 사람이 믿게 된다"라고 말했다. 현재 대한민국은 일제 식민지 36년과 군사독재 40년을 거치며 온갖 거짓말이 신념이 되게 만든 사회에 살고 있다. 일본이 지속적으로 역사교과서를 왜곡하는 이유도 결국 우리가 무뎌지는 순간부터 그것이 진실로 자리잡게 될 것이기 때문이다. 반공이 국가 이념화되어 지배한 40년 세월 동안 그것이 진실이라고 믿게 된 사람들이 있다. 제주 4·3과 광주 5·18을 조명하는 것이 중요한 이유는 내가 진실이라고 믿는 것들에 대한 끊임없는 회의와 성찰이기 때문이다.

당시 광주에 머물며 시위 현장을 지켜보며 사진을 찍고 동영상을 촬영한 외신기자들이 이해할 수 없었던 것이 있었다. 그들이 생각하는 정부의 가장 중요한 임무는 국민을 보호하는 일인데 자국민을 죽이는 학살을 저지르고 거짓말로 속이는 정부는 부도덕하며 정부의 자격이 없다고 생각했다. 독일 《쥐트도이체 차이퉁》의 특파원 게브하르트 힐셔는 "광주 항쟁을 북한으로부터 남파된 간첩, 또는 이른바 용공분자들의 소행으로 돌리려고 하는 군부의 시도는 사실의 왜곡일 뿐만 아니라, 정치를 어떠한 희생을 치르더라도 법과 질서만 유지하면 되는 것으로 이해하는 편협한 사고방식과 모종의 저의가 숨겨져 있다"고 기록했다.

5·18민주화운동은 이후 한국 사회에서 지속적으로 전개된 민주화운동의 원동력이 되었고, 군부독재에 결정적 타격을 가한 1987년 6월항쟁의 밑거름이 되었다. 5·18민주화운동은 1995년 5·18 특별법으로 제정되었으며, 전직 대통령이었던 전두환, 노태우 등 92명이 내란·내란목적살인죄 등으로 처벌받기까지 전 국민의 염원이 모여 5·18민주화운동 정신계승으로 이어졌다. 5·18민주화운동으로부터 1987년 6월항쟁에 이르기까지, 광주를 비롯한 전 국민이 보인 저항과 참여, 연대의식은 오늘날 세계 곳곳에 중요한 민주화운동 사례로 알려졌다. 이러한 중요성을 인정받아 2011년 5·18민주화운동 관련 자료들은 유네스코 세계기록유산으로 등재되었다.

역사적 사건들 속에는 일정한 패턴을 보이는 흐름도 있다. 모든 역사가 반복되거나 순환하는 공식은 아니다. 권력을 잡은 이들이 부패하면 반드시 그에 대한 저항이 다양한 형태로 일어난다. 저항을 탄압하면 더 거친 저항의 물결이 다시 일어난다. 그리고 저항은 더욱 체계화되고 의식화된다. 저항을 뒷받침하는 사상의 체계화가 더 조직적인 저항을 가능하게 한다. 어느 정도 개혁과 진보가 일어나지만 또 다른 기득권에 의한 독재와 부정부패가 시작된다. 이것이 현대사로 넘어오면 반정부 활동을 국가내란음모를 책동하는 세력들로 지목하여 척결대상이 된다. 보통은 경찰 병력이 시위를 진압하지만 시위가 확대되고 경찰 병력으로 불가능한 경우 군대가 진압작전에 투입된다. 가장 심각한 경우다. 자국민을 보호할 자국의 군대가 자국민을 향해 총부리를 겨누는 일이 일어나기 때문이다. 계엄령이 선포되고 전 국민의 사생활까지 감시받고 통제된다. 풀뿌리와 같은 민중의 힘이 위대한 것은 한 번도 총칼의 위협 앞에 굴복한 적이 없다는 것이다. 4·3과 5·18을 계엄령으로 진압했던 신군부도 6월항쟁 앞에서는 계엄령을 차마 발동하지 못했고 민중은 승리했다. 이제는 대한민국도 시민사회로 진입하여 민중의 투쟁이 아닌 시민의 성숙한 의식과 행동이 변화를 이끌어내는 단계에 접어들었다.

시대를 몽둥이와 총탄으로, 전차와 장갑차로 마음껏 유린하며 시민 한 사람의 죽음을 아무것도 아닌 것으로 묻어버릴 수 있는 야만의 시대는 이제 장송곡과 함께 보내야 한다. 5·18의 망령이 아니라 야만의 망령에 아직도 사로잡혀 사는 정치인들과 시민들의 의식이 각성해야 한다. 이제 대한민국은 과거의 망령에 붙들려 연주하는 장송곡이 아닌 미래를 꿈꾸며 나아가는 환상곡을 연주해야 하는 시대를 맞이했다. 그래서 이젠 그만하자는 말을 하면 안 된다. 야욕이 버무려진 정치 보복이 아닌 분명하고 확실한 과거사 청산만이 역사의 환상곡이 창조적으로 작곡되고 연주될 수 있는 영감의 원천이기 때문이다.

국립5·18민주묘지에 가보라. 그곳에 세워진 641기의 묘비의 비문 몇 개만 읽어보라. 최소한 간첩들의 묘는 없다.

"참 뜻을 펼치다 산화한 내 아들 편히 잠들어라. 아버지"

_24살 청년의 묘비

"보고싶은 내 아들아! 살아생전 못다한 일 저승에서 이루어라. 너의 웃는 모습이 늘 엄마 곁에 있단다. 편히 잠들어라. 엄마가"

_23살 청년의 묘비

"아들아 너의 죽음으로 조국의 민주화에 기여했음을 기뻐한다."

_21살 청년의 묘비

"슬픔의 고통을 참으며 아프지만 두 손 모아 소망합니다. 우리의 삶을 위하여 자유를 위하여 여기 잠드신 그대의 뜻이 빛나기를…"

_19살 학생의 묘비

"어둠이 걷히고 밝은 태양이 솟듯 삼촌의 함성은 이 나라의 독재를 물리치고 민주화로 꽃피네. 조카 이석기"

_19세 학생의 묘비

"종필아 살아남은 자로서 부끄럽지 않도록 열심히 살아갈게. 너의 숭고한 정신 이땅의 민주화에 길이 빛나리라. 천국에서 다시 만나자. 너를 죽도록 사랑하는 형과 누나가"

_16세 학생의 묘비

5·18민주묘지에 서 있는 묘 대다수가 10대와 20대의 묘다. 그들은 북한에서 내려보낸 무장부대가 아니었다. 빛고을 광주의 아버지의 아들이었으며, 어머니의 아들이었다. 대한민국의 아들과 딸들이었으며 이 나라의 미래였다. 역사의 진실은 언젠가는 드러난다. 오늘도 진실을 규명하고 전하기 위한 치열한 싸움을 싸워야 하는 이유다. '거짓 뉴스 생산공장'이라는 신산업이 생겨났다. 온갖 거짓 정보를 퍼트리며 진실을 왜곡하는 거짓과 진실의 전쟁이

벌어졌다. 빛고을 시민들은 어두운 암흑의 시대를 빛으로 밝히는 진실을 위한 싸움에 목숨으로 대가를 지불했다. 경찰 병력이 아닌 대규모 군사작전으로도 이기지 못했던 싸움이었다. 계엄군은 도청을 정복했으나 빛고을 주민들의 빛을 어두움에 가두지는 못했다. 역사의 진실은 그 빛을 품고 온 세상에 알려졌으며 세계가 기억하는 빛의 역사가 되었다.

아직도 진실을 찾기 위한 싸움은 끝나지 않았다. 아니 어쩌면 영원히 끝나지 않을지도 모른다. 나와 같은, 내 자녀와 같은 나이였던 역사의 선배들이 일궈낸 정의와 진실의 텃밭이다. 민주화의 꽃은 그들의 희생을 자양분으로 피어났다. 대통령도 아닌 정치군인들 물러가라는 말에 몽둥이와 총칼로 대응했던 야만의 시대였다. 지금은 공개석상에서 대통령을 희롱하고 명예를 훼손하고 마음껏 모욕해도 잡혀가지 않는 시대다. 진실을 위해 목숨으로 대가를 지불하고 얻어낸 시민의 권리와 자유를 역사를 왜곡하고 거짓을 퍼트리는 이들조차 누릴 수 있는 시대가 되었다.

4 · 3사건이 해방 후 한국사회의 어두웠던 현실을 오롯이 담아낸 역사의 그릇이라면, 5 · 18민주화운동은 전근대성을 벗어나지 못했던 한국사회가 현대시민사회로 나아가는 첫걸음이었다. 헨리 데이비드 소로우는 《시민의 불복종》에서 말했다.

> 각 사람들은 자신의 존경을 받을 만한 정부가 어떤 것인지를 분명히 밝혀야 한다. 바로 그것이 보다 나은 정부를 얻을 수 있는 길로 한 걸음 나아가는 것이다.

이런 일을 위해서 목숨을 걸어야만 했던 시대가 끝났다는 사실은 대한민국이 시민이 주인 되는 나라가 되었다는 말이다. 5 · 18의 성격을 어떻게 규정하든지 상관없다. 그들의 희생이 대한민국의 주권이 계엄군이나 정치군인들이나 특정 정치인들이 아니라 국민에게 있음을 증명해냈다는 진실은 변하지 않기 때문이다. 좌익도 우익도 4 · 3사건을 품어낸 제주도민들에게 사과해야 한 것처럼 좌익도 우익도 5 · 18을 통해 민주화를 꽃피운 광주 시민에게 감사해야 한다. 화해와 상생의 길을 먼저 걷고 자유와 평화의 길을 만들어낸 평화의 섬 제주와 빛고을 광주를 역사가 기억하기를 바라며 그 화해와 평화의 정신이 휴전선을 넘어 통일의 길을 만드는 통일의 꽃을 피워내기를 간절히 소망한다.

구 전남도청과 분수대 광장

위치 | 광주광역시 동구 서남동 문화전당로 38

5·18시계탑과 시위의 중심이었던 분수대 광장이 있으며 뒤로 전남도청 구건물들이 5·18기록관으로 꾸며져 있다. 옛 전남도청 복원 작업이 시작되어 다시 완성된 역사의 현장이 기대되는 곳이다. 앞으로 뻗어 있는 금남로와 5·18 당시 시민들이나 계엄군에 의해 주로 사용된 주변의 건물들을 하나씩 찾아보는 것도 의미가 있다.

5 · 18 민주광장 시계탑

위치 | 광주광역시 동구 광산동 1-1

매일 오후 5시 18분이 되면 〈임을 위한 행진곡〉이 흘러나오는 시계탑이다. 전두환 정권에 의해 다른 곳으로 옮겨졌다. 5·18정신을 되살리기 위해 옛 도청 앞 광장으로 다시 옮겨졌다.

◤ 국립5·18민주묘지

위치 | 광주광역시 북구 운정동 산 34번지 일원

역사공간과 참배공간과 묘역으로 구성된 5·18의 아픔을 가장 가깝게 느낄 수 있는 장소다.

전남대학교와 조선대학교

위치 | 광주광역시 북구 용봉동 용봉로 77 전남대학교
광주광역시 동구 서석동 필문대로 309 조선대학교

당시 공수부대가 작전기지와 주둔지로 삼았던 역사의 현장이며 시위에 앞장섰던 대학생들의 피와 땀이 묻어 있는 캠퍼스다.

광주역 광장

위치 | 광주광역시 북구 무등로 235

5·18 당시 시민들과 공수부대 간에 치열한 공방전이 오갔던 현장이다. 타지로 나갈 수 있는 길목이었기에 공수부대 병력이 집중적으로 배치되었던 곳 중 하나다.

8장

/

지켜야 할 비석
지켜야 할 마음
심비 心碑

마음에 품은 뜻

심비

심비가 묘비로

프랑스 파리 시내 전체가 한눈에 내려다보이는 몽마르트 언덕은 많은 사람들이 가보고 싶어 한다. 해질녘 언덕에 올라 해가 진 후 야경까지 볼 여유가 있으면 가장 좋다. 언덕을 내려가 우측으로 난 길을 따라 걷다보면 반 고흐가 머물렀던 동생 테오의 집이 나온다. 그 집을 지나면 다리 아래로 큰 규모의 묘지가 보인다. 파리의 3대 묘지 중 하나인 몽마르트묘지다. 〈적과 흑〉을 쓴 스탕

달의 무덤과 〈몽테크리스토 백작〉 〈삼총사〉로 유명한 알렉상드르 뒤마의 무덤도 있다. 시인 하인리히 하이네의 무덤도 있다. 우리나라도 장례문화가 화려한 편에 속하지만 무덤을 꾸미는 문화는 서양과 많이 다르다. 무덤인지 작은 집인지 구별이 안 되는 묘지도 있다. 한국의 무덤은 왕릉이나 귀족들의 무덤을 제외하고는 오히려 소박하다. 묘지는 과거와 역사를 추억하기에 참 좋은 장소다. 그곳에서 사람들은 슬픔을 느끼지만 사실은 슬픔을 덜어내고 온다. 그래서 진짜 파리를 이해하고 싶으면 에펠탑보다 묘지를 가야 한다. 가장 유명한 페르 라셰즈Pere Lachaise의 묘지도 가보면 좋다. 쇼팽과 오스카 와일드, 짐 모리슨과 마리아 칼라스, 조르쥬 비제와 모딜리아니, 이브 몽땅의 묘들이 있다.

우리나라에도 망우리묘지와 국립현충원, 국립5·18민주묘지나 양화진외국인선교사묘원처럼 묘역이 곳곳에 많이 있다. 그 가운데 특이한 배경을 가진 곳을 소개하자면 부산에 있는 아미비석문화마을이다. 일제강점기 일본인들의 공동묘지였던 곳이다. 비 오는 밤이면 도깨비가 출몰한다는 이야기가 돌아 지금 아미동 하늘 전망대에는 도깨비 조형물도 있다. 부산은 한국전쟁 이후 남한뿐 아니라 북한에서까지 몰려온 피난민들로 북새통을 이뤘다. 갈 곳이 없었던 피난민들은 천막을 치고 살다 마지막으로 갈 수 있는 곳이 이곳이었다. 해방 후 일본인들이 떠나며 미처 수습해가지 못한 묘지들이 방치된 곳이었다. 처음엔 묘지 사이사이에 천막을 쳤다. 점차 집을 세워가며 묘지석이나 묘비를 빼다가 주춧돌이나 디딤돌로 놓았다. 가파른 산을 오르내리는 계단을 만드는 일에도 비석을 사용했다. 마을 곳곳을 다니면 집의 주춧돌, 벽, 계단 곳곳에 일본인들의 묘비가 가로세로로 박혀 있는 것을 볼 수 있다. 죽은 자들의 터 위에 산 자들이 사는 마을이라 볼 수 있다. 역사가 그런 것이다. 죽은 자들의 터전 위에 세워진 산 자들의 삶이 역사다. 그러하기에 지금 내 삶과 주변을 이해하려면 역사를 들여다봐야 한다. 역사를 잊으면 현재와 미래도 아무 의미가 없어진다.

부산 남포동 국제영화제 거리에 가면 씨앗호떡으로 유명한 포차거리가 있다. 다양한 먹을거리를 찾아 세계 각국의 관광객들이 그 거리를 찾아온다. 거리 바닥엔 다양한 국적의 영화인들의 핸드프린팅이 있는 동판이 붙어 있다. 길 가운데 100년 전 식민지 청년 영화인으로 만주에서 건너와 이 길을 걸었던 나운규를 기념하는 동판도 있다. 그러나 명동학교와 윤동주를 아는 사람들도 춘사春史 나운규羅雲奎는 잘 모르는 사람들이 많다. 식민치하에서 기지를 발휘하여 민족의 가슴을 시원하게 해주는 영화 〈아리랑〉을 만들었다. 일제에 저항하는 문제의식 있는 영화를 제작하는 영화감독, 영화배우, 영화 제작자였다. 아는 만큼 보이고 아는 만큼 마음에 담을 수 있다. 남포동 포장마차로 즐비한 길을 식민치하의 젊은 영화인 나운규를 떠올리며 〈아리랑〉을 읊조리며 걸어보려면 역사를 알아야 한다. 묘비 하나, 길바닥에 동판 하나에도 다 사연이 있고 역사가 있다.

비석 하나에 새길 수 있는 글자는 한정되어 있다. 그렇기에 비석에 비문은 아무나 쓸 수 없었다. 그를 잘 알면서도 문장력이 뛰어난 사람들이 비문을 썼다. 그의 인생에 가장 기억할 만한 내용으로 채우기 위해 노력했을 것이다. 도산의 비문은 춘원 이광수가 썼는데 친일청산을 이유로 비석 자체를 바꾸면서 비문도 바뀌고 말았다. 양화진의 베델의 묘비 뒷면의 비문은 정교하게 깎여나가 한 글자도 남아 있지 않다. 일제가 〈시일야방성대곡〉을 썼던 장지연의 비문을 쪼아 없애버렸기 때문이다. 그런 의미에서 평생에 마음에 품은 뜻인 '심비心碑'가 묘비墓碑가 되는 삶이 잘살아온 인생 아닐까? 내 묘비에 한 문장을 쓸 수 있다면 어떤 문장이 새겨지기를 원하는가? 아마도 그를 기억하고 추억하는 이들이 동의할 수 있는 문장이어야 하지 않을까?

대륙을 품은 광개토대왕의 심비

심비로 품었던 뜻이 묘비로 세워진 역사 가운데 고구려의 건국부터 광개토대왕의 업적을 새긴 광개토태왕릉비가 있다. 높이 6.39m, 폭 1.35m~2m의 큰 비석이다. 무게가 37톤에 달하는 비석으로 고구려의 웅장한 기백을 묵직하게 느낄 수 있다. 중국 사람들은 '호태왕비好太王碑'라고 부르지만 정식명칭은 '국강상광개토경평안호태왕비國岡上廣開土境平安好太王碑'다. 우리나라 사람들에게는 광개토대왕비가 더 익숙하다. 현재 중국 지린성 지안현 퉁거우에 있는 고구려 제19대 광개토대왕의 능비陵碑다. 고구려 19대왕 광개토대왕의 무덤으로 추정되는 왕릉 근처에 우뚝 서 있는 비석이다.

비석의 모양은 4각 기둥의 모양이며 4면 전체에 문자가 새겨져 있다. 전체 글자 수는 1,802자라고 밝혀져 있으나 1963년 기준 1,534자가 남아 있다. 고구려와 발해가 존재하던 당시에는 국가 차원에서 잘 보존했을 것이라 추측되지만, 926년 발해 멸망 이후 국경이 압록강 이남 한반도로 제한되어 점차 사람들의 기억 속에서 잊혀갔을 것이다. 19세기 말엽에 이 비가 발견되어 사람들의 관심을 끌기 전에 조선 세종 때 편찬된 〈용비어천가〉와 성종 때 평안도 관찰사를 지낸《악학궤범》의 편찬자인 성현의 칠언시에도 이 비에 대한 언급이 있다. 광해군, 정조 시대 여러 기록에 이 비석에 대한 언급이 있었지만 고구려 광개토대왕릉비라는 것은 알지 못하고 있었다. 웅대한 이상을 품었던 왕마다 꿈꾸었던 대륙을 정벌하는 북벌의 꿈을 이룬 위대한 대서사시가 1,400여 년 이상 철저히 잊혀 있었다. 그리고 그 역사를 먼저 발견한 것은 우리나라가 아닌 중국과 일본이었다는 사실 또한 역사의 아이러니다.

묘비가 언제 누구에 의해 어떻게 발견되었는지는 의견이 분분하지만 대체로 1877년에서 1880년 사이로 추측한다. 중국 농민이 발견한 것으로 알려졌고 중국학자들에 의해 부분과 전체로 탁본이 먼저 이루어진 것으로 보인다. 비슷한 시기에 일본에서 파견된 첩보 장교들에 의해 일본으로 탁본이 반출되었다. 1889년 6월 일본 아세아협회가 발간한《회여록》제5집에 비문 전체가 탁본 된 '쌍구가묵본雙鉤加墨本'이 공개되었다. 그러나 이 쌍구가묵본은 제대로 된 탁본 방법이 아닌 비문을 한 자씩 문자 둘레에 먹선을 두르고 글자와 글자 사이의 여백을 먹칠로 메워 탁본처럼 만든 것으로 조작과 왜곡의 여지가 많다.

발견되었을 당시 이끼와 넝쿨을 제거하기 위해 불을 질러 비석이 크게 손상되었다. 탁본 작업과 보수 작업을 위해 석회를 바르는 일 등으로 많은 글자가 또 다시 훼손되었다. 오랜 비바람에 풍화되고 여러 곳에 균열이 생겼다. 한민족의 꿈이 가장 광대하게 펼쳐졌던 역사의 기록이 원래의 내용조차 확인할 수 없을 만큼 훼손되었고 후대의 국제관계 안에서 왜곡되었다. 비석 하나라도 역사의 기록과 유적을 소중히 여겨야 할 것은 바로 이런 이유다. 비석 하나가 품은 역사의 진실을 규명하지 못함이 어떤 결과를 낳았는가? 그 비석에 있는 조작된 문자를 근거로 왜곡된 고대사뿐만 아니라 민족의 가장 치욕스럽고 고통스러웠던 식민지배의 역사까지도 정당하다고 주장하는 현실을 마주하게 된 것이다. 갈라진 비석의 틈은, 갈라지고 벌어진 민족의 상처와 같고, 깨어져 나간 비석 조각은 끌려가고 팔려갔던 우리의 아들딸들과 같으며 후벼 파듯 훼손된 글자들은 민족의 가슴에 남은 깊은 역사의 상흔이다. 누가 이 상처를 싸매어줄까? 어디에서부터 시작해야 할까?

이 비석의 발견으로 인하여 후대의 역사 기록들을 수정해야 하는 일도 일어났다. 이형구 · 박노희가 쓴 《광개토대왕릉비》2014에 따르면 특히 후대에 기록된 사서나 현재 역사서의 고구려 세계 중에는 시조를 주몽朱蒙, 2대왕을 유리왕瑠璃王, 3대왕을 대무신왕大武神王으로 기록했으나, 이 능비문에는 엄연히 고구려 시조를 추모왕鄒牟王, 2대왕을 유류왕儒留瓦, 3대왕을 대주류왕大朱留王이라고 했다. 이러한 사실은 당대의 금석문인 이 비문에 따라 마땅히 수정되어야 할 것이다. 그리고 고려 김부식의 《삼국사기》 연표年表[1145]

와 일연의 《삼국유사》 왕력王歷에 대왕의 즉위 연대를 임진년壬辰年[392]으로 기록했으나, 이 능비문에서는 광개토대왕의 즉위 연대가 신묘년辛卯年[391]임을 분명히 기술하고 있어, 위의 두 책과 비교하면 즉위 연대는 1년이 빠르다. 따라서 광개토대왕의 재위 기간은 22년이 된다.

우리나라 역사를 왜곡하는 일에 선두를 다투는 나라는 의심의 여지없이 일본이다. 왜구라 불리던 도적 떼들이 우리 민족의 해안에 자주 출몰하며 해적질을 일삼았던 일부터 임진왜란을 거쳐 지금까지 독도영유권 문제와 악랄한 침략전쟁의 결과인 위안부 문제를 시원하게 해결하지 않고 걸고넘어지고 있다. 일본의 역사 왜곡과 연관된 쟁점의 한복판에 광개토대왕비가 우뚝 서 있다.

메이지유신을 통해 메이지 시대1868~1912를 열어 근대화에 박차를 가하던 일본은 청나라와 조선에 많은 사람을 다양한 직업으로 진출시켜 정보를 수집하는 일을 진행한다. 일종의 첩자들을 파견한 것이었다. 그들 가운데 북경으로 파견되었던 사코 가게노부1850~1891라는 일본 육군 참모본부 첩보장교가 1882년과 1883년 청나라 만주 지역을 여행하다 광개토대왕 비석의 탁본인 쌍구가묵본을 손에 넣어 일본으로 가져간다. 약 5년여에 걸쳐 일본의 학자들이 광개토대왕비를 연구하여 1889년에 아세아협회의 기관지인 《회여록》 제5집에 광개토대왕비의 존재를 알리고 비문을 공개하고 연구결과도 발표했다.

《회여록》에 요코이 라라나오가 쓴 〈고구려고비고高句麗古碑考〉를 보면 다음과 같이 기록되어 있다.

비문(광개토대왕릉비문) 중에 우리와 관계 있는 곳은 신묘년에 바다를 건너 백잔과 신라를 격파하여 신민으로 삼았다고 하는 몇 구이다. 옛날부터 중국이나 한국의 역사책에는 우리 왜구가 주변 국가들과 서로 교제했다는 것만 기록했지 백제와 신라가 우리의 신민이었다는 것은 기록하지 않았다. 왜냐하면 그것은 그들 국가의 약점을 숨기기 위해 그랬던 것이다. 그런데 이 비는 삼조(고구려 · 백제 · 신라)가 정립했을 때 건립되었는데, 고구려 사람들의 손으로 만들어졌다. 그러므로 2국(백제 · 신라)을 위해서는 숨길 필요가 없었을 것이다. 이는 그 당시의 사실을 그대로 적어서 1600년 뒤에까지 백일하에 드러나도록 했으니 그 공적이 가히 위대하다고 하지 않을 수 없다.

이른바 광개토대왕릉비문 왜곡의 쟁점 중 하나인 신묘년 기사의 위작에 대한 글이다. 쉽게 이야기하자면, 고대 일본을 일컫는 왜倭가 건너와 백제, 신라와 임나까지 격파하고 신민으로 삼았다는 것이 일본의 주장이다. 이런 해석을 기반으로 일본의 조선 식민지화를 기존 식민지였던 영토를 재지배하는 것으로 주장하는 임나일본부任那日本府설이 등장하게 되었다. 이것은 시작이었을 뿐 결국 한일합방의 정당성을 지지해줄 이론적 근거로까지 사용되었다. 물론 근거 없는 역사 왜곡이며 열등의식이다. 한반도에서 유입된 사람들이 세우고 문화가 전달되었음을 인정하고 싶지 않은 것이다. 어떤 수단을 동원해서라도 우리보다 긴 역사를 가져야 하고 우리를 자신들이 지배해왔음을 확증할 역사적 근거를 만들어 내어야 하는 것이다.

일본이 조선을 침략하고 청나라와 러시아를 침략한 일은 역사의 우연이 아니다. 그들은 오래전부터 꿈꾸던 대륙진출을 이루기 위한 치밀한 전략을 세웠고 준비하고 실행했다는 것이다. 당시 이들이 수집한 정보들은 상당히 구체적이었다. 현재 미의회도서관에는 당시 첩보장교들이 그리고 파악한 중국과 한국의 자세한 정보들이 기록된 수십 장의 지도가 보관되어 있다. 역사, 농사, 경제, 지리, 문화 등 전반적인 내용들을 아주 자세하게 조사했다고 한다. 심지어 어느 지역의 토양에는 어떤 작물을 재배하는 것이 좋다는 내용까지도 들어 있다. 내가 사는 내 땅을 침략하여 빼앗기 위해 연구하는 이들만큼도 내가 딛고 사는 땅에 관심을 가지지 않는다는 사실이 부끄럽다. 잊으면 빼앗기고 만다는 역사적 교훈을 기억해야 할 때다.

중국도 마찬가지로 우리 민족의 역사 특히 고대사를 왜곡하는 일에 열심을 내고 있다. '동북공정'이라는 이름으로 고구려를 중국의 지방 정권으로 명시하고 중국과 고구려가 지속적으로 군신관계를 맺어왔으며 고구려가 멸망한 후에는 완전히 한족으로 동화되었다고 주장한다. 중국은 고구려를 세운 민족이 중국 민족의 한 갈래라고 주장하며 고구려의 기원을 중국에 속한 것으로 만들려고 한다.

중국은 2002년부터 2007년까지 5년 계획으로 동북공정을 추진했다. 2003년이 되어서야 동북공정의 실체가 알려져 우리를 당황하게 했다. 일본과 마찬가지로 우리 역사를 자기들의 역사로 왜곡하기 위해 철저한 준비를 하고 실행에 옮긴 것이다. 만주족이 살았던 땅이라 만주라 불리는 우리 민족의 고토古土에서 일어났던 역사를 왜곡하고 자신들의 역사로 재해석하는 작업이다. 그 중심에 부인할 수 없는 역사적 존재로 그리고 광활한 지역에 흩어져 있는 무너졌으나 찬란한 유적들을 남긴 고구려가 있다.

중국의 주장은 700년 고구려 역사는 중국 땅에서 건국된 국가이며, 주민들도 중국 민족이며, 중국의 지방 정권이었으며, 고구려의 유명한 대첩들을 남긴 수나라·당나라와 벌인 전쟁들을 국내 전쟁이었다고 주장한다. 한국사의 한 부분을 왜곡하는 정도가 아니다. 처음부터 고구려 역사는 중국의 역사였다고 말하는 것이다. 물론 우리만 당하고 있는 일은 아니다. 서쪽 신강 위구르족 지역은 서북공정을, 티벳 지역은 서남공정을 통해 소수민족 역사를 말살하는 시도를 해왔고 심지어 세계최대제국을 이루었던 몽골까지 중국의 역사에 편입시키기 위하여 몽골의 황제 칭기즈칸조차 중국 사람으로 둔갑시키려고 시도했다. 이 모두가 동시다발적으로 일어난 동북아시아 시대에 중국 중심의 세계사를 다시 쓰고 세계의 중심에 서려는 패도주의적 발상이다. 이러한 상황 가운데 국경을 접한 북한과 통일을 추구하는 대한민국의 미래는 어디로 가야 할 것인가? 박은식이 주창한 국혼을 지키는 길은 이야기를 품은 비석 하나를 소중히 여기는 마음이어야 한다. 비석 하나를 제대로 지키는 일이 수백 수천 년의 역사를 지켜내는 일이 될 수도 있다.

최근 한국고대사 연구의 흐름에 변화가 생기기 시작하면서 일부 소장학자들은 한국 고대사를 지나치게 강조하는 일을 이른바

'국뽕국수주의 역사학' '사이비 역사학' '역사 왜소 콤플렉스'로 평가하기도 한다. 아직 결론이 나지 않은 논의이며 중국이나 북한 땅에 속한 지역들이라 발굴 작업도 어려워 정확하고 더 깊은 연구를 추진하기에 한계가 있다. 재야 사학계에서는 이들의 주장을 '식민사학'으로 단정 짓는다. 어느 한쪽의 견해가 전적으로 옳다고 할 수 없는 사안이다. '국뽕'도 분명히 문제이고 식민사학은 더 문제이긴 하다. 역사적 사실에 근거하여 인정할 역사적 과실은 인정하면 된다. 잃어버린 땅은 잃어버린 땅이며 지나간 역사는 지나간 역사로 남겨야 한다. 고조선이 활동했던 땅이 고구려가 지배했던 땅과 비슷한 위치가 아니라고 밝혀져도 괜찮다. 옛날의 영광을 등에 업고 지금의 우리의 초라함을 벗어나보려는 역사 왜소 콤플렉스도 아니다.

청소년들과 청년들에게 광개토대왕비의 현장을 보여주면 대동소이한 반응을 보인다. 우리 민족 역사상 가장 광대한 역사를 중국이 자기 속국의 역사로 변조하는 것에 대다수 분노한다. 중국의 동북공정으로 우리 역사의 유적들이 중국의 세계문화유산으로 유네스코에 등재된 현장을 보며 울분을 내뱉기도 한다. 왜곡된 고대사를 기정사실로 하는 박물관을 둘러보며 기가 찬다는 반응들이다. 우리 땅 우리 역사를 그들 입맛에 맞게 왜곡하는 것에 흥분한다. 맞다. 우리 땅이었고 우리 역사였으며 광개토대왕비의 비문은 우리 민족의 가장 자랑스러운 역사를 담고 있다 할 수 있다. 그렇다고 지금 그 땅을 다시 찾아올 것인가? 그 비석을 한국으로 옮겨오기라도 할 수 있을까? 불행하게도 그럴 수 없다. 잊었기에 잃어버린 것을 찾기에는 이미 너무 늦었다. 지금이라도 후회하지 않을 수 있는 길은 무엇인가 물어야 한다.

기억해야 한다. 고구려의 비석은 가두어도 고구려의 기백은 가둘 수 없으며, 고구려의 비석은 빼앗겨도 고구려의 정신은 빼앗겨서는 안 된다. 120여 년 전에 두만강을 건너 고토에 살며 미래를 준비하고자 했던 그들의 정신을 이어가야 한다. 110여 년 전에 압록강을 건너 고토에서 잃어버린 조국의 미래를 찾고자 했던 그들의 정신을 이어가야 한다. 역사의 현장에서 역사의 정신을 마음에 담은 사람은 정의와 진실을 향해 움직일 수밖에 없다. 시류에 편승하지 않으며 일신의 편안함을 위하여 쉽게 불의와 타협할 수 없다. 부끄러움이 무엇인지 알고 치욕이 무엇인지 안다. 일제는 나라를 빼앗기 위해 국토를 강탈했을 뿐 아니라 조선총독부를 설치해 우리나라를 철저하게 자신들의 속국으로 만들기 위한 작업을 진행했다. 그 모든 일의 중심에 역사 왜곡이 있다. 조선사편수회를 조직하여 고대사를 왜곡하고 한반도 안으로 우리 고대사를 한정하는 《조선사》를 편찬해 가르쳤다. 해방 후에도 역사학계를 장악했던 이병도를 필두로 하는 식민사관 학자들에 의해 우리 스스로 우리 역사를 지속적으로 잘못 인식해왔다.

조선상고사를 기록하여 일제의 우리 역사 왜곡에 저항하던 단재 신채호와 백암 박은식도 백두산과 광개토대왕릉과 광개토대왕비 등을 돌아보고 고대사에 대한 새로운 인식을 가지게 되었다. 고대사와 고구려사에 대한 새로운 통찰을 얻어 《삼국사기》와 《조선사》 등 기존 역사서들의 오류를 바로잡으며 조선상고사를 통해 바른 역사를 알리고자 했다. 우리의 역사와 정신을 훼손하는 일에 저항하고자 했던 강력한 동기가 광개토대왕비를 마주해보고서 일어났다 해도 과언이 아니다.

동북아시아의 시대가 왔다지만 혼란의 시대가 왔다. 미국과 중국은 경제전쟁으로 냉전시대와 같은 냉기류를 만들어내고 있다. 북한이 핵을 완전히 포기하도록 미국은 이해관계가 맞는 나라들과 계속 압박하며 통일을 향해 나아가는 우리의 걸음을 힘겹게 만든다. 국내는 여전히 이념 갈등으로 통일은 요원한 일로 보인다. 혼돈의 동북아시아 미래의 청사진이 그려지지 않는다. 아니 그림은 그릴 수 있으나 실현은 요원해 보인다. 그러나 아직 단정 짓지는 말자. 역사는 여기에서 멈추지 않을 것이고, 역사의 흐름은 어떤 장애물도 굽이돌아 유유히 흘러갈 것이며, 역사를 가로막는 어떤 장벽도 결국엔 차고 넘쳐 넘어가고 말 것이기 때문이다. 중요한 것은 누가 그 흐름을 만들어내느냐다. 어느 시대를 막론하고 정치인들이 기득권들이 그런 일을 한 적은 없다. 모래알 같고 역사에 흔적도 남지 않을 것 같은 소시민들의 저항의 몸짓이 작은 움직임을 만들어냈다. 작은 나비의 날갯짓이 지구 반대편에 어떤 영향을 미칠지 알 수 없었던 것처럼, 우리는 계속해서 그런 저항의 몸짓들을 이 책을 통해 살펴보았다. 그리고 역사는 그 몸짓을 품고 흘러가며 이곳저곳에 흔적을 남겼다. 여전히 작은 반도에 불과했던 한반도에서 바다 건너 해양세력과 강 건너 대륙세력을 견제하며 군사 외교 문화 경제 모든 것을 움직였던 그 역사를 품고 서 있는 광개토대왕비처럼 말이다.

바다를 품은 장보고의 심비

자존심 높은 중국 땅에 세워진 우리나라 사람의 이름을 붙인 기념관이 있다. 중국 정부에서 쉽게 허락해주지 않는 일이다. 중국 산둥성 영성시 석도 적산풍경명승구 안에 위치한 장보고기념관이다. 기념관 근처 바다가 내려다보이는 언덕에는 15미터 높이의 장보고기념탑도 우뚝 서 있다.

우리나라는 섬나라 일본과 역사적으로 많은 악연을 맺어왔다. 섬나라에서 끊임없이 벗어나 대륙으로 진출하려는 야욕에 한반도는 여러 차례 유린당했었다. 백의白衣는 선홍빛 피로 물들었으며 백성은 시퍼런 칼날 아래 스러져갔다. 지도자들은 자기 목숨 구하기에 급급했으며 풀뿌리 같은 민초들은 짓밟히고 베어졌다. 한반도 전체가 감옥이었고 한민족은 고난에 얽매였다. 여전히 일본은 섬나라로 남아 있지만 벗어나기 위한 몸부림을 멈춘 적은 없는 것 같다.

만약 배나 비행기로 다닐 수밖에 없는 지역을 섬이라 한다면 대한민국도 역시 섬나라다. 삼면이 바다로 둘러싸여 있고 북쪽 육로는 철책선과 지뢰밭으로 막혀 있어 배와 비행기로만 출입국할 수 있다. 통일되어도 압록강과 두만강을 건너야만 들어올 수 있는 곳은 섬이라 불러도 무방하다. 이런 지정학적 위치로 대륙 세력의 해양 진출과 해양 세력의 대륙 진출 틈바구니에서 당한 어려움이 컸다. 나라가 반토막 난 상태가 70년 이상 지속되며 사실 고립무원의 외딴 섬이 되었다. 그러나 삼면이 바다인 곳에 서서 남다른 시각을 가졌던 한 사람이 있었다. '해상왕' 또는 최인호의 소설에서는 '해신'이라고도 불렸던 장보고다.

장보고는 지금의 완도인 청해진 출신으로 780년 즈음에 태어난 것으로 추정된다. 기골이 장대하고 활과 창을 잘 다루는 무인 기질을 타고났다고 한다. 장보고라는 이름도 활을 잘 쏘는 것과 연관이 있으며, 《삼국사기》나 《삼국유사》에는 '궁복弓福' 또는 '궁파弓巴'라 기록하고 있는데, 활을 잘 쏘는 사람이라는 뜻이다. 남북국 시대 신라 사회는 내적으로 혼란한 시기를 지나가고 있었으며, 골품제도 등으로 인해 사회적 신분 상승의 기회조차 거의 없었다. 국내 현실에 답답함을 느낀 장보고는 좀더 넓고 큰 나라로 생각되는 당唐으로 건너갔다. 20대 초중반에 당으로 건너간 장보고는 서주徐州의 무령군武寧軍이라는 군대에 들어가 여러 전투에서 공을 세워 30세819년에 병사 약 1천여 명을 거느리는 군중소장軍中小將의 직위까지 올랐다. 20여 년 이상을 당나라에서 보낸 장보고는 여러 이유로 군인 생활을 청산하고 신라로 돌아온다. 여러 추측이 있지만, 당시 신라사람들이 노예로 팔려가는 일도 많았으며 무역에도 어려움을 겪는 여러 상황을 지켜보며 모종의 결단을 했으리라 추측된다. 그가 군중소장 직을 그만둔 후와 귀국하여 시작한 일을 보아도 알 수 있다.

무령군 군중소장 직을 그만둔 장보고는 산동반도 적산포에 적산 법화원法華院을 세워 신라에서 건너온 사람들이 숙식을 해결하며 무역 일도 할 수 있도록 도왔다. 교민들의 사랑방 역할을 했다. 항해 전 안전을 기원하는 기도의 장소이기도 했다. 적산 법화원은 당나라에 사는 신라사람들에게는 너무나 중요한 곳이었다. 9세기 초 바다는 해적들의 천국이었다. 해적들은 당시 정국이 불안하여 변방과 국경의 수비가 허술한 신라 연안을 자주 약탈했다. 중국의 많은 역사책에 등장하는 신라노新羅奴는 당시 해적에게 잡혀 노비로 팔려온 신라인을 가리키는 말이다. 당나라에서 무령군 소장으로 근무하던 장보고는 이러한 신라노의 참상을 목격하고 큰 충격을 받았으며, 신라로 돌아갈 결심을 한다.

장보고는 당나라에서의 생활을 마치고 귀국하여 흥덕왕을 알현하고 군사 1만을 거느릴 수 있는 청해진을 설치하도록 허락받아 대사大使로 임명되었다. 대사는 청해진 지역의 자치권을 가진 지방관이었다. 장보고는 청해진을 설치하여 신라 해안에 출몰해 재물을 약탈하고 백성들을 납치하여 당에 노비로 팔아넘기는 해적들을 소탕하기 시작했다. 군소 해상세력들을 통합하고, 당나라 신라방에 있는 신라인들과 연계하여 해상무역을 활성화해나가기 시작했다. 장보고는 '바다를 지배하는 자가 세계를 지배한다'라고 선언했던 유럽의 해양제국들보다 수백 년 앞서 청해진 본영을 중심으로 한민족의 기상을 떨치며 바닷길을 개척했다. 장보고는 한국과 중국, 일본을 연결하는 장대한 해상항로를 개척했으며, 청해진을 본거지로 중국과 일본을 잇는 중개무역을 실시하고, 이슬람 세계와도 교역한 아시아의 무역왕이자 바다의 지배자가 되었다. 시각의 문제다. 섬에 살다 보면 생각이나 시야가 섬에 갇힐 수도 있고 바다처럼 끝없이 넓어질 수도 있다. 생각하기 나름이고 보기 나름이다. 갇혔다고 생각하면 갇힌 것이고 사방이 길이라 생각하면 열린 것이다. 함민복의 시 〈섬〉이다.

물울타리를 둘렀다.
울타리가 가장 낮다.
울타리가 모두 길이다.

시력은 눈으로 보는 것이고, 시선은 마음으로 보는 것이며, 시각은 꿰뚫어보는 것이고, 시야는 넓고 멀리 보는 것이다. 개인의 인생도 나라의 미래도 입체적 시각을 가지는 것이 필요하다. 시력으로 눈에 보이는 것만으로 본질을 파악할 수 없다. 마음을 보는 시선이 있어야 때로는 문제의 해결이 보인다. 현상만 보는 것으로는 본질을 놓친다. 나타난 현상 그 너머에 있는 본질을 봐야 해결의 실마리가 풀린다. 좁은 시야로는 그릇되고 성급한 판단을 하기 쉽다. 넓고 멀리 보는 안목으로 봐야 당장의 급급함으로 인한 섣부른 판단을 막을 수 있다. 삼면이 바다요 나머지 한 면은 철조망으로 막힌 땅에 살며 바다 건너를 보는 안목이 없다면 영락없이 갇힌 운명이다. 장보고는 바다를 보며 어디로든지 나갈 수 있는 무한 가능성을 보았다.

신분제도로 인해 삶에 어떤 기회도 주어지지 않을 때 장보고는 바다를 건넜다. 마치 우당 이회영과 석주 이상룡이 압록강을 건너고 도산 안창호와 단재 신채호가 바다를 건넜던 것처럼 말이다. 장보고는 민족이 고난받는 현실 앞에 일신의 출세와 편안함을 추구하지 않았다. 모든 기득권을 내려놓고 그는 동포를 위해 민족을 위해 바다를 종횡무진 다스렸다. 사방으로 열린 바다를 모두 길이요 기회로 보았다. 마음속에 역사를 기억하는 심비를 세운다는 것은 단순히 역사를 기억하는 차원에 머물지 않는다. 보이지 않는 미래를 두려워하지 않고 현실과 정면승부할 수 있는 결기를 품는다는 것이다. 현실의 길에 안주하거나 타협하지 않고 역사의 길을 걸으며 미래를 열어갈 수 있는 뜻을 세운다는 것이다. 역사를 가슴에 품고 살아간다는 것은 현실과 끊임없이 씨름하는 것이다. 정체와 퇴보를 용납할 수 없는, 오직 역사의 진보를 위해 넘어져도 앞으로만 넘어지겠다는 마음으로 사는 것이다. 현실이 녹록지 않은 시대를 살고 있다. 마음속에 굳은 결의를 새긴 심비 하나씩은 세워놓고 살아가야 한다. 그래야 현실을 극복할 의지와 힘이 생긴다.

규모가 상당히 큰 편에 속하는 중국 산둥성 스다오진 적산에 자리잡은 적산 법화원에 가면 8미터 높이의 커다란 장보고의 동상이 우뚝 서 있다. 아직도 산동성을 오가며 무역을 하는 한국 사람들을 보호하고 지켜줄 것 같은 든든함이 느껴진다. 동시대에 장보고는 《삼국사기》에서는 '모반을 획책한 반역자' 《삼국유사》에서는 '반란을 획책한 미천한 해도인'으로 매도되기도 했다. 고대사에 대한 역사학계의 논쟁과 마찬가지로 시대적 상황에 따라 역사의 인물과 사건에 대한 평가는 엇갈리기도 한다. 한 시대의 충신이 한 시대의 반역자로 전락하기도 하고 자기 시대의 변절자가 다음 시대의 충절공이 되기도 한다.

우리가 주목하는 것은 시대적 평가에 기초한 그의 '뜻 세움'과 '뜻 지킴'의 과정이며 '뜻 펼침'의 역동성이다. 쉽지 않은 상황 속에서 그는 어떻게 뜻을 세웠으며, 그 뜻을 지켜내기 위해 어떤 치열한 싸움을 싸웠는지를 들여다보고 싶은 것이다. 마침내 펼쳐진 뜻은 모두가 뜻 세움과 뜻 지킴의 과정이 있었기 때문이다. 뜻을 펼쳐보지 못하고 생을 마감하고 시대를 마감하는 예도 있었으나 역사의 생명성은 한 세기가 지난 후에라도 반드시 그 뜻 펼침의 현장을 펼쳐놓고 만다. 분단 73주년을 맞이한 지금까지 북쪽을 향한 길은 막혀 있었으나 삼면이 바다인 대한민국의 현실에서 장보고와 같은 정신으로 바닷길과 하늘길을 통하여 세계와 교류해왔다. 지금도 해양 강국을 꿈꾸는 많은 젊은이에게 장보고의 정신을 품도록 가르치는 일이 과하거나 국수주의라고 보기는 어려울 것이다. 광개토대왕과 장보고를 닮은 마음이면 우리 시대를 헤쳐나가는 일에 조금 더 넉넉하고 여유 있는 마음을 가질 수 있지 않을까.

심비는 마음의 품은 뜻이다

대한제국이 일본에 합방되어 한반도 전체가 일제의 감옥으로 변하자 그 아래에서 숨을 쉴 수 없었던 고구려의 가슴을 품은 사람들은 옛 고구려 땅으로 옮겨왔다. 함경북도에서 이주한 김약연과 윤동주의 조부 윤하현 등 북간도 지역으로 이주했던 사람들 역시 고토 회복에 대한 꿈이 있었다. 학자마다 견해가 다르지만, 그들이 정착 이후 실시한 교육과 민족운동 등의 행보를 볼 때 고토 회복에 대한 마음이 있었다고 봐야 한다. 지금의 연변조선족자치주 지역으로 이주했던 이들은 새 시대에 걸맞는 신교육의 필요성과 척박한 땅을 떠나 비옥한 땅에서 새로운 삶을 시작하려는 마음이 있었기 때문이다. 그리고 우리 고토의 회복은 그곳에 가서 살면 된다고 믿었던 것이다.

숨쉬기 어려웠던 한반도의 현실 앞에 그들은 좌절하지 않았다. 조국을 등지고 도망간 걸음도 아니었다. 오히려 갇히고 닫힌 조국의 숨통을 드넓은 고구려와 발해의 옛터를 향해 열어주고 싶었기 때문이다. 한반도가 일제강점으로 인해 숨 쉬는 일조차 고통스러웠을 때 결국 고구려의 옛 숨결을 들이마시며 무능하고 타락한 조선이 아니라 원조선과 고구려와 발해의 모습으로 조국을 회복하고 싶은 마음을 품었다. 비석에만 새겨놓은 역사가 아니라 우리 시대 나의 삶을 통해 살아내는 역사를 갈망했다.

김약연의 무덤이 있는 묘소 언덕에서 내려다보면 그들이 강을 건너 처음 정착했던 땅이 보인다. 김약연이 살던 장재촌과 윤동주가 살던 명동촌도 보인다. 그 언덕은 어쩌면 김약연과 함께 시대의 강을 건넜던 사람들이 꿈을 꾸었던 언덕이었다. 그 땅에 정착하여 그 땅을 일궈 농사를 짓고 학교를 세워 후학을 양성하는 일을 꿈꾸었던 땅이다. 그러나 그들의 그런 꿈은 강 너머를 볼 수 있었던 시각이 있었기에 가능했다. 넓은 땅을 가졌거나 많은 자원을 가졌다고 큰 꿈을 꾸는 것은 아니다. 역사를 통해 미래를 내다보는 안목을 배우려면 그들의 마음을 살펴야 한다. 시각은 마음의 품은 뜻에서 비롯되기 때문이다.

인문학은 나와 너의 이야기 속에서 우리의 이야기를 찾아가는 공부다. 나의 정체성과 나 자신을 성찰하는 공부와 너를 이해하고 너와 더불어 살아가는 우리 삶을 위한 공부다. 눈으로만 보고 머리로만 기억하는 것을 넘어 마음으로 보고 마음에 새기는 역사라야 생명이 있고 시대를 바꾸는 힘이 있다.

마음으로 보면 마음이 보인다. 마음으로 느끼면 마음을 느낄 수 있다. 마음으로 들으면 마음이 들린다. 쉽게 단정 짓기보다 마음에 귀 기울여봐야 한다. 제주 4·3도 광주 5·18도 마음으로 마음에 다가가지 않으면 우리는 영원한 평행선을 달려야 할지도 모른다. 하지만 마음과 마음이 만나면 또 다른 길이 만들어질 수 있다.

심비는 단순한 기록의 저장소가 아니라 기억과 추억의 공간이다. 역사 속 그들을 다시 만날 수 있는 만남의 장이다. 역사인물들은 기록으로 기억하지 않고 마음으로 만나야 한다. 그래야 그들의 목소리가 들린다. 그들의 마음이 와 닿는다. 그들이 왜 그렇게 살 수밖에 없었는지, 어떤 마음이 그런 결정을 하게 만들었는지.

심비는 우당 이회영의 노블레스 오블리주요, 신채호의 아我와 비아非我의 투쟁이며, 박은식의 국혼이다. 안중근의 〈장부가〉요, 윤봉길의 강의剛毅한 사랑이다. 그들이 한결같이 자신만의 길을 걸어갈 수 있었던 이유는 마음에 새겼던 글이 있었기 때문이다. 심비에 새긴 그들만의 이야기는 그들의 삶을 역사의 길로 이끌었다. 신영복 선생이 "자유自由는 자기自己의 이유理由로 걸어가는 것"이라 했다. 현실에 휘둘리지 않고 역사의 길을 묵묵히 걸어가는 인생은 진정 자유를 얻은 사람만이 살 수 있다. 역사는 자기만의 이유가 공동체의 이유가 될 때 힘을 얻었다. 집단주의나 전체주의에 휩쓸려 뜻도 없이 영문도 모르고 이리저리 몰려다니는 패거리가 역사를 바꾸지 못했다. 소수라도 뜻을 세우고 일어난 무리들의 가치는 세월이 흐른 뒤에라도 뜻 펼침으로 나타났다. 3·1운동도 그런 역사였고 독립운동이 다 그랬다. 모두 각자의 뜻을 세우고 움직였으나 그것은 한민족의 뜻 세움을 세우는 일이었다. 무자비한 억압과 탄압으로 꺾이거나 좌절되는 것처럼 보였으나 결국 해방의 꽃을 피웠다. 민주화를 향한 지난한 여정도 많은 폭력과 피로 얼룩져 있다. 지도자도 없었고 선동자도 없었다. 시민들은 자신들의 눈으로 보고 마음에 일어나는 뜻에 반응했고 그것은 새로운 역사의 장을 펼쳐냈다. 그들 모두의 가슴에는 뜻이 새겨진 심비가 있었던 것이다. 광개토대왕비, 집터 표지석, 묘비 등을 자세히 들여다보며 내게 다가온 것은 그들의 마음이었다.

오늘 내 마음에 평생 나를 그 길을 걷게 하고 그 삶을 살게 하는 한마디 새겨진 심비가 있는가? 있다면 마음의 비문을 소리 내어 읽어보자. 아직 백비처럼 글자 한 자 없는 비석이라면 자기만의 이유를 새기자. 그리고 나에게 주어진 길을 가야 한다. 스스로 하늘을 우러러 한 점 부끄러움 없기를 간절히 기도하면서. 우리 시대 공허한 가슴을 안고 살아가는 한 사람 한 사람의 가슴에 심비가 세워지기를 간절히 기대한다. 심비에 새긴 뜻이 백비에 새겨져 시대의 중심에 우뚝 서게 되는 날이 와야 한다. 누워 있는 백비를 세우는 일은 심비를 품은 의식이 각성된 사람들에 의해서만 가능하기 때문이다.

야만적 역사의 현장에 내던져져 피투성이가 되는 사람들의 모습을 써내려가는 것은 어려운 일이었다. 장마다 이야기를 품은 비석들이 등장하지만 가장 가슴 먹먹했던 비석은 백비였다. 글자 한 자 없이 차가운 바닥에 누워 있는 모습이 복잡하게 뒤엉킨 우리 역사와 우리 마음 같았다.

멀리는 삼국시대부터 가깝게는 근현대에 이르기까지 대한민국 역사의 흐름을 따라오며 비극을 들추고 잘못을 지적하기보다 미래를 향해 나아갈 힘을 얻고 싶었다. 모든 산 자가 선 땅은 죽은 자들이 묻힌 땅이다. 죽음을 상징하는 묘비에서 생명의 기운을 찾아보려는 자체가 어리석은 생각일 수도 있다. 말없는 비석이 무슨 이야기든지 해주기를 바랐다. 나름대로는 의미도 있고 희망의 한 가닥을 찾는 마음으로 썼다. 두고두고 고쳐 쓰고 싶은 책이 될 수도 있겠다.

작은 것 하나에서 너무 큰 의미를 찾아내려고 애썼나 하는 생각도 든다. 그러나 이야기의 본질이 비석이 아니라 그 비석이 품은 이야기의 주인공인 사람들이었음을 기억해주길 바란다. 참 모질고 아픈 역사였다. 말로도 글로도 표현하기 힘든 시간을 지나왔다.

기득권을 가진 자들은 늘 고통의 현장에 없었다. 그들은 여전히 누리는 자리에 있었다. 어떤 타협을 해서라도 누리는 자리를 빼앗기지 않았다. 조국을 빼앗기고 혼을 빼앗겨도 일신의 편안을 빼앗기지 않았다. 책임 있는 자리에 있던 누구도 나라를 지키려 하지 않았다. 자신의 자리를 지키고 싶어 했을 뿐이다. 피투성이가 되면서도 자기 자리를 지키고 나라를 지키려던 사람들은 잡초 같은 민초들이었다. 3 · 1운동에 스러져간 사람들이 그랬고, 임시정부로 대표되는 독립운동을 후원했던 이름 없는 사람들이 그랬다. 재외동포들은 지역마다 차이는 있었으나 최하층 노동자로 노예를 방불케 하는 삶을 살았던 지역도 있었다. 그런 그들이 나라를 지켜내는 일에 피땀 흘려 번 몇십 달러의 몇 달러는 기꺼이 내놓았다. 나라가 속수무책인 해적 떼의 노략질을 막아내고 국제무역의 길을 여는 일도 자기 땅에서는 삶의 자리 하나 펴기 힘들었던 젊은이가 해결했다. 그리고 그는 기득권인 정권에 의해 살해되었다.

자국민을 지켜야 할 총과 장갑차와 전차가 시민들을 향했을 때도 누구 하나 제지하는 지도자가 없었다. 이름 없는 젊은이들이 태극기에 피를 뿌리며 항거했을 뿐이다.

청와대를 차지하는 누군가가, 여의도에 있는 무리들이 우리를 지켜주는 것이 아니다. 목숨을 바쳐 나라를 지킨 호국영령護國英靈이 지금도 살아 우리를 지켜주는 것이 아니다. 그들은 우리의 가슴속에 살아 있고 이 시대와 역사의 진실을 지켜야 하는 것은 우리다. 심비를 세워 백비를 역사의 파수꾼으로 일으켜 세워야 할 책임은 바로 우리 세대에게 있다. 이 책임을 또 다음 세대에게 넘겨 줄 수는 없기 때문이다.

내 마음의 비문을 한 줄 써보면 어떨까. 죽으면 묘지에 새겨 달라고 부탁할 한 줄 비문을 품고 살아보면 어떨까. 인생이 달라지고 역사가 달라질 수 있으리라.

미디어샘에 감사드린다. 참 오랜 시간 기다려주셨다. 늘 가장 많은 것을 양보하는 가족과 '글빛' 받아내는 빛쟁이처럼 독려하는 제자 김수미 작가에게 감사한다. 스승의 가르침은 내가 이 글을 쓰고 이 길을 걷는 이유가 되었다.

2019년 역사의 길목에서 서서
윤은성

참고문헌

3·1문화재단 저, 《이 땅의 젊은이들을 위한 3·1운동 새로 읽기》, 예지, 2017
강덕상 저, 《여운형과 상해임시정부》, 도서출판선인, 2017
국민문화연구소 저, 《항일혁명가 구파 백정기 의사》, 국민문화연구소, 2004
김광재 저, 《대한민국 임시정부의 민족혁명가 윤기섭》, 역사공간, 2009
김권정 저, 《헐버트》, 역사공간, 2015
김도형 저, 《이봉창》, 역사공간, 2011
김동일 저, 《제주 4·3사건의 거짓과 진실》, 비봉출판사, 2016
김삼웅 저, 《단재 신채호 평전》, 시대의 창, 2019
김삼웅 저, 《안중근 평전》, 시대의창, 2018
김상기 저, 《윤봉길》, 역사공간, 2013
김상웅 저, 《백암 박은식 평전》, 채륜, 2017
김순석 저, 《불멸의 민족혼 되살려 낸 역사가 박은식》, 역사공간, 2013
김용옥 저, 《우린 너무 몰랐다》, 통나무, 2019
김자동 저, 《임시정부의 품 안에서》, 푸른역사, 2014
김정인 외 저, 《너와 나의 5·18》, 오월의봄, 2019
김종철 저, 《절두산 부활의 집》, 문학세계사, 2014

김희곤 저, 《임시정부 시기의 대한민국 연구》, 지식산업사, 2015
단국대학교 동양학연구소 저, 《이봉창의사 재판관련 자료집》, 단국대학교출판부, 2004
박광일 외 저, 《제국에서 민국으로 가는 길》, 생각정원, 2019
박민영 저, 《만주. 연해주 독립운동과 민족수난》, 도서출판선인, 2016
박은식 저, 《한국통사》, 박영사, 1974
박재순 저, 《삼일운동의 정신과 철학》, 홍성사, 2015
박정희 저, 《로제타 셔우드 홀》, 키아츠, 2018
박찬식 저, 《4 · 3과 제주역사》, 각, 2018
배경식 저, 《식민지 청년 이봉창의 고백》, 휴머니스트, 2015
셔우드 홀 저, 김원경 역, 《닥터 홀의 조선회상》, 좋은씨앗, 2009
신명식 저, 《대한민국 임시정부의 안살림꾼 정정화》, 역사공간, 2010
신병주 저, 《조선후기를 움직인 사건들》, 새문사, 2013
신채호 저, 《조선상고사》, 역사의아침, 2014
신호철 저, 《양화진 선교사의 삶》, 양화진선교회, 2005
안동독립운동기념관 저, 《국역 석주유고》, 경인문화사, 2008
안중근 저, 《안중근 의사 자서전》, 종합출판범우, 2014

안중근의사기념사업회 저, 《안중근과 동양평화론》, 채륜, 2010

안창호 외 저, 《안창호 평전》, 청포도, 2005

양정심 저, 《제주 4 · 3항쟁》, 도서출판선인, 2008

양조훈 저, 《4 · 3 그 진실을 찾아서》, 도서출판선인, 2015

유시민 저, 《나의 한국 현대사》, 돌베개, 2014

윤명철 저, 《고구려, 역사에서 미래로》, 참글세상, 2013

윤명철 저, 《광개토태왕과 한고려의 꿈》, 삼성경제연구소, 2005

윤병석 저, 《3 · 1운동사와 대한민국 임시정부 광복선언》, 국학자료원, 2016

이강훈 저, 《대한민국 임시정부사》, 서문당, 1975

이광수 저, 《도산 안창호》, 종합출판범우, 2015

이덕일 저, 《이회영과 젊은 그들》, 역사의아침, 2009

이만열 저, 《역사, 중심은 나다》, 나눅, 2019

이태룡 저, 《민족지도자 석주 이상룡》, 푸른솔나무, 2018

이태복 저, 《윤봉길 평전》, 동녘, 2019

이현희 저, 《대한민국임시정부사 연구》, 혜안, 2001

이형구 외 저, 《광개토대왕릉비》, 새녘, 2014

임중빈 저, 《선각자 단재 신채호》, 형설출판사, 1986

임중빈 저, 《윤봉길 의사 일대기》, 범우사, 2002
장석홍 저, 《임시정부 버팀목 차리석 평전》, 역사공간, 2005
장준하 저, 《돌베개》, 돌베개, 2015
전택부 저, 《양화진 선교사 열전》, 홍성사, 2005
정상규 저, 《잊혀진 영웅들, 독립운동가》, 휴먼큐브, 2017
정연희, 《양화진》, 홍성사, 1992
정정화 저, 《장강일기》, 학민사, 1998
정진석 저, 《나는 죽을지라도 신보는 영생케 하여 한국동포를 구하라》, 기파랑, 2013
주대준 저, 《이 땅에 묻힌 선교사들이 다 전하지 못한 100년의 이야기》, 마음과생각, 2019
지만원 저, 《5 · 18분석 최종 보고서》, 시스템, 2014
지만원 저, 《제주 4 · 3 반란사건》, 시스템, 2011
최광식 저, 《천년을 여는 미래인 해상왕 장보고》, 청아출판사, 2003
최태영 저, 《한국상고사》, 유풍출판사, 1990
추성화 외 저, 《독립운동의 성지 간도를 가다》, 산과글, 2014
한국언론사연구회 저, 《대한매일신보연구》, 커뮤니케이션북스, 2004

백비

한국역사연구회 저, 《한국사, 한 걸음 더》, 푸른역사, 2018

한민 저, 《울지 못해 웃고 간 한국의 거인들》, 청년정신, 2001

한시준 저, 《대한민국 임시정부의 지도자들》, 역사공간, 2016

한창수 저, 《천년전의 글로벌 CEO, 해상왕 장보고》, 삼성경제연구소, 2004

허영선 저, 《제주 4 · 3을 묻는 너에게》, 서해문집, 2014

헨리 데이비드 소로 저, 강승영 역, 《시민의 불복종》, 은행나무, 2017

현기영 저, 《순이삼촌》, 아시아, 2012

호머 헐버트 저, 신복룡 역, 《대한제국멸망사》, 집문당, 1999

호머 헐버트 저, 김동진 역, 《헐버트 조선의 혼을 깨우다》, 참좋은친구, 2016

황석영 외 저, 《죽음을 넘어 시대의 어둠을 넘어》, 미디어창비, 2018

황재문 저, 《안중근 평전》, 한겨레출판, 2011

비석에 새기지 못한 우리 근현대사 이야기
백비

초판 1쇄 발행 2019년 10월 17일
초판 2쇄 발행 2020년 11월 17일

지은이 윤은성
펴낸이 신주현 이정희
마케팅 양경희
디자인 조성미

펴낸곳 미디어샘
출판등록 2009년 11월 11일 제311-2009-33호

주소 03345 서울시 은평구 통일로 856 메트로타워 1117호
전화 02)355-3922 | 팩스 02)6499-3922
전자우편 mdsam@mdsam.net

ISBN 978-89-6857-122-0 03900

www.mdsam.net